U0857977

技工院校商贸类通用教材

中等职业学校商贸类通用教材

电子商务基础

（第二版）

王燕　主编

中国劳动社会保障出版社

简介

本书介绍了电子商务基础的有关知识，内容包括电子商务概述、电子商务交易模式、网络营销、电子商务支付、电子商务物流、电子商务客户服务、电子商务安全和法律、电子商务应用新趋势。本书立足商贸领域，结合丰富的案例，通俗而较全面地讲解了电子商务领域的知识，内容实用。

本书由王燕任主编，顾颖、屠畅远任副主编，徐慧婷参与编写。

图书在版编目（CIP）数据

电子商务基础 / 王燕主编. -- 2 版. -- 北京：中国劳动社会保障出版社，2024. --（技工院校商贸类通用教材）（中等职业学校商贸类通用教材）. -- ISBN 978-7-5167-6579-1

Ⅰ. F713. 36

中国国家版本馆 CIP 数据核字第 2024ED7578 号

中国劳动社会保障出版社出版发行

（北京市惠新东街 1 号　邮政编码：100029）

*

辽宁虎驰科技传媒有限公司印刷装订　　新华书店经销

787 毫米 ×1092 毫米　16 开本　14 印张　280 千字

2024 年 12 月第 2 版　　2025 年12月第 3 次印刷

定价：30.00 元

营销中心电话：400-606-6496

出版社网址：https://www.class.com.cn

https://jg.class.com.cn

版权专有　　侵权必究

如有印装差错，请与本社联系调换：（010）81211666

我社将与版权执法机关配合，大力打击盗印、销售和使用盗版图书活动，敬请广大读者协助举报，经查实将给予举报者奖励。

举报电话：（010）64954652

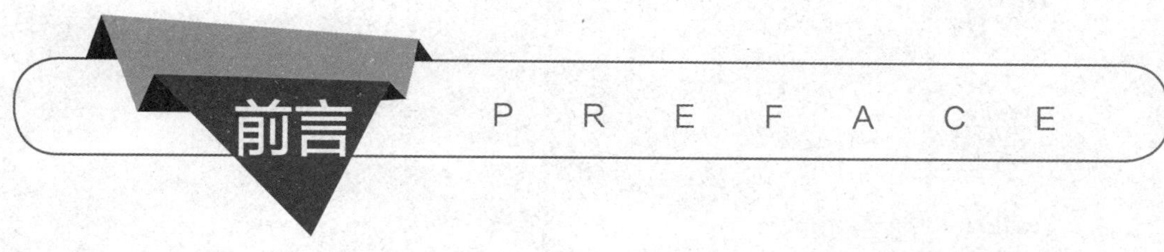

商贸类专业主要包括市场营销、会计、电子商务、物流管理等专业，这些专业对学生在经济、法律、管理、营销、礼仪等方面基础知识和基本能力的要求具有一定的共通性，适合开展通识教育。为此，我们曾组织编写了全国技工院校商贸类专业（中级层次）通用教材。

近年来，随着我国经济、社会和科技发展，市场营销、会计、电子商务、物流管理等领域的政策法规发生了一定的调整，部分专业的理论知识不断创新，行业发展模式发生较大变化，对相关从业人员的知识水平和职业能力水平提出了更高的要求。为适应这些变化，培养更加符合市场需求的商贸领域人才，我们组织了一批教学经验丰富、实践能力强的一线教师和行业、企业专家，在充分调研的基础上，对这套教材进行了修订。

本套教材主要有以下几个特点：

第一，通俗易懂，内容实用。教材本着学以致用的原则，充分考虑学校的培养目标、教学实际，学生的学习特点和企业的用人需求，将理论知识与操作技能有机融合，突出对学生实际操作能力的培养，修订了偏难、偏专、偏理论化的内容，切实做到管用、够用。

第二，贴近时代。教材加强对学生价值观的引导，力求体现近年来各专业相关理论和实践方面的发展趋势，与最新的法律法规、行业标准保持同步，具有鲜明的时代感。

第三，配套资源完善。教材同步开发了配套的电子课件及习题册，电子课件及习题册答案可登录技工教育网（jg.class.com.cn）搜索下载。部分教材针对教学重点和难点制作了演示视频等多媒体素材，学生扫描二维码即可在线观看或收听相应内容。

本套教材的编写得到了有关省市人力资源社会保障部门及一批技工院校的大力支持，教材的编审人员做了大量的工作，在此，我们表示衷心的感谢！同时，恳切希望广大读者对教材提出宝贵的意见和建议。

编者

目录 CONTENTS

第一章 电子商务概述

学习目标

1. 理解电子商务的概念。
2. 了解电子商务的特征。
3. 了解电子商务产生、发展的条件和历程。
4. 了解电子商务发展的新特点。
5. 了解与电子商务发展相关的新兴技术。
6. 能够区分电子商务和传统商务。
7. 能够举例描述新兴技术在电子商务中的应用。

自电报出现以来，人们就开始使用电子化手段从事商务活动。如今，电子商务已经成为国民经济的重要增长点，与大众生活息息相关。本章主要介绍电子商务的概念、特征和发展，以及应用于电子商务领域的新兴技术。

第一节 电子商务的概念与特征

案例导读

随着互联网的高速发展，电子商务行业进入了发展的快车道。电子商务深深融入了人们的日常生活，为人们带来了极大便利。虽然电子商务的形式越来越丰富，从事电子商务的人员也越来越多，但我国仍有巨大的电商人才缺口。

即将进入职业院校就读的小王面临专业选择的困惑。看到电子商务的广阔前景，他想选择电子商务专业，但对电子商务缺乏必要的认知。在他看来，电子商务就是在网上买商品、卖商品，这不是很简单吗？为什么要进行专业学习呢？他理不清这个逻辑，所以一直犹豫不决。

思考问题：

1. 小王对电子商务的理解正确吗？
2. 电子商务是什么？

一、电子商务的概念

广义的电子商务（electronic business，EB）泛指企业利用电子手段开展商务活动及实施运作管理的整个过程，是各参与方通过电子方式而不是直接物理交换或直接物理接触方式完成的业务交易。它不仅包括企业商务活动中面向外部的业务流程，如网络营销、电子支付、物流配送等，还包括面向企业内部的业务流程，如企业资源计划、信息系统管理、客户关系管理、供应链管理、人力资源管理、战略管理、市场管理、财务管理等。

狭义的电子商务（electronic commerce，EC）仅指通过网络开展的交易或与交易有关的活动。

本书所指的电子商务，是指交易当事人或参与人利用计算机技术和网络技术等现代信息技术所进行的任意形式的商务运作、管理或信息交换活动，包括企业内部的沟通协调、企业之间的合作及网上交易等内容。

把握电子商务的内涵，应注意两点：第一，电子商务的核心是商务活动；第二，电子商务采用的是电子化手段。

课堂讨论

现在很多企业内部都有办公自动化（office automation，OA）系统，使用OA系统办公属于电子商务吗？为什么？

二、电子商务的特征

1. 交易全球化

电子商务基于互联网。互联网具有开放、互联、共享、平等的特点，任何一位网民都可能接收到电子商务企业传递的网络信息，从而成为企业的潜在客户。

2. 交易虚拟化

在通过互联网进行的交易活动中，从洽谈、签订合同到下订单、支付等，都无须当面进行，均可通过网络以电子化的方式完成，实现交易的完全虚拟化。

电子商务使得贸易活动无须当面进行，为交易双方提供了便利。但同时，也导致在电子商务活动中出现了“产品质量、售后服务及厂商信用得不到保障”“安全性得不到保障”“充斥虚假信息”等诚信问题。作为电子商务活动的参与者，我们应该对上述行为勇敢说“不”，在交易中始终秉承诚信原则。

3. 交易低成本化

互联网的普及使得电子商务企业无须支付高昂的店铺租金，减少了交易的中间环节，降低了交易的中介费用，因此交易成本大大降低。

4. 交易高效率化

借助电子商务，企业之间、企业与客户之间可时刻保持紧密联系，可以瞬间完成信息传递与计算机自动处理，无须人工干预，极大地缩短了交易时间。

5. 交易互动化

通过互联网，企业可以直接交流、谈判、签合同，消费者也可以把自己的建议反馈到企业的网站，而企业则要根据消费者的反馈，及时完善产品，提升服务质量，与消费者建立良性互动。

三、电子商务与传统商务的区别

电子商务与传统商务的区别见表 1–1。

表 1–1 电子商务与传统商务的区别

比较项目	传统商务	电子商务
交易场所	实体店铺、仓库等	虚拟空间（网络店铺等）
流转机制	通常经过一系列中间商流转	可以从生产者直达消费者，建立最直接的流转渠道
销售方式	线下交易	线上交易

续表

比较项目	传统商务	电子商务
宣传方式	通过电视、杂志、户外广告等进行宣传	通过互联网进行宣传
信息获取渠道	依赖销售商提供的信息，信息不对称	网络信息相对公开、透明
顾客便利性	受时间和地点的限制，便利性弱	不受任何限制，便利性强
需求信息获取	需要用很长时间了解顾客的需求	能够迅速捕捉顾客需求信息，及时应对

课堂实训

电子商务与传统商务的区别——以新华书店和当当网为例

1. 任务背景

作为传统书店的代表，新华书店通常拥有较大的实体店面，提供各类图书、文具、音像制品等商品，通过创造舒适的购物环境和提供专业的服务吸引消费者，致力于让顾客拥有良好的阅读体验和购物感受。新华书店注重文化氛围的营造，经常举办各类文化活动和讲座，吸引读者参与。此外，新华书店还与众多出版社有着紧密的合作关系，在中国图书市场占据重要地位。

当当网则是国内知名的在线图书销售平台，致力于为读者提供便捷、快速的图书购买服务。当当网拥有庞大的图书库存和完善的分类体系，用户可以方便地搜索自己感兴趣的图书。当当网还通过数据分析、用户画像等方式，为用户提供个性化的图书推荐服务，提升购物体验。此外，当当网还经常举办促销活动，吸引用户购买。

除了在经营模式上的不同，新华书店和当当网在服务方面也存在差异。新华书店注重实体店面的体验和服务，除提供丰富的图书资源外，还会配备阅读桌椅等设施，为读者打造舒适的阅读空间。相比之下，当当网则注重线上服务的优化，用户可以随时随地浏览和购买图书，还可以享受货到付款、免费退换货等便捷服务。

2. 任务要求

根据上述资料，结合自己的认识，分析传统书店和网络书店有何不同，并思考电子商务是否一定比传统商务更有优势。

3. 任务实施

从多个方面（交易时间、交易地点、信息获取方式、顾客方便度等）对新华书店和当当网进行对比，分析其各自的优势与劣势，填写表 1-2。

表 1-2 新华书店与当当网的对比

对比维度	新华书店	当当网
交易时间		
交易地点		
销售方式		
顾客便利性		
优势总结		
劣势总结		

第二节 电子商务的发展

案例导读

中国电商行业规模的快速增长

据统计，全国电商交易规模从 2011 年的约 6 万亿元增长到 2022 年的 43.8 万亿元，彰显了中国电商的辉煌成就。

电商改变了百姓生活和传统商业，成为促进国内市场发展的“催化剂”和“生力军”。随着经济全球化发展，人们购买力增强，网络普及率提升，物流水平进步以及网络支付环境改善，电商行业前景广阔，将伴随“互联网 +”的大趋势进一步发展。

阅读案例，思考以下问题：

我国电子商务为什么能够快速发展？

一、电子商务的发展阶段

电子商务的发展可分为三个阶段：基于 EDI 的电子商务、基于互联网的电子商务，以及基于 3G、4G、5G 等通信技术的移动电子商务。

1. 基于 EDI 的电子商务

早在 20 世纪 60 年代，人们就开始用电报发送商务文件。20 世纪 70 年代，人们又普遍采用方便、快捷的传真替代电报发送商务文件。后来，人们开始采用 EDI 作为企业间电子商务的应用技术，这就是电子商务的雏形。

EDI（electronic data interchange）是指电子数据交换技术，它是一种计算机与计算机之间进行结构化数据交换的标准方式。EDI 技术旨在消除人工干预和纸质文件的使用，减少错误和重复性工作，降低成本，减少处理时间，使得业务伙伴之间的数据传输更快速、更准确、更安全。基于 EDI 技术交换的数据可以包括订单、发票、运单、收据等贸易单证的信息，这些数据采用 EDI 文件格式进行传输，其传输方式如图 1–1 所示。

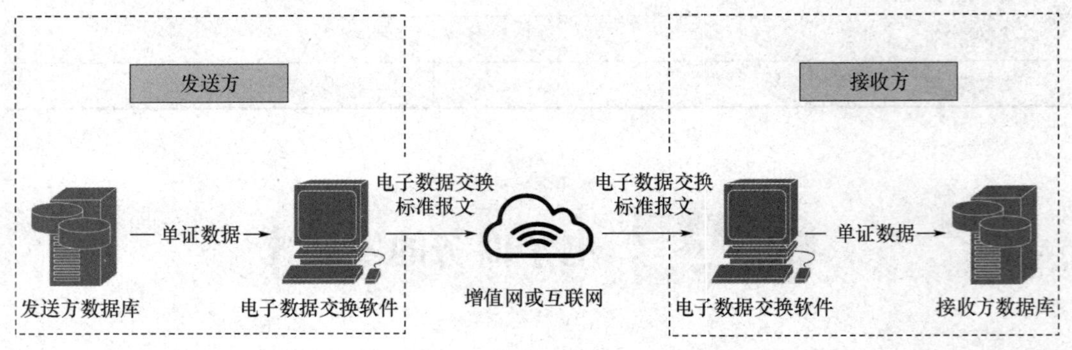

图 1–1　EDI 条件下数据的传输方式

EDI 商务出现较早，但至今仍未广泛普及，主要原因有：

（1）开展 EDI 商务必须租用 EDI 网络专线，费用较高；

（2）贸易伙伴需要使用 EDI；

（3）需要配备专业的 EDI 操作人员；

（4）软硬件条件制约了 EDI 商务的发展。EDI 兴起时计算机价格昂贵，调制解调器所能提供的带宽仅 300 bit/s。

2. 基于互联网的电子商务

20 世纪 90 年代初期，互联网在商业领域得到广泛的应用和普及，基于互联网的电子商务开始崭露头角，极大地改变了传统的商业模式。这一阶段电子商务的主要形式有：

（1）网络购物。个人消费者可以通过互联网在网上商城或电子商务平台上浏览、比较和在线购买商品，方便快捷。

（2）在线支付。消费者可以通过网络支付系统进行在线支付，避免了传统购物中取款、排队交费的烦琐流程。

（3）营销推广。企业可以通过互联网进行在线营销推广，如广告投放、搜索引擎优化、社交媒体营销等，提高品牌曝光度，增强市场竞争力。

（4）供应链管理。企业可以通过互联网加强与供应商、分销商之间的信息沟通和数据共享，提高供应链运作效率，降低成本。

（5）数据分析和个性化服务。企业可以通过互联网了解用户需求和行为，提供个性化推荐、定制服务等，从而满足消费者的个性化需求，增强客户黏性，提高其忠诚度。

基于互联网的电子商务促进了产业结构和商业模式的转型升级，对经济发展起到了积极的推动作用。它不仅加速了商品和资金的流通，也推动了企业竞争力的提高。

2015 年，我国政府工作报告中首次提出了“互联网 +”行动计划。这个计划旨在推动互联网与各行业、领域的融合，使得互联网技术广泛应用于各个方面，如零售、餐饮、医疗、教育等。其中，“互联网 + 教育”为广大学生提供了更多高质量的教育资源。

广大学生应该积极利用在线学习资源，提升自己的知识和技能水平，以更好地适应现代社会的发展需求。

3. 基于 3G、4G、5G 等通信技术的移动电子商务

21 世纪初，移动通信技术迅速发展，智能手机得以普及，基于 3G、4G、5G 的移动电子商务成为电子商务领域的新浪潮。

3G、4G 和 5G 是无线通信技术的代表，它们分别指第三代、第四代和第五代移动通信技术。这些技术的核心是通过无线网络实现信息传输。图 1–2 展示了移动通信网络的发展历程。

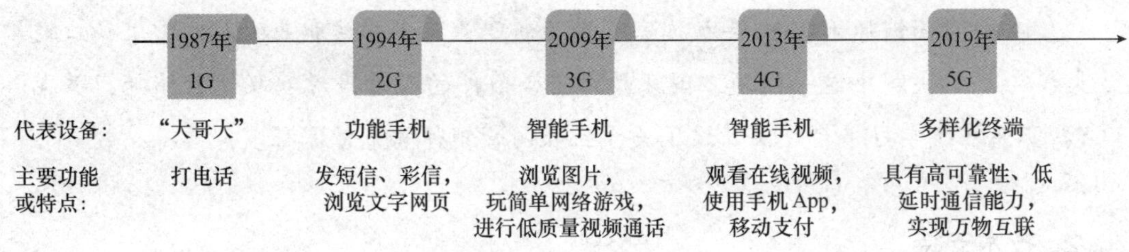

图 1–2　移动通信网络的发展历程

在 4G、5G 网络广泛存在的今天，通过智能手机、平板计算机、智能穿戴设备等多种移动终端，消费者可以随时随地进行商品浏览、购买等操作。同时，借助 GPS、Wi-Fi、蓝牙等多种技术手段，商家可以根据用户位置、需求和行为等特征，向消费者推送个性化的营销信息和服务。这一阶段涌现出了许多创新的商业模式，如 O2O（线上线下商务）、C2B（消费者定制）、P2P（人与人之间的交易）、F2C（厂商直销）等。这些新型商业模式打破了传统的生产和消费模式，实现了线上线下商务活动的深度融合。

二、电子商务产生和发展的条件

1. 政策扶持

政策扶持是电子商务产生和发展的重要因素之一。政策扶持在电子商务发展中的具体体现有以下几个方面：

（1）促进市场规范化。成熟、统一的国家政策及法律规范能够为电子商务提供稳定的环境，保证交易的顺利进行，让电子商务有法可依。政府出台相关法律法规，加强对电商市场的监管，防止不合规行为的出现，可以保障消费者权益，促进市场规范化。以我国为例，我国政府一直在积极推动电商的发展，出台了一系列法律法规和政策文件，如《中华人民共和国电子商务法》《国务院办公厅关于加快电子商务发展的若干意见》等，为电商行业的规范化和健康发展提供了法律依据和政策支持。

（2）扶持电商企业发展。政府出台一系列优惠政策，如税收减免、奖励补贴等，为电商企业提供扶持，降低企业经营成本，增强企业的竞争力。政府鼓励并出台相关政策支持电商企业进行技术研发和创新，提升服务品质和用户体验，推动电商行业向更高层次发展。

（3）推广电商应用。政府积极推广电子商务的应用，一方面鼓励消费者使用电商平台购物，另一方面积极引导各学校和培训机构培养电子商务人才，并且提供相关教育培训，提高电子商务从业人员素质，提高公众对电商的认识和信任度。

视野拓展

互联网营销师于2020年被国家认定为新职业。当前该职业的人才需求缺口较大，为了尽快解决这一问题，国家鼓励符合条件的人员报考互联网营销师，并在“新职业在线学习平台”上开设了关于互联网营销师的免费课程。

2. 技术支持

电子商务的产生和发展离不开技术的支持，技术因素主要体现在硬件设备的更新迭代、互联网的普及和新技术的出现。

（1）硬件设备的更新迭代。计算机的出现和普及为电子商务的产生提供了基本条件。移动设备（如智能手机）的普及，让人们可以随时随地开展商务活动，进一步推动了电商的发展。随着技术的不断发展，这些硬件设备不断更新换代，运算速度更快，处理能力更强，为电子商务的发展奠定了坚实基础。

（2）互联网的普及。互联网具有快捷、安全、成本低、跨时空等特点，是全球网络用户通信与交易的主要媒介。互联网的普及使得跨地域、跨国家的交易成为可能，带宽的不断扩大为更多人提供了高速稳定的网络连接，使得在线交易和数据传输更加快捷高效，加速了电商市场的发展。

（3）新技术的出现。新技术的不断涌现为电商发展注入了源源不断的推动力。例如：虚拟现实技术可以为消费者带来更加真实和沉浸式的体验，便于消费者进行购物决策；5G 技术可以提供更快的网络速度和更低的延迟，让人们可以更加快捷和便利地进行在线购物、观看视频直播；无人机和自动驾驶技术可以提高物流配送的效率、速度和便捷性。

3. 经济发展

电子商务的产生和发展受到多方面经济因素的推动。其中，商品供过于求和消费者需求日益个性化，为电子商务的兴起和普及提供了有利条件。

（1）商品供过于求。随着社会经济的发展，大多数商品出现了供应大于需求的现象。由此，生产者和供应商面临更大的压力，需要寻找更有效的渠道来销售商品。这种环境推动了电子商务的发展。电子商务可以打通信息不对称的瓶颈，使得商品可以更加便捷地到达消费者手中，避免了传统商业中的库存积压和滞销问题。卖家可通过数据分析和智能管理等方式，实现精准预测和优化运营，提高效率和利润。

（2）消费者需求日益个性化。随着经济实力不断增强，生活方式越来越多元化，消费者有更多的购物选择和自由，他们更加注重在消费中表达自我、展示个性，因此需要更加符合其个性化需求的商品和服务。电子商务平台恰恰能够提供更加多样化和个性化的商品和服务，满足消费者不断变化的需求。

三、电子商务发展新特点

经过多年的发展，电子商务已不再局限于网上购物，呈现出社交化、智能化、全球化、规范化等发展趋势。

1. 社交化

电子商务的社交化特点是指企业通过社交媒体等渠道与消费者进行互动，提供社交化的购物环境和服务，增强用户黏性，提高忠诚度，建立品牌信任，并实现销售增长。

在社交化电商中，企业可以开展社交化的营销活动，引导消费者参与互动，通过社交媒体平台向潜在客户推广产品和服务，提高品牌知名度。同时，企业也可以利用社交媒体平台上的数据进行精准营销，向目标群体发送有价值的信息，从而提升销售额。

此外，社交媒体还成为消费者获取商品信息以及评价商品和服务的重要平台，消费者可以通过社交媒体了解商品的详细信息、品质和口碑等，进行购物决策。因此，对于企业来说，积极回应消费者的评论和反馈，建立良好的品牌形象，是非常重要的。

2. 智能化

随着人工智能技术的不断发展，电子商务正逐渐向智能化方向发展。这种发展让企业可以更好地了解客户需求，提高订单处理效率，同时降低成本并提高服务质量。电子商务智能化特点的体现如图 1–3 所示。

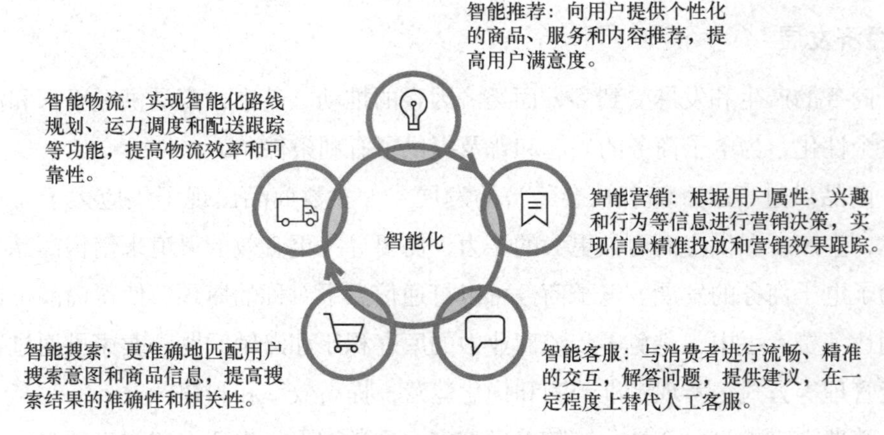

图 1–3　电子商务智能化特点的体现

视野拓展

电商平台的千人千面

电商平台发展初期采用的是人找货的模式，消费者输入要搜索的商品名称，平台会优先推荐销量多、评分高、好评多的商品。例如，搜索运动腰包，每个人看到的都是一样的搜索结果。

现在的电商平台采用的是货找人的模式，通过大数据分析、机器学习等技术收集并分析用户的搜索、浏览和购买等行为数据，并将这些数据与用户的个人信息（如年龄、性别、地理位置等）相结合，运用推荐算法为用户提供符合其兴趣和需求的商品或服务。不同的用户在打开电商平台或者搜索某个关键词时，看到的页面内容都不一样，这就是电商平台的千人千面。例如：在一个电商平台上，如果一位年轻妈妈经常搜索关于婴儿护理的商品，平台就会为她推荐与婴儿有关的商品，如纸尿裤、婴儿湿巾等；对于一位年轻男性，平台可能更倾向于为他推荐时尚潮流的服装或数码产品。

3. 全球化

电子商务从诞生之初就具备了全球化的特征，而跨境电商如今在整个电子商务市场中所占份额越来越大。全球物流与支付体系的完善促进了跨境电商的发展，让消费者享受到了全球范围内的优惠和服务。电子商务全球化为企业带来了机会，也带来了全球竞争的压力，因此企业需要更加了解国际市场的规则和文化，以便更好地开展业务。例如，企业需要了解不同国家的消费习惯、文化背景、法律法规等，以满足消费者的需求，并在国际市场上取得竞争优势。

4. 规范化

电子商务在发展过程中出现了一些问题，如消费陷阱和平台漏洞等。为了促进电子商务市场更加健全和规范，越来越多的国家和地区制定了相关法律法规。这些法律法规旨在保护各方在电子商务交易中的合法权益，并限制垄断和价格操纵行为，为消费者和企业提供更好的服务和发展环境。

此外，电子商务平台也采取了许多措施，如明确平台管理规范、加密数据、设置防火墙等，确保用户在交易过程中的信息安全，避免个人信息泄露和恶意攻击。

思政小课堂

2021 年 11 月 1 日起，《中华人民共和国个人信息保护法》正式施行，个人信息保护有了法律“安全锁”。一方面，拥有公民信息的单位、企业要履行好个人信息保护义务，防止出现从内部发生公民个人信息泄露的情况。另一方面，消费者在日常生活中也要注意个人信息保护，如在买卖房屋、使用 App、寄送物品等过程中，要注意手机号码、身份证信息等个人信息的管理，提防个人信息泄露。

案例分析

从阿里巴巴看中国电商的崛起

随着互联网的普及，全球电商市场持续蓬勃发展，而中国在此领域的增长尤为显著，已成为全球最大的电商市场。政府的开放政策和大力扶持为电商企业提供了良好的发展环境。其中，阿里巴巴作为中国电商的领头羊，其成功经验值得借鉴。

阿里巴巴成立于 1999 年，起初专注于 B2B 贸易。2003 年，它推出了淘宝网，进军 C2C 市场。此后，其业务不断拓展，形成了一个多元化的商业生态圈，包括天猫、支付宝和菜鸟网络等。在阿里巴巴的商业模式中，有几个关键因素对其快速发展起到了至关重要的作用。

首先，阿里巴巴不断推进数字化转型，将传统商业转换为电子商务。这种商业转型包括支付、物流等方面的创新，提升了消费者购物的便捷性和效率。

其次，阿里巴巴拥有强大的技术团队和技术支持，致力于创新技术。随着移动互联网、大数据、人工智能等技术的不断进步，阿里巴巴得以开发更多能够满足用户需求的创新产品和服务，如智能客服、大数据分析等。这些技术支持使得阿里巴巴能够更好地理解消费者需求，实现精准营销，从而提高其销售额和顾客忠诚度。

最后，阿里巴巴的商业模式非常注重用户体验和社交互动，鼓励消费者在其平台上进行分享、评价和社交。这种社交互动促进了品牌的口碑和曝光度的提升，从而增加了销售额，提高了用户忠诚度。

这些因素的共同作用，带来了阿里巴巴的快速发展。

请根据以上材料，结合本节内容，分析阿里巴巴能够快速发展的原因。

第三节 电子商务新兴技术

案例导读

抖音的大数据分析

抖音是一款有着庞大用户基础和众多内容创作者的短视频应用程序。作为一个强调用户体验和以内容打动人心的平台，如何根据海量的用户数据进行精细化运营成为抖音面临的问题。在这方面，大数据分析成为抖音的重要工具之一。

首先，个性化推荐是抖音大数据分析的核心功能之一。通过对每个用户的浏览、点赞和评论等行为数据进行分析，抖音能够准确地了解用户的兴趣和喜好，并且根据其偏好推荐更加相关的视频内容，从而延长用户浏览时长，提高其活跃度。同时，抖音还将个性化推荐应用于搜索引擎中，使得用户可以更快地找到自己想要的内容。

除此之外，抖音还利用大数据技术进行社交网络分析，了解用户之间的联系和不同用户的影响力，并据此为用户提供更适合他们的社交圈子和话题。抖音还会通过监测用户的实时行为和态度，了解用户对不同内容和功能的反馈，从而及时调整产品策略和运营方向。

广告投放优化是抖音大数据分析的另一个重要领域。通过对广告主的需求和目标受众进行分析，抖音能够精准地将广告投放给最有可能对其感兴趣的用户群体，从而提高广告投放效果和回报率。此外，抖音还会利用大数据技术进行漏斗分析，了解用户在不同阶段的行为路径和转化率，从而找出用户流失的原因并优化产品和服务。

随着人工智能技术的发展，抖音的大数据分析将会更加强大和精细，从而进一步推动抖音的快速发展。

思考问题：

1. 抖音为什么要使用大数据分析？

2. 抖音采用的大数据分析主要体现在哪些方面？

时代在进步，科学技术不断发展，大数据、云计算、人工智能、物联网等新技术的出现和应用，为我国电子商务注入了新的活力，优化了电子商务活动的各个环节，进一步推动了电子商务的发展。

一、大数据

1. 大数据相关概念

大数据是指规模巨大、类型繁多的数据集合，这些数据集合通常无法通过传统的方式进行处理和管理。大数据分析是指利用先进的技术和工具对大规模数据进行分析和挖掘，以发现其中价值的方法。数据挖掘技术是大数据分析中的一种方法，它是从大量数据中提取有用信息的技术，包括分类、聚类、关联规则挖掘等方法。可以说，大数据分析是应用数据挖掘技术对大数据进行分析的过程，而数据挖掘技术则是大数据分析的核心方法之一。

得益于大数据分析，企业能够快速改进工作模式，并为客户创造更大价值。利用大数据分析，企业可以优化运营措施并作出更明智的决策。例如，零售商可以改进定向广告，批发商可以解决供应链中的瓶颈问题。

2. 大数据的应用

大数据在电子商务领域的应用主要体现在推荐系统和搜索引擎系统两个方面。

（1）推荐系统。通过收集、分析和挖掘大量的用户数据，电商企业可以为用户提供更加精准的推荐服务，从而提高用户的购买率和满意度。

1）通过对用户的浏览历史、搜索记录、购买行为等数据进行分析和挖掘，电商企业可以构建用户画像，即对每个用户的属性和特征进行描述。例如，电商企业可以根据用户的搜索关键词、浏览历史和购买记录构建用户的购物画像，据此为其推荐更符合其需求的商品。

2）协同过滤是一种基于用户行为的推荐算法，它可以通过分析用户之间的相似性来进行推荐。例如，电商企业可以通过分析用户购买的商品类型、价格范围等信息来发现用户之间的相似性，并向用户推荐相似商品。

3）内容推荐是一种根据用户的兴趣爱好、阅读习惯等数据进行分析和挖掘的推荐方式，电商企业可以为用户推荐与其兴趣相关的商品和服务。例如，电商企业可以通过分析用户的浏览记录和关注话题等信息来推荐相关的问题和答案。

（2）搜索引擎系统。搜索引擎是非常常见的大数据系统。通过对用户搜索行为和网页内容的大数据分析，搜索引擎系统可以建立精准的索引模型，提高搜索结果的相关性和排序质量。大数据技术可以帮助搜索引擎更好地理解用户查询意图，从而匹配最合适的搜索结果。此外，大数据技术也有助于对搜索引擎系统的监控和优化。例如，通过实时监测系统性能指标、用户行为和反馈，及时发现问题并进行调整优化，提高用户满意度和搜索效果。

课堂讨论

请列举自己身边与大数据有关的现象或事例。

二、云计算

云计算又称网格计算，是分布式计算的一种，是指通过网络“云”将巨大的数据计算处理程序分解成无数个小程序，然后，通过多部服务器组成的系统进行处理和分析并将结果返回给用户。通过这项技术，系统可以在很短的时间（几秒钟）内完成对数以万计的数据的处理，从而提供强大的网络服务。

1. 云计算服务类型

云计算服务类型通常可以分为以下几种：

（1）基础设施即服务（IaaS）。这种服务提供基础的计算、存储和网络资源。普通用户无须自行购建数据中心等硬件设施，而是通过租用的方式，利用互联网从 IaaS 服务提供商获得计算机基础设施服务，包括服务器、存储和网络等服务。

（2）平台即服务（PaaS）。这种服务在 IaaS 的基础上，提供开发、测试和部署应用程序所需的平台环境和工具。用户可以使用服务提供商提供的开发工具和应用程序接口

（API）来开发、测试和发布应用程序，而无须关注底层的基础设施。

（3）软件即服务（SaaS）。这种服务提供完整的应用程序，用户只需通过互联网访问应用程序，无须关心底层的基础设施和运行环境。常见的SaaS应用包括电子邮件、在线办公软件、客户关系管理系统等。

除了以上三种常见的服务类型，还有一些新兴的服务类型，如容器即服务（CaaS）、功能即服务（FaaS）等。这些服务类型都是基于云计算技术的进一步创新和发展。

2. 云计算的应用

云计算作为一种基于互联网的信息技术模式，具有许多优势。第一，它可以降低用户的成本，用户不必购买昂贵的硬件设备和软件，只需按需付费，就可以使用云计算服务。第二，云计算可以提高用户的工作效率，快速部署和管理应用程序，大大缩短了开发和部署周期。第三，云计算还可以增强可靠性，云计算服务提供商通常拥有多个数据中心和备份系统，可以提供高可靠性的服务。第四，云计算具有灵活性，用户可以根据需要选择不同的服务类型、应用程序和操作系统，以满足各种需求。这些优势使得云计算在企业和个人等不同领域都得到了广泛的应用，云计算在存储、教育、医疗方面的应用如下：

（1）云存储。云存储又称存储云，是在云计算技术基础上发展起来的一种新的存储技术。用户可以将本地的资源上传至云端，随时随地连入互联网以获取云端的资源。云存储向用户提供了存储服务、备份服务、归档服务和记录管理服务等，大大方便了使用者对资源的管理。

课堂讨论

你使用过云存储吗？你认为云存储有哪些优缺点？

（2）云教育。云教育实质上是教育信息化的一种发展。具体来说，云教育可以将任何教育硬件资源虚拟化并传入互联网中，向教育机构、学生和教师提供一个方便快捷的平台。

视野拓展

当前我国高等教育已经进入普及化阶段，高质量发展成为时代主题。在这种背景下，高校师生和社会学习者对优质在线教育资源、高品质的在线教育服务，以及规范化的在线教学管理需求越来越强烈。因此，国内出现了许多慕课平台。以下是一些受欢迎的平台：

1. 国家高等教育智慧教育平台。该平台规模大，门类全面，是全国性综合性在线开放课程平台。

2. 国家职业教育智慧教育平台。该平台由标准化课程、示范性课程及各种拓展资源组成，提供专业的职业教育资源。

3. 国家开放大学终身教育平台。该平台汇集了国家开放大学自建学习资源，向社会免费开放。

4. 爱课程。该平台是一个高等教育课程资源共享平台，向公众提供来自中国知名高校的慕课课程。

5. 智慧树。该平台是一个学分课程运营服务平台，可实现跨校课程共享和学分互认。

6. 学堂在线。该平台汇集了清华大学、北京大学、斯坦福大学等国内外高校的超过 3 000 门优质课程。

（3）云医疗。云医疗包括云医疗健康信息平台、云医疗远程诊断及会诊系统、云医疗远程监护系统以及云医疗教育系统等。互联网医院、居民健康信息“云管理”、互联网医药电商是当前“云医疗”的主要应用形式。

1）互联网医院（见图 1–4）。互联网医院打通了线上线下的诊疗服务。患者可以通过手机、计算机等登录医院网页或 App，选择在线挂号、在线问诊等服务。专家和患者可以实时远程视频交流，多地医生还可以对患者进行远程综合诊治。

图 1–4　互联网医院

2）居民健康信息“云管理”。将居民的健康档案、病历、检查报告等数据存储在云端后，医生可以通过互联网随时查看患者的健康信息，为患者提供更加精准和个性化的医疗服务。同时，居民也可以通过移动设备随时随地查看自己的健康信息，了解自己的身体状况，并进行健康管理和预防保健。

3）互联网医药电商。消费者通过网络下单后，互联网医药电商平台可以实现医药产品的上门配送。当前，京东、阿里等大型电商平台已将经营范围延伸到医药领域，消费者能够通过手机终端实时进行医药消费。

三、人工智能

人工智能（artificial intelligence，AI），是研究、开发用于模拟、延伸和扩展人的智能的理论、方法、技术及应用系统的一门新的技术科学。通俗地讲，人工智能是一种模拟人类智能的技术，它可以使机器完成识别、学习、推理、决策等类似于人类思维的复杂活动，如无人驾驶、多语言翻译、人脸识别等。

课堂讨论

你身边的人工智能有哪些？

1. 人工智能的关键技术

（1）计算机视觉。计算机视觉是一种使用计算机及相关设备对生物视觉进行模拟的技术。简单来说，就是给计算机安装上眼睛（照相机）和大脑（算法），让计算机能够感知环境。它的主要任务是通过处理采集的图片或视频获得相应场景的三维信息。

计算机视觉有着广泛的应用，例如，在医疗成像分析中用来辅助疾病预测、诊断和治疗，在社交媒体中用来自动识别照片中的人物，在安防及监控领域用来指认嫌疑人，等等。

（2）自然语言处理。自然语言处理技术是一种涉及计算机与人类语言交互的技术，包括文本和声音等形式的语言交互，旨在使计算机能够理解、解释和生成人类语言。目前，自然语言处理技术常见的应用场景有语音识别、机器翻译、情感分析、信息提取、问答系统等（见图 1–5）。

（3）机器学习。机器学习是一种基于数据和统计学原理的人工智能技术，旨在通过训练模型识别和预测未知数据。它依赖大量的数据以及复杂的算法和数学模型生成预测结果。

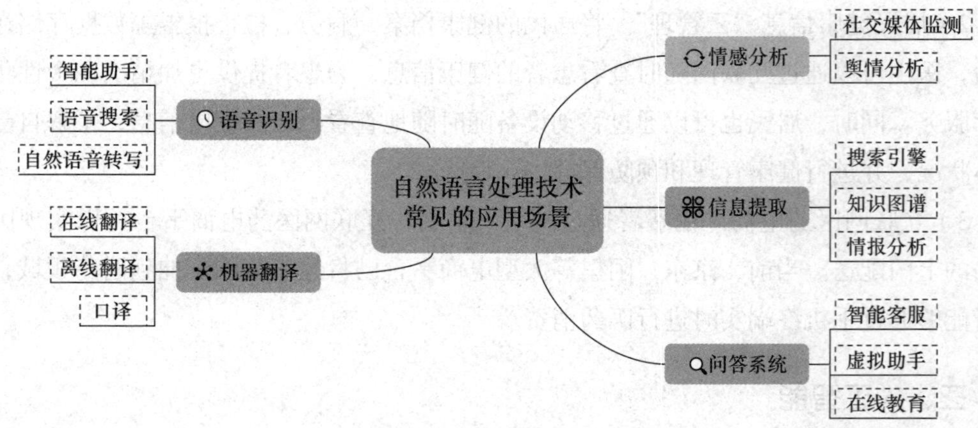

图 1–5　自然语言处理技术常见的应用场景

机器学习的核心原理是将数据提供给模型进行学习，从而实现自动优化和改进。简单来说，机器学习模型是训练数据学习得出的函数，其任务是根据输入变量的值预测输出变量的值。这个过程可以分为输入数据处理、模型训练和模型测试三个阶段，具体步骤如图 1–6 所示。

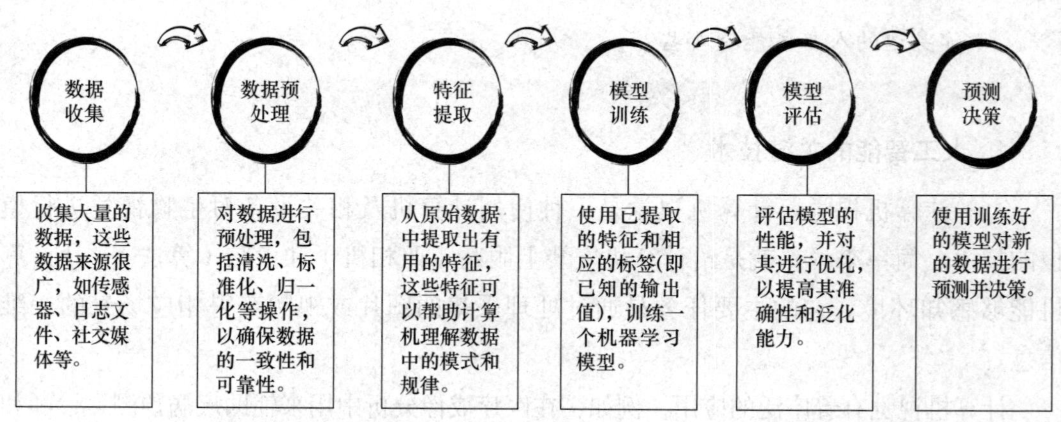

图 1–6　机器学习的步骤

输入数据处理阶段进行数据收集和数据预处理，需要准备好数据以便模型学习。模型训练阶段进行特征提取和模型训练，系统会利用经过特定处理后的训练数据来调整参数，以使模型能够更好地适应数据并获得更准确的预测效果。模型测试阶段进行模型评估和预测决策，使用未在训练中使用过的数据评估模型的性能，并对未知数据进行预测。

（4）深度学习。深度学习是一种利用复杂的神经网络开发 AI 系统的技术。它可以模拟人脑的认知能力，将复杂的数据进行分类和分析，并生成准确的结果。相比传统的机器学习，深度学习能够在分析大型数据集时进行自我学习和改进，具有更好的泛化能力和准确性，尤其在处理大规模数据集时表现更为出色。

第一个战胜围棋世界冠军的人工智能机器人阿尔法狗、AI 换脸都是深度学习的具体应用。

2. 人工智能在电子商务领域的应用

人工智能在电子商务领域的应用主要包括图片搜索、智能客服、价格优化、趋势预测和智能分拣等。

（1）图片搜索。在电商平台上，商品展示与消费者需求通过搜索环节产生联系。但是，基于文字的搜索行为有时很难直接引导用户找到他们想要的商品。在这一方面，计算机视觉和深度学习技术发挥了重要作用。通过这些技术，消费者可以轻松地搜索到他们正在寻找的商品。消费者只需将商品图片上传到电商平台，人工智能就能理解商品的各项特征，如款式、规格、颜色、品牌，并为消费者提供同类型商品的销售入口，如图 1–7 所示。图片搜索的应用，极大地缩短了消费者的搜索时间，降低了其时间成本，提高了其购物体验。

图 1–7 电商平台的图片搜索功能

（2）智能客服。智能客服融合了机器学习、自然语言处理、语义分析和理解等多项人工智能技术，其主要功能是能够自动回复顾客咨询的问题，识别顾客发送的文本、图片、语音，并能对简单的语音指令进行响应。智能客服机器人可以有效减少人工成本，提升服务质量，优化用户体验，最大限度地留住夜间流量。同时，智能客服也可以替代人工客服回复重复性问题，提高服务效率。

（3）价格优化。传统模式下，企业需要依靠数据和自身的经验制定商品的价格。然而，在日趋激烈的市场竞争环境中，商品价格也要随着市场的变动作出及时调整。这种长期持续的价格调整，即便对于一个只有小规模库存的线上零售商来说，也是一项很大的挑战。这种定价问题正是人工智能擅长解决的，系统可以分析各种历史数据和竞争数据，提出更准确的价格建议和销售预测。

（4）趋势预测。一般来说，图片中隐藏着大量的用户信息。所以，根据用户浏览的图片，利用深度学习算法，系统可以从中分析出最近某一品类的流行趋势。这有助于商家更准确地了解市场需求和趋势变化，以便更有效地制定营销策略，确定商品定位。

（5）智能分拣。智能分拣是一种自动化的物流处理技术，可以提高分拣效率和准确性。在电子商务领域中，智能分拣技术广泛应用于商品的自动分类、装箱和打包等环节。通过使用深度学习技术，智能分拣系统可以对不同种类的商品进行识别和分类，从而实现快速而准确的分拣。相比传统的人工分拣，智能分拣技术具有更高的效率和准确性，能够显著降低人工成本和错误率，提高物流处理的效率。

四、物联网

物联网是一个技术体系，它通过信息传感器、射频识别技术、全球定位系统、红外感应器、激光扫描器等各类装置与技术，实时对需要监控、连接、交互的物体或过程采集其声、光、热、电、生物、位置等各种信息，通过各类网络接入，实现物与物、物与人的普遍连接，以及对物品和过程的智能化感知、识别和管理。

1. 物联网的关键技术

物联网的核心是实现物与物、人与物之间的信息交互。为了实现这种交互，一般需要经过整体感知、信息传输和智能处理三个环节，如图 1–8 所示。在整体感知环节，使用射频识别技术、二维码技术、传感器技术等对物体进行感知，收集各种类型的信息。在信息传输环节，通过无线通信技术和数据传输技术，将物体的信息实时、准确地传送，以便进行信息交流和分享。在智能处理环节，使用各种数据分析技术和人工智能技术，对接收到的数据和信息进行分析处理，实现监测与控制的智能化。下面对其中用到的传感器技术、射频识别技术、无线通信技术进行介绍。

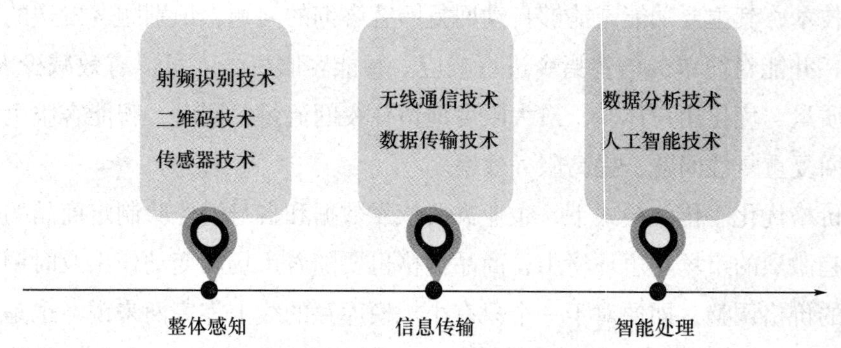

图 1–8　物联网信息交互的三个环节

（1）传感器技术。传感器技术是用于采集实际世界中各种数据的技术。传感器通常与微处理器或微控制器组合使用，可感测物理量的变化或状态，并将其转换为数字信号，通过网络传输到远程服务器进行进一步分析和处理。常见的传感器类型如图 1–9 所示。

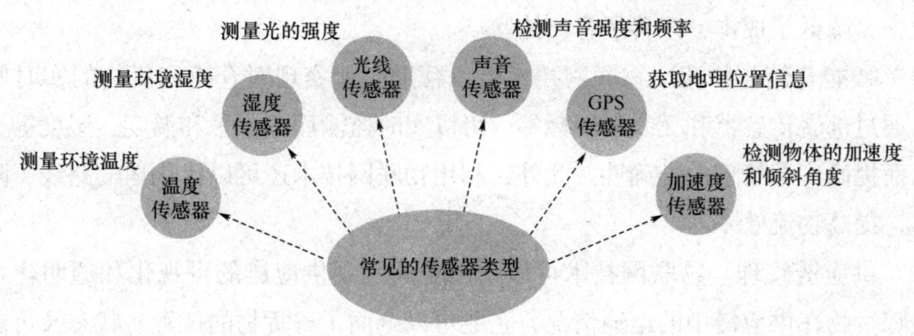

图 1–9　常见的传感器类型

（2）射频识别技术。射频识别技术是一种利用无线射频识别和跟踪物品的技术。它通过在标签中嵌入芯片和天线，在不需要外部电源的情况下，向读写器发送信号，实现物品信息的识别和数据传输。这就赋予了物联网一个特性，即可跟踪性。

射频识别设备主要由三个部分构成：读写器、标签和中间件。读写器用于与标签进行通信和数据交换；标签被安装在所需跟踪的物品上，并用于存储及传输物品信息；中间件起到连接读写器和企业信息系统的桥梁作用，将从标签读取到的数据整合到企业管理系统中。

射频识别技术可以应用于各种场景和行业中，如物流管理、零售业、制造业、医疗行业等。在物流管理中，射频识别技术可以用于自动化仓储和运输系统，提高货物的追踪和管理效率；在零售业中，射频识别技术可以用于商品的防盗和管理；在制造业中，射频识别技术可以用于自动化生产线和质量控制；在医疗行业中，射频识别技术可以用于病人管理和医疗器械的追踪。

（3）无线通信技术。在物联网中，无线通信技术发挥着重要作用。无线通信技术是指利用无线电波等无线传输介质进行信息传输的技术。可利用它实现设备之间的无线数据传输和通信。

物联网设备部署广泛、数量巨大，并且通常分布在不同的地点，使用有线通信方式会面临布线困难、成本高昂和维护不便等问题。因此，无线通信技术成为连接物联网设备和网络的主流手段，它使设备之间可以互相交换信息、协同工作。

通过无线通信技术，物联网设备可以与云服务器、移动终端等设备进行通信，实现物联网系统的完整功能和智能化应用。同时，无线通信技术可以提高物联网设备的灵活性、可靠性和安全性，使其更加适合于各种场景下的使用。

2. 物联网的应用

当今物联网技术已经应用于多个领域，如智能家居、智慧城市、工业制造、医疗健康和农业种植等。在电子商务领域，物联网技术的应用已经产生了深远的影响，提高了运营效率，降低了成本，改善了客户体验。

（1）智能仓储与物流。物联网技术可以帮助企业实现对仓库和货物的实时监控和管理。通过部署传感器和无线射频标签，可以实时监测库存水平和温度、湿度等关键参数，从而提高库存管理的准确性。此外，利用物联网技术还可以优化运输路线，降低运输成本，提高物流效率。

（2）供应链管理。物联网技术可以帮助企业实现供应链的可视化和透明化。通过实时追踪货物在供应链中的运输情况，企业可以全面了解货物的位置、状态及可能的风险。这有助于企业作出更科学的决策，如调整生产计划、预测需求等。

（3）智能支付与结算。物联网技术可以为电子商务提供更加便捷的支付和结算方式。通过使用近场通信技术，消费者可以在购物时直接用手机完成支付，无须携带现金或信用卡。同时，物联网技术还可以帮助企业实现自动化结算，减少人工干预，提高效率。

（4）客户服务与售后支持。物联网技术可以帮助企业实现客户服务的智能化。通过部署可穿戴设备（如智能手表）和智能家居设备（如智能家电），企业可以收集客户的生活习惯和需求数据，从而为客户提供个性化的服务和建议。此外，利用物联网技术还可以实现远程故障诊断和维修，提高售后服务的质量。

未来，物联网技术可能会在电子商务领域中得到更深入的应用。这些应用包括使用增强现实和虚拟现实技术，让消费者在不离开家的情况下体验购买商品的感觉，例如，利用增强现实技术试穿服装或使用虚拟现实技术查看家具的摆放效果。又如，企业可以开设无人商店，在商店内部署各种传感器和无线射频标签，以监控和管理商品。消费者可以通过手机或其他设备进入商店，并完成购物和自动支付。

视野拓展

物联网在智慧城市领域的应用

物联网技术在智慧城市中的应用非常广泛，涵盖了交通管理、环境监测等方方面面。利用物联网技术，可对城市基础设施、交通、能源、环保等方面进行实时监控和管理，提升城市管理效率和公共服务质量。

1. 智能交通管理

通过部署各种传感器和智能设备，可以实现对交通流量、道路状况和车辆状态的实时监控和管理。例如，交通信号灯可以根据实时车流情况自动调整绿灯时间，以提高交通效率，减少拥堵。此外，还可以通过智能停车系统为驾驶员提供实时停车位信息，以减少寻找停车位的时间和车位资源浪费。

2. 智能能源管理

物联网技术可以帮助人们实现城市的能源智能化管理。例如，通过部署智能电表和智能照明系统，可以实现对用电和照明的实时监控和管理。这些系统可以自动调节照明亮度和电力消耗，以节省能源并降低能源成本。

3. 智能垃圾处理

通过部署各种传感器和智能设备，可以实现对垃圾桶状态和垃圾处理过程的实时监控和管理。例如，智能垃圾桶可以自动检测垃圾桶是否满了，并通知清洁工人进行清理。此外，还可以通过智能垃圾处理系统将垃圾转化为可回收资源，以减少垃圾的数量和对环境的影响。

4. 智慧环保

通过部署各种传感器和智能设备，可以实现对城市环境的实时监控和管理。例如，空气质量监测器可以自动收集空气污染物的数据，并将数据传输给环保部门进行分析和处理。此外，还可以通过智能城市安全系统（如智能监控摄像头和智能报警系统），实现对城市公共安全的实时监控和管理。这些系统可以自动检测异常情况并发送警报，以提高城市的安全性，减少犯罪率。

课堂讨论

你知道物联网在智能家居、工业制造、医疗健康和农业种植领域有哪些具体应用吗?

案例分析

京东的人工智能变革

作为一家电商企业巨头，京东集团很早就全面向科技企业转型，推进人工智能变革。目前，京东的技术成果已经遍布零售、客服、物流等诸多应用场景。

1. 京东零售：以技术精准匹配个性化需求

针对电商平台线上零售“人货匹配难”这一难点，京东重点攻克商品智能匹配关键技术，实现了人货匹配准的目标，满足了消费者个性化、差异化、品质化的需求。

京东零售云为线下门店提供了从选址、选品、选价、选促、选员到选客等全方位的解决方案，帮助门店实现精准选址、智能选品、动态定价、个性化营销、高效管理和精细运营。

2. 京东客服：让智能客服更“智能”

京东研制出了能应对真实业务挑战的“言犀”人工智能应用平台。和其他智能客服相比，“言犀”拥有更多的复杂训练场景，也具有更强的学习理解能力。当消费者向客服咨询商品时，AI 会为消费者描述产品，但是它并不是简单地将说明书内容翻译或者照搬，而是会感知到说明书中的亮点，并生成优质文案。

3. 京东物流：技术驱动实现全局自动化

京东的智能物流是一个完整体系，涵盖从仓内自动化设备到末端配送的全部环节。

无人仓作为新一代智能物流技术，其核心特色体现为数据感知、机器人融入和以算法指导生产，可以极大地提升效率并降低人力消耗。从商品入库、存储、分拣、包装、装车的环节都无须人力参与，搬运机器人成了无人仓的主角。

思考问题：

根据以上材料，分析京东集团在哪些领域应用了人工智能技术，简单介绍一下其具体应用。

电子商务交易模式

学习目标

1. 了解电子商务交易模式的分类。
2. 掌握 C2C、B2C、B2B、O2O 电子商务交易模式的概念。
3. 了解 C2C、B2C、B2B、O2O 电子商务交易模式的特征。
4. 理解 C2C、B2C、B2B、O2O 电子商务交易模式的交易流程。
5. 理解 C2C、B2C、B2B、O2O 电子商务交易模式的盈利模式。
6. 能够识别电子商务平台的交易模式。
7. 能够分析电子商务平台的盈利模式。

电子商务在改变人们的消费习惯的同时，也改变了商业模式，各种电子商务交易模式应运而生。按照参与电子商务的交易者类型划分，电子商务交易模式可分为 C2C（消费者与消费者之间）模式、B2C（企业与消费者之间）模式、B2B（企业与企业之间）模式、B2G（企业与政府之间）模式、O2O（线上与线下相结合）模式等。本章主要介绍常见的 C2C 模式、B2C 模式、B2B 模式和 O2O 模式。

第一节 C2C 电子商务交易模式

案例导读

淘宝网——中国 C2C 电子商务交易模式的领军企业

淘宝网是我国具有重大影响力的在线购物平台，也是一个以 C2C 模式为主的电子商务网站。它于 2003 年由阿里巴巴集团创办，旨在为个人和小型企业提供一个便捷的销售渠道。淘宝网在国内电商刚刚起步时进入市场，开启了第三方担保支付、第三方物流送货的新时代，构建了中国独特的电子商务交易模式。

淘宝网之所以能够在庞大的 C2C 电商平台中一路领先，得益于它采取的以下措施：

1. 免费开店、服务收费。通过跨地域开店，实现商品的大流通。

2. 针对具有不同需求的商户提供运营规划、会员关系管理等服务。

3. 引入实名认证机制，加强诚信与安全建设。

4. 引入信用评价体系，买家和卖家都可以查看对方的信用评价。成功完成一笔交易后，双方可对对方作出信用评价。

5. 推出支付宝担保支付模式，降低交易风险。

6. 通过淘宝购物平台的各项活动，为卖家的销售活动做好服务。

淘宝网依靠免费策略成为电商市场的霸主。但后来的竞争者都有巨资支持且可以轻易模仿淘宝网的营销模式，这使得免费这一策略不再具有独特性和唯一性，从而大大降低了淘宝网的竞争力。此外，淘宝网上的商品鱼龙混杂，存在着一些假货，也在一定程度上阻碍了平台的发展。

思考问题：

1. 什么是 C2C 电子商务交易模式？

2. 目前还有哪些知名电商平台采用 C2C 电子商务交易模式？

C2C 电子商务交易模式（以下简称 C2C 模式）即消费者与消费者之间通过互联网进行交易的电子商务交易模式。该模式的构成要素包括买卖双方和电子商务平台。C2C 电子商务平台为数量巨大、地域不同的买方和卖方提供了找到合适的对家进行交易的途径。

一、C2C 模式的特点

与其他电子商务交易模式相比，C2C 模式具有以下特点：

1. 准入门槛低

相比 B2C 模式和 B2B 模式，C2C 模式的准入门槛较低。个人卖家只需进行简单的注册和开店操作，即可在线销售商品。这降低了创业的成本和风险，促使更多人参与电子商务。

2. 卖家数量庞大且分散

由于个人卖家可以自由进入市场并开设店铺，从事商品销售，所以 C2C 电子商务平台吸引了大量的个人卖家。数量庞大且分散的卖家提供了众多的商品，能够满足众多消费者的各种需求。

3. 借助第三方平台进行交易

在 C2C 模式中，买卖双方必须通过第三方平台进行交易。这些平台提供了安全的支付系统、评价机制和纠纷解决渠道，确保交易的可靠性。这种借助第三方平台的模式增加了交易的安全性，提高了透明度。

4. 经营方式灵活

C2C 电子商务平台为个人卖家提供了灵活的经营方式。他们可以自行决定销售的商品种类、价格和营销策略。这种灵活性使个人卖家能够根据市场需求和个人情况进行动态调整，提供更具竞争力的产品和服务。

5. 成本低、单笔交易额小

相对于 B2C 模式和 B2B 模式，C2C 模式的运营成本较低。个人卖家通常不需要承担大额投资和库存管理的压力，并且可以通过第三方物流合作伙伴满足商品配送需求。此外，由于 C2C 交易往往是小额交易，所以卖家的风险和资金压力也比较小。

二、C2C 电子商务的运作模式

1. 拍卖平台运作模式

在拍卖平台运作模式下，C2C 电子商务平台为买卖双方搭建网络拍卖平台，按比例收取交易费用。其基本运作方式是：卖家在拍卖网站上展示欲出售物品的图片、视频等资料，买方登录拍卖网站挑选自己想购买的商品，然后出价竞标，买卖双方可实时查看整个拍卖过程。这种以竞拍方式进行的网上交易不仅能让卖家争取到公平的市场价格，而且能让买家找到相对廉价的所需物品。

目前，我国较知名的拍卖平台有阿里拍卖、京东拍卖、人民法院诉讼资产网等，如图 2–1 所示。

图 2–1　阿里拍卖、京东拍卖平台

视野拓展

网络拍卖方式

网络拍卖有增价拍、荷兰拍、降价拍三种拍卖方式。

1. 增价拍

这种拍卖方式的拍卖商品数量为 1，拍卖价格由低到高，买家自由竞价。拍卖结束时，出价最高者获得拍卖商品。

2. 荷兰拍

这种拍卖方式的拍卖商品数量大于1。拍卖结束时，出价高者优先获得商品，相同价格时先出价者先得。

3. 降价拍

这种拍卖方式的拍卖商品数量可为1，也可大于1。拍卖商品的竞价由高向低依次递减，直到有竞买人应价成交。若商品数量大于1，则所有商品均被竞价人应价完后，拍卖结束。

2. 店铺平台运作模式

在店铺平台运作模式下，C2C电子商务企业提供平台，方便个人在平台上开设店铺，定价销售商品。店铺平台运作模式又称为网上商城运作模式，国内外主要的C2C店铺平台有淘宝网、拼多多、转转、拍拍网、eBay等。

案例分析

消失的易趣

1999年创立于上海的易趣网是中国最早的C2C网络交易平台。成立初期，易趣随着中国网络的发展为众多网民所熟知，很快就占据了我国C2C市场的半壁江山。不久，eBay向易趣注资，并成立了eBay易趣，希望一举打入中国市场。随后淘宝网问世，打碎了eBay的美梦。淘宝网从一开始就实行免费政策，即在淘宝网上注册开店不需要支付任何费用。这一政策沉重地打击了eBay易趣。后来，eBay在2006年与国内知名网站TOM在线进行合作，成立了TOM易趣。TOM易趣也和淘宝网一样，实行免费开店的政策，但该平台最终在2022年宣布关闭。

查找有关资料，分析易趣衰落的原因。

三、C2C电子商务的交易流程

1. C2C电子商务的购买流程

（1）会员注册。购买者首先需要在C2C电子商务平台上注册账户。注册前，购买者需要阅读平台服务条款并同意，之后填写必要的个人信息并提交，最后通过手机或邮箱验证，完成会员注册，成为C2C电子商务平台的会员。

（2）浏览、搜索商品。会员登录平台后，可以浏览平台上的各种商品，也可使用平台提供的搜索功能查找特定类型或特定品牌的商品，还可以使用筛选器缩小搜索的范围，最终根据自己的需求和兴趣选择感兴趣的商品。

会员找到感兴趣的商品后可以点击进入该商品的详情页面。在该页面上，会员可以查看商品的详细信息，包括图片、规格、卖家信息等。此外，会员还可以查看其他买家对该商品的评价和评分，以作出更明智的购买决策。

（3）联络卖家。买家会员通过发站内信给卖家、给卖家留言、使用沟通工具等方式联络卖家，了解商品的更多信息。

（4）下单和支付。在拍卖平台运作模式下，会员在明确拍卖规则后，根据自己的意愿和拍卖规则出价，竞拍成功后付款。

在店铺平台运作模式下，会员决定购买某商品后，可将商品加入购物车或直接下单。在下单过程中，会员需要提供收货地址，选择配送方式，并通过平台提供的安全支付系统完成支付。

（5）收货和评价。付款后，会员可以通过平台上的订单信息跟踪物流进程，了解商品的配送情况。收到商品后，买家会员需要尽快检查商品的状况，如尺寸、新旧程度、颜色等是否和卖家介绍一致。如有偏差，可与卖家联系协商。

在交易完成后，买家要对卖家和商品进行评价。他们可以根据自己的购买经验和商品质量给予评分和撰写评价，以帮助其他买家作出更好的选择。

（6）售后服务和纠纷解决。如果买家遇到任何问题或无法与卖家协商达成一致，买家可以联系平台的客服团队寻求帮助。平台通常提供售后服务和纠纷解决机制，以确保买家的权益。

2. C2C 电子商务平台的开店流程

（1）注册和账户设置。个人卖家会员注册步骤与买家会员注册步骤相同。如果已经作为买家注册过会员，可使用同一账号作为卖家账号。

（2）实名认证。如果要在 C2C 电子商务平台上卖商品，必须通过实名认证，实名认证方式与卖家身份有关。以淘宝网为例，卖家分为个人商家、个体工商户商家、企业商家，具体认证要求如图 2–2 所示。

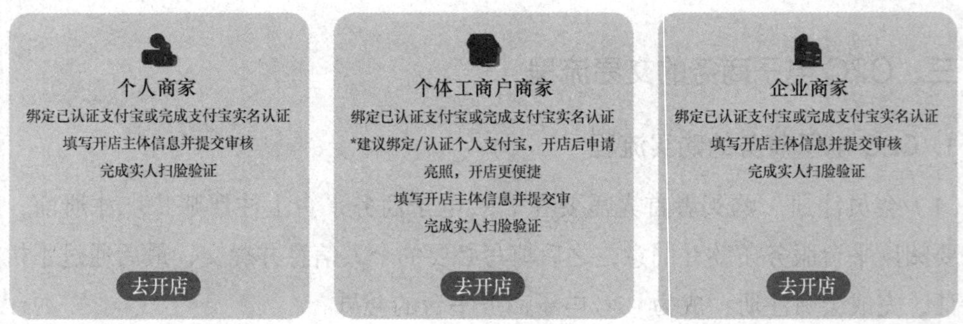

图 2–2　淘宝网开店实名认证要求

（3）开设店铺。通过实名认证后，卖家可以创建自己的在线店铺。在创建店铺过程中，卖家需要提供店铺名称、描述、联系方式等相关信息，并选择适当的店铺模板或自定义店铺外观。店铺页面的设计和展示对于吸引潜在买家至关重要。

（4）发布商品。卖家准备好想要销售的商品，并将这些商品拍照，上传到自己的店铺中。每个商品都需要有详细的描述，包括商品名称、规格、颜色等相关信息及图片。清晰而吸引人的商品描述有助于吸引顾客并增加销售机会。

（5）设置定价与促销活动。卖家需要制定自己的定价策略，根据市场需求、竞争对手的定价情况以及自己的成本等因素制定合理的价格。此外，卖家还可以定期开展促销活动，如打折、满减等，以吸引更多买家。

（6）订单处理和交易管理。店铺正式上线后，卖家开始接受订单并处理交易。当买家下单时，卖家会收到通知，并需要确认订单，准备发货。卖家应及时更新订单的状态和跟踪信息，保持与买家的良好沟通，并提供优质的售后服务。

（7）评价和信誉积累。交易完成后，买卖双方互相进行评价和评分。这些评价和评分对于卖家的信誉非常重要。卖家应努力提供良好的购物体验和优质的商品，以获得正面评价，建立可靠的信誉。

禁止在网上销售的商品

网上开店需要遵守国家法律、法规。《中华人民共和国电子商务法》规定，电子商务经营者销售的商品或者提供的服务应当符合保障人身、财产安全的要求和环境保护要求，不得销售或者提供法律、行政法规禁止交易的商品或者服务。

具体而言，网上商品交易必须遵守《中华人民共和国治安管理处罚法》《中华人民共和国枪支管理法》《中华人民共和国国家安全法》《民用爆炸物品安全管理条例》《危险化学品安全管理条例》《易制毒化学品管理条例》《音像制品管理条例》和《出版管理条例》等法律法规的规定。我国禁止在网上交易毒品、淫秽物品、非法出版物等法律法规禁止交易的物品，禁止在网上交易枪支、弹药、管制刀具、民用爆炸物品、窃听窃照专用器材、剧毒化学品、易制毒化学品等法律法规禁止擅自交易的物品。

四、C2C 电子商务的主要盈利模式

C2C 电子商务的盈利模式主要有以下四类：

1. 收取会员费

会员费也就是会员制服务收费，是指 C2C 电子商务网站为会员提供网上店铺出租、企业认证、产品信息推荐等多种服务而收取的费用。会员费通常采用年缴的方式，第一年交纳，第二年到期时需要续费，续费后再进行下一年的服务，不续费的会员将恢复为免费会员，不再享受多种服务。例如，作为买家，要想成为淘宝网的 88VIP 会员需要交纳一定的会员费。

2. 收取交易提成

交易提成是部分 C2C 电子商务网站的重要利润来源。C2C 电子商务网站作为一个交易平台，为买卖双方提供交易机会，相当于现实生活中的交易所和大卖场，从交易中收取提成是其市场特性的体现。目前，国内的淘宝网和拼多多平台不收取交易提成，而国外的 eBay 则有此项收费。

课堂讨论

为什么 eBay 收取会员费和交易提成，仍能在其他平台免费的市场环境中生存下来？

3. 收取网络广告费

电子商务平台将网站上有价值的位置用于放置各类广告，根据版面、形式、发布时长标定广告位价格。例如，淘宝网设有直通车、钻石展位。图 2–3 所示为淘宝网商品搜索页面右侧的广告位。

4. 收取增值服务费

增值服务是电子商务网站为提高用户满意度、满足用户个性化服务要求而提供，并收取一定服务费的特色服务。增值服务对于 C2C 电子商务网站盈利至关重要，常见的增值服务如下：

（1）消费者保障服务。消费者保障服务是指卖家提出申请，平台审核通过后，平台对加入消费者保障服务的商品提供增值服务，如七天无理由退换货、假一赔三、闪电发货、正品保障、如实描述等。消费者保障服务既为买家提供了良好的商品品质保障，也给卖家提供了宣传商品的渠道。目前，各电子商务平台此项服务不收费，但需要冻结保证金，保证金冻结期间没有利息。

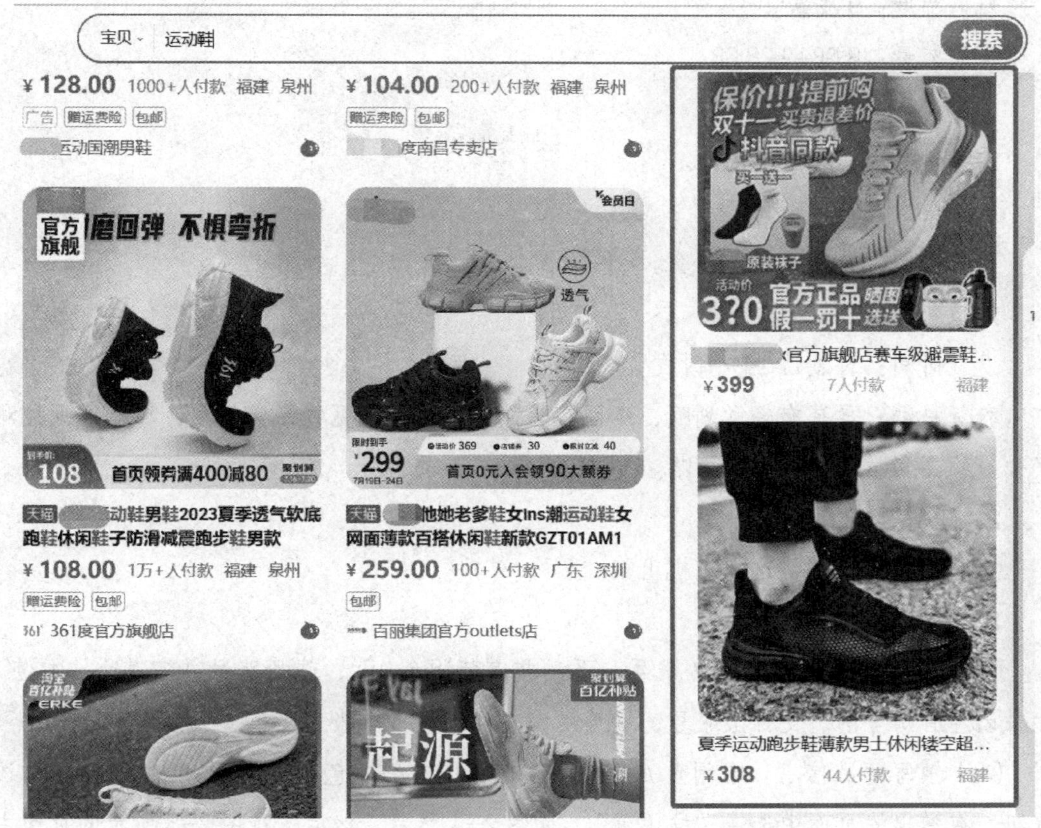

图 2–3 淘宝网商品搜索页面右侧的广告位

（2）店铺管理增值服务。电子商务平台为卖家提供专业、个性化的店铺页面，能够对塑造店铺形象、打造店铺品牌起到很好的作用。

（3）信息增值服务。市场信息对商家来说尤为重要，C2C 电子商务网站可以利用自己平台管理者的身份，整理全面的市场信息，为卖家有偿提供周到的市场咨询服务。例如，提供各行业的调查报告、未来市场走势预测等。

通过闲鱼售卖二手闲置物品

1. 任务背景

小王是一名在校大学生，他有一部旧手机想出售，该手机的主要信息如下：

手机型号：华为 P40。

新旧程度：9 成新。

存储容量：8 GB+128 GB。

机身颜色：冰霜银。

购买时间：2020 年 12 月。

购买渠道：×× 商场。

配件：原装快速充电器一套。

期望售价：1 479 元。

发货时间：付款后 24 小时发货。

验货总结：屏幕有轻微划痕，漆面有轻微磕碰，外观见物品实拍图，功能详见检测报告。物品实拍图和检测报告略。

2. 任务要求

帮小王在闲鱼上将这部手机上架。

3. 任务实施

（1）下载软件并注册闲鱼账号。下载并安装闲鱼 App，注册账号并完善个人信息。如果已经有淘宝网、支付宝账号，也可用淘宝网、支付宝账号登录。

（2）填写商品信息。在闲鱼 App 首页底部中间有个黄色底色的“+”按钮，点击该按钮，在弹出的页面中选择“发闲置”，如图 2-4 所示。然后，在图 2-5 所示的页面中填写物品信息，包括物品名称、价格、描述等。闲鱼支持多种交易方式，如当面交易、邮寄等，卖家需要选择自己可以接受的交易方式。

（3）发布宝贝。在确认无误后，点击“发布”按钮，即可将物品发布到闲鱼平台上。

4. 任务拓展

请同学们找一件自己的闲置物品，按照上述步骤，在闲鱼平台上完成闲置物品的上架。上架完成后，继续完成以下操作：

（1）处理买家咨询。如果有买家对商品有疑问，卖家需要及时回复买家的咨询，为买家解答问题。

（2）定价与议价。如果有买家对价格有异议，卖家可以视情况与其议价。

（3）线下发货。当有买家下单付款后，卖家及时联系快递公司，发出货物。

（4）确认交易完成。在交易完成后，卖家需要及时确认交易完成，避免出现纠纷。

图 2–4　发布闲置物品入口

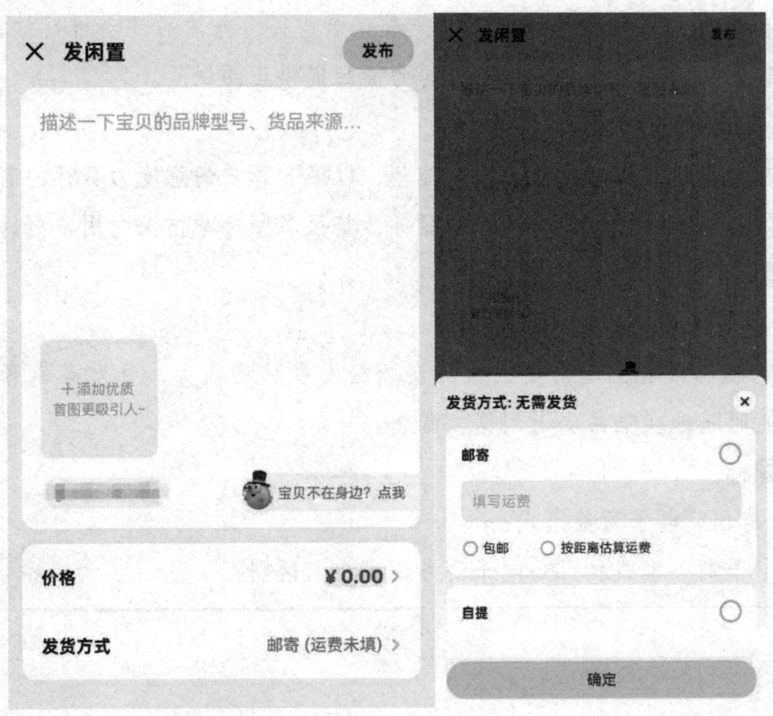

图 2–5　填写闲置物品详情

第二节 B2C电子商务交易模式

案例导读

唯　品　会

唯品会是国内知名的品牌折扣B2C网站，为消费者提供正宗的名牌产品，目前汇集了上千种一、二线品牌商品，主要包括名牌服装、鞋子、包、配饰、香水、化妆品、奢侈品等品类。唯品会率先在中国开创了“名牌折扣＋限时抢购＋正品保险”的商业模式，以较低的折扣销售正牌品牌商品，致力于满足消费者低价购买优质商品的需求。

唯品会之所以能在众多的B2C电子商务平台中有自己的一席之地，得益于它独特的经营特色。

1. 商品质量保证

唯品会严格筛选供应商，其供应商必须是具备法人资格、合法经营的企业，且至少拥有著名品牌的生产商、著名品牌的授权总代理商、著名品牌的分公司等任一资格。唯品会售卖的商品均从品牌官方渠道直接购买，入库后还会进行抽检。同时，唯品会为所售商品购买保险，由保险公司为商品提供正品保险。

2. 完善的服务

唯品会在经营过程中非常注重客户体验，以提升客户满意度为目标，着力为客户提供安全诚信的交易环境和优秀高效的服务，其很多服务举措深受用户好评，如面对面换货和免费退换服务等。

3. 发展移动商务

在网络购物移动化的趋势下，唯品会积极发展移动商务，开发各类客户端，让消费者可以随时随地在唯品会上浏览、购物。

思考问题：

1. 什么是B2C电子商务模式？

2. B2C电子商务模式和C2C电子商务模式有何区别？

一、B2C 电子商务的特点

1. 直接面向消费者

B2C 电子商务交易模式（以下简称 B2C 模式）中，企业作为卖方，将自己的产品或服务直接向消费者进行销售。这种直接性使得企业能够更好地了解消费者的需求，并提供相应的商品和服务。

2. 提高企业竞争优势

B2C 模式可以帮助企业通过降低成本、改善营销效果提高其竞争优势。企业通过电子商务平台进行销售，不需要大量的实体店面和人力资源，可以很好地控制成本。同时，B2C 模式可以通过电子商务平台收集大量的消费者数据，进行精准的数据分析，为其提供个性化的商品和服务。

3. 提供良好的购物体验

B2C 模式的重要特点之一是提供良好的购物体验。消费者可以随时随地通过在线平台发现大量的商品，无论是时尚服装、家居用品还是电子产品，消费者都能在电子商务网站上找到丰富多样的商品，满足个人需求。与 C2C 模式相比，买家的购物体验更好。首先，卖家是企业身份，产品质量更有保障。其次，B2C 模式更加重视支付安全和物流配送的可靠性。为了保证交易安全，电子商务平台通常采用安全加密技术，并提供多种支付方式。同时，为了满足消费者的时效性需求，物流配送系统也得到了不断的优化和完善。

二、B2C 模式的分类

B2C 模式的分类标准较多，常见的有按交易标的分类和按商品品类规模分类。

1. 按交易标的分类

按照交易标的不同，B2C 模式可以分为无形商品和服务的 B2C 模式、有形商品和服务的 B2C 模式。前者不涉及实体商品的交付，可通过网络完成整个交易过程；后者不能仅依靠网络完成全部交易，需要传统手段的配合。

（1）无形商品和服务的 B2C 模式。网络本身既有信息传递的功能，又有信息处理的功能，因此无形商品和服务（如信息、计算机软件、视听娱乐商品等）就可以通过网络直接向消费者提供。无形商品和服务的 B2C 模式主要包括网上订阅模式、付费浏览模式、广告支持模式和共享注册模式四种模式。

网上订阅模式是指企业通过网页向消费者提供网上直接订阅、直接信息浏览的电子商务模式。消费者通过网络订阅相关信息服务，并在网上支付相关费用，从而在一段时间内获得相关内容或服务的使用权限。该模式主要用来销售电子报刊、在线课程、在线娱乐节目等。例如，喜马拉雅 FM 通过这种模式向用户提供音乐、有声书、广播剧、相声等各种音频内容的在线收听服务。

付费浏览模式是指企业通过网页向消费者提供计次收费形式的信息浏览和信息下载的电子商务模式。消费者可以根据自己的需要，在网上有选择地浏览一篇文章、一本书或者一份刊物的内容。例如，万方数据向用户提供付费浏览学术论文的有偿服务。

广告支持模式是指在线服务商免费向消费者提供信息服务，以吸引消费者访问其网站，同时被动接受网站发布的商业广告信息的电子商务模式。网站可以用获得的广告收入支付其营业费用。例如，百度等在线搜索服务网站就是依靠广告收入维持经营活动。

共享注册模式是指企业向互联网用户赠送软件产品，以扩大知名度和市场份额的电子商务模式。这种模式实质是“先试用，后购买”。消费者先免费下载软件，试用一段时间后，再决定是否购买。通过网上注册并交付相关费用后，消费者获得产品正式使用权并获得相应的服务。这种模式是部分软件公司和出版商的重要赢利模式。

课堂讨论

你在 B2C 电子商务平台上购买过无形商品和服务吗？它属于以上哪种模式？

（2）有形商品和服务的 B2C 模式。在这种模式下，商品和服务的查询、订购和付款在互联网上进行，而实际商品的交付仍然要通过物流配送系统完成，不能够通过网络信息载体来完成。例如，计算机产品、服饰、纸质书籍、礼品和鲜花等网上交易比较活跃并热销的商品大多采用这种模式进行交易。

2. 按商品品类规模分类

根据商品品类规模不同，可将 B2C 模式分为综合 B2C 模式和垂直 B2C 模式。

（1）综合 B2C 模式。采用综合 B2C 模式的典型电商平台有京东、天猫、唯品会、亚马逊等。该模式最明显的特点是商品品类的多元化，B2C 电子商务平台通常提供多种多样的商品，涵盖服装、日用品、食品、电子产品、家居、汽车配件等多个领域，能够满足消费者的多种需求。

此模式下的 B2C 电子商务平台注重消费者的体验，建有健全的售后服务体系，能够保障消费者的权益。消费者在购物过程中遇到问题时可联系平台的客服人员进行处理，良好的售后服务可提高用户的满意度和忠诚度。此外，该类平台还为消费者提供个性化推荐服务，根据消费者的偏好推荐相关商品。

综合 B2C 电子商务平台通常具有较为完善的物流配送体系。为了确保商品能够及时送达消费者手中，这类平台比较重视优化物流配送体系，提高用户的购物体验。例如，京东的“211 限时达”服务满足了消费者对于快速送达的需求。

（2）垂直 B2C 模式。垂直 B2C 模式是指针对特定领域的消费者，提供丰富、专业的商品和服务，以满足其精细化消费需求的一种模式。例如，麦包包是专注于时尚箱包品类的垂直型 B2C 电子商务平台，钻石小鸟是专做珠宝品类的垂直型 B2C 电子商务平台。采用垂直 B2C 模式的垂直型 B2C 电子商务平台具有以下特点：

1）实施精细化营销。垂直型 B2C 电子商务平台针对的是特定领域的消费者，其对该领域消费者需求和行为的理解超过了综合 B2C 电子商务平台，可对目标市场进行深入而精准的挖掘，制订有针对性的营销计划，提高销售转化率。

2）具有专业的品牌形象。垂直型 B2C 电子商务平台需要建立与其专业领域相关联的品牌形象，强调专业性和信任度。消费者只有对平台所专注的领域有信任感，才会在平台上进行购买。

3）拥有优质的商品库。商品质量是垂直型 B2C 电子商务平台的核心竞争力，平台需要不断丰富、完善优质商品的供给，从而满足消费者不断变化的需求。

视野拓展

垂直 B2C 模式向综合 B2C 模式的转变

很多 B2C 电子商务平台在创立之初采用的是垂直 B2C 模式，后续演变成了综合 B2C 模式。例如，当当网不再仅仅是卖书的网站，京东不再是单纯的网上 3C 专业卖场，以卖衬衫起家的凡客诚品后续也卖起了家居用品……垂直 B2C 模式向综合 B2C 模式转变是消费者、商家和市场共同作用的结果。

三、B2C 电子商务的交易流程

B2C 电子商务的交易流程主要包括消费者网上购物流程和商家后台管理流程（功能）。

1. 消费者网上购物流程

消费者在 B2C 电子商务平台上的常规购物流程是：消费者浏览或搜索商品→下订单→支付→物流配送→确认收货→评价，如图 2–6 所示。

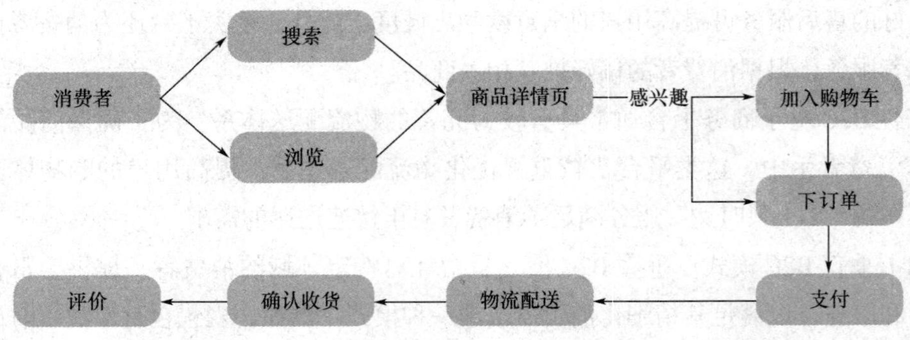

图 2–6　消费者在 B2C 电子商务平台上的常规购物流程

2. 商家后台管理流程（功能）

商家入驻 B2C 电子商务平台后，通过平台提供的后台系统管理其电子商务业务。后台管理系统能够确保商家高效地处理订单，管理产品和库存，开展营销活动，并提供良好的客户服务。

（1）订单管理。商家登录后台管理系统后可以查看最新的订单信息和状态，并根据需要对其进行操作。例如，商家可以确认收到订单，将其转化为销售单并发货。当存在特殊情况时，可以与客户沟通，取消订单。此外，商家还可以处理退换货订单，确保及时处理客户的退换货请求。商家订单处理流程如图 2–7 所示。

商家还可以生成订单报告和统计数据，以便更好地了解销售趋势和客户行为。

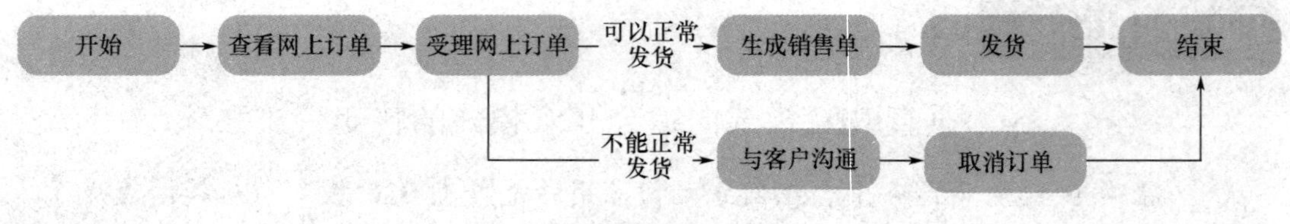

图 2–7　商家订单处理流程

（2）商品管理。商家可以在后台管理系统中添加、编辑和删除商品信息，可以上传商品图片，提供直观的展示效果，可以更新商品描述、价格、库存情况及其他相关信息。

商家还可以通过后台管理系统跟踪商品的销售情况，并将其与库存管理进行同步，确保及时补充和调整库存。库存管理是确保供应链畅通的关键。商家可以监控库存水平，一旦库存达到设定的阈值，商家可通过后台管理系统自动触发补货流程或手动补货，以避免断货。

（3）营销活动。商家可以通过后台管理系统创建各类促销活动，如团购、限时折扣。B2C 电子商务营销活动可分为平台营销活动和商家营销活动，如图 2–8 所示。前者是 B2C 电子商务平台组织发起的活动，符合条件的商家可在审核通过后参加，如淘宝天猫的“双十一”购物节、聚划算等活动；后者是商家自身开展的活动，活动内容、形式由商家自己设定，如组合套装、满减满送。

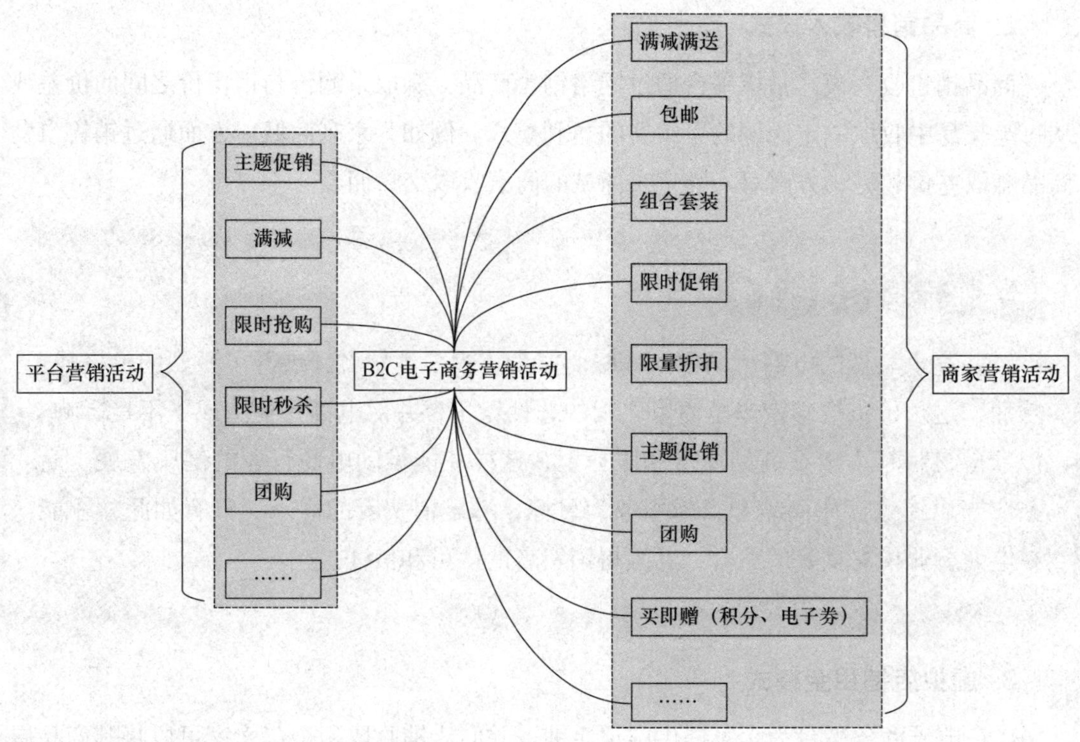

图 2-8　B2C 电子商务营销活动

课堂讨论

请分享一下自己在 B2C 电子商务平台上看过的营销活动。

（4）客户服务。后台管理系统为商家提供了一个集中管理客户信息和与客户沟通的平台。商家可以查看客户的购买历史、联系方式和相关备注，并及时回复客户的咨询和投诉。这有助于维护良好的客户关系，提升客户满意度。

（5）统计分析。商家在后台管理系统中可查看店铺相关数据，包括流量数据、销售数据、营销数据等。在此基础上，商家可对这些数据进行分析，利用系统生成数据报表，如商品销售日（或月、季、年等）报表、营销投入产出报表等，进而制定业务决策。

四、B2C 电子商务的主要盈利模式

1. 网络广告收益模式

网络广告收入是大多数 B2C 电子商务平台重要的收入来源。商家为了促进销售，会选择在平台上发布广告以吸引消费者。平台通常按照广告发布次数或点击量收费。

2. 商品销售收入模式

商品销售收入模式是指平台通过网络销售商品，赚取采购价与销售价之间的价差或从每笔交易中收取一定比例的手续费的盈利模式。例如，京东商城一方面通过销售自营商品赚取差价，另一方面对入驻京东商城的商家收取交易佣金。

在竞争激烈的电商市场中，一些商家为了吸引消费者，展开了激烈的价格战。然而，这种价格战却带来了商家之间的恶性竞争，并对电商行业造成了不良影响。商家应该将精力放在商品质量和服务上，这样才能推动电商行业的健康发展。商家应当以提供优质商品和卓越服务为目标，满足消费者的需求。只有如此，才能在电商行业树立良好的声誉，并赢得消费者的认可和信任。

3. 虚拟店铺租金模式

B2C 电子商务平台为卖家提供虚拟店铺，并向店铺收取租金。卖家可以将其商品展示在自己的虚拟店铺中，利用平台的流量和用户基础吸引买家。平台根据为商家提供的服务级别向商家收取一定的租金或服务费用。天猫、京东商城、当当网等都会向入驻商家收取一定的服务费用。

4. 网站间接收益模式

除以上三种赢利模式外，B2C 电子商务平台还可通过价值链的其他环节赢利。例如，电子商务平台可以与第三方合作推广特定商品或服务，并从中获取佣金或收益分成。平台还可以利用数据进行市场研究和用户分析，并将分析报告出售给其他企业或合作伙伴。

体验 B2C 电子商务平台购物

1. 任务要求

以消费者的身份完成一次 B2C 电子商务平台购物。

2. 任务实施

以在当当网计算机端购买耳机为例，参考以下步骤进行操作。

（1）通过浏览器访问当当网，点击页面上的“成为会员”，打开注册页面。从手机号、微信、QQ、支付宝、新浪、百度账号中选择任意一种进行注册。

（2）注册成功后，登录账号。

（3）在当当网首页按类别找到耳机类目，或直接在搜索框中输入关键词“耳机”，如图 2-9 所示。

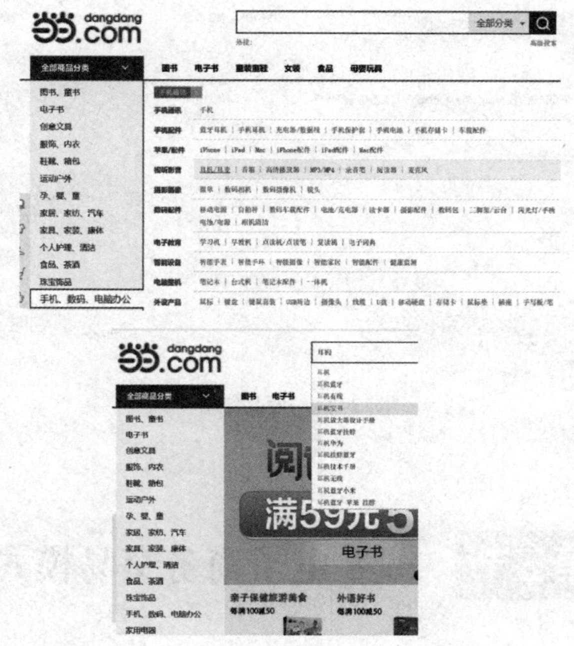

图 2-9　按类别或通过搜索框查找商品

（4）在搜索结果页中浏览商品。若对商品感兴趣，点击“加入购物车”，或者点击图片查看商品详情页的介绍，在详情页中选择合适的型号、颜色后点击“加入购物车”，如图 2-10 所示。

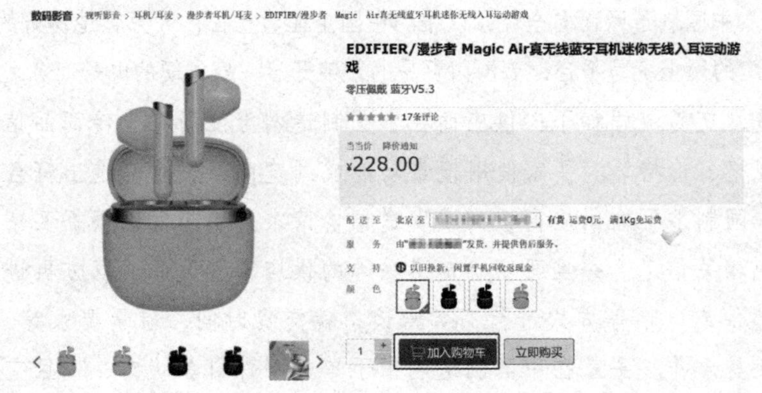

图 2-10　加入购物车

（5）选择完商品后，点击页面上方的“购物车”，来到购物车清单页面，选择要结算的商品，点击“结算”，如图 2-11 所示。

（6）在“填写订单”页面，输入收件人地址，选择配送方式和支付方式，完成支付。

3. 任务拓展

收到货物后，对购买的商品进行评价。

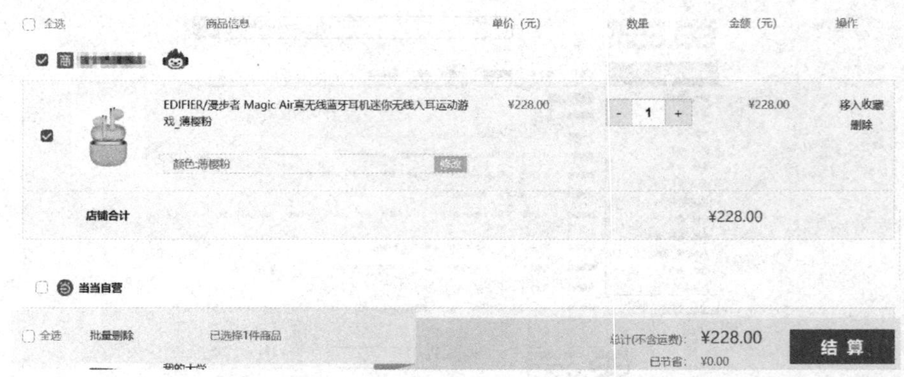

图 2-11　商品结算

第三节　B2B 电子商务交易模式

案例导读

中国制造网

中国制造网成立于1996年，涵盖了广泛的行业和产品类别，是中国重要的B2B电子商务平台之一。中国制造网面向全球，以推广中国企业为己任，努力营造良好的网络商业环境，搭建宽广的网上贸易平台，为国内贸易的繁荣开启一扇方便的电子商务之门。

中国制造网交易流程如下：供应商在中国制造网上注册并上传商品信息，包括商品描述、规格、价格等。买家使用搜索功能或浏览商品目录筛选出符合需求的商品，并通过中国制造网向供应商咨询或发送询价请求。供应商则根据买家的需求提供报价和其他相关信息。一旦买家确定感兴趣的供应商和商品，双方再进一步通过在线沟通、邮件或电话等方式进行商务洽谈，就交货时间、质量要求等进行协商，并最终达成交易合作。买家在中国制造网上下单并跟踪订单状态，一旦交易条件达成，买家选择适合的支付方式进行付款。在交易过程中，中国制造网提供物流支持，帮助买家和供应商处理货物的配送事宜。此外，中国制造网还提供售后服务，以解决交易过程中出现的问题或纠纷。

思考问题：

1. B2B 电子商务交易模式中交易双方的身份是什么？

2. 本案例中 B2B 电子商务交易模式的交易流程是怎样的？

B2B 电子商务是指企业间在互联网上进行的电子商务交易。这种交易模式不涉及个人消费者。

一、B2B 电子商务的特点

相较于 C2C 电子商务和 B2C 电子商务，B2B 电子商务具有以下特点：

1. 交易金额较大

企业之间的采购和销售往往涉及大量货物或服务，因此交易金额往往比 B2C 电子商务、C2C 电子商务的交易金额更大。

2. 交易过程复杂

B2B 电子商务交易过程往往比 B2C 电子商务交易过程更加复杂，涉及多个环节和参与者。交易过程中，不仅有买家和卖家之间的交互，还可能涉及供应链上的其他参与者，如物流服务提供商、金融机构等。因此，B2B 电子商务需要协调多个参与者之间的关系。另外，由于 B2B 电子商务交易金额较大，支付方式也更加复杂。除传统的银行转账外，B2B 电子商务交易中还可能涉及信用证付款、承兑汇票付款等支付方式。这些支付方式需要进行详细的协商和合同约定，以确保交易安全、顺利。

3. 高度专业化

B2B 电子商务交易往往涉及专业领域的商品或服务，需要交易双方具备一定的专业知识和技能，以便进行复杂的谈判和交付。例如，在医疗设备行业，医院可能通过 B2B 电子商务平台与制造商进行采购交易，以获取高质量的医疗设备，这种交易需要买卖双方熟悉设备的性能和规格等信息。

4. 合作关系相对稳定

B2B 电子商务交易通常建立在长期合作关系基础上。企业间的交易往往不是一次性的，需要建立互信和稳定的合作关系，以促进长期合作和共同发展。

5. 需求个性化

在 B2B 电子商务交易中，买方企业往往有特殊的定制化需求，以满足其独特的业务要求。因此，交易双方需要进行详细的沟通和协商，以确保商品和服务的质量与准确性。

二、B2B 电子商务的分类

根据 B2B 电子商务平台的构建主体不同，B2B 电子商务可以分为基于自建平台的 B2B 电子商务和基于第三方平台的 B2B 电子商务。

1. 基于自建平台的 B2B 电子商务

基于自建平台的 B2B 电子商务一般是以有经营实体依托的传统企业网站为基础，以实现本企业采购、营销、销售和企业形象宣传等为目的的电子商务。自建平台大多由商品交易供应链中的大型企业建立，与该企业有关的合作伙伴及相关部门或机构都能通过该企业建立的电子商务平台进行交易，这种平台也称面向制造业或面向商业的垂直型 B2B 网站。

基于自建平台的 B2B 电子商务可以分为两个方向，即面向上游企业的基于采购商的 B2B 电子商务交易和面向下游企业的基于供应商的 B2B 电子商务交易。

（1）基于采购商的 B2B 电子商务交易。基于采购商的 B2B 电子商务交易是以买方为主导的 B2B 电子商务，是指采购商基于自有网站与其上游供应商开展各种商务活动，即电子化采购或网络采购。

网络采购是指企业通过互联网发布采购信息、接受供应商网上投标报价、采购商网上开标及公布采购结果的全过程。在我国，网络采购主要采用网上招标的方式，很多企业会在自己的官网上发布招标公告。图 2-12 所示为隆基绿能招标网站。

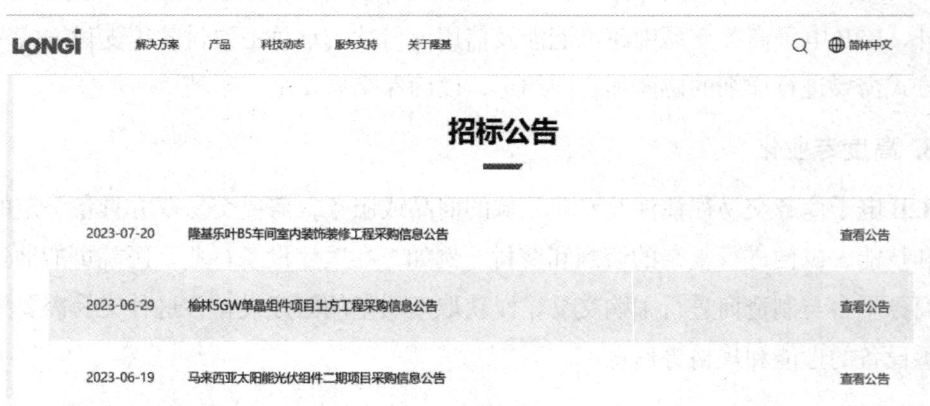

图 2-12　隆基绿能招标网站

（2）基于供应商的 B2B 电子商务交易。基于供应商的 B2B 电子商务交易是以卖方为主导的 B2B 电子商务，是指供应商基于自有网站与其下游企业开展以电子化分销或网络直销为核心的各种商务活动。这种交易平台的典型代表有海尔企业用户云平台（见图 2-13）、联想 E 采平台（见图 2-14）等。

图 2–13　海尔企业用户云平台

图 2–14　联想 E 采平台

2. 基于第三方平台的 B2B 电子商务

（1）基于第三方平台的 B2B 电子商务的主要功能

第三方平台既不是供应商建立的，也不是采购商建立的。第三方平台作为中介不参与交易，只是提供一个平台，将采购商和供应商汇聚在一起进行交易，为交易双方提供服务，其主要功能如下：

1）提供供求信息服务。第三方平台作为一个在线市场，提供发布和搜索供求信息的服务。供应商可以在平台上展示自己的商品或服务，而采购商可以通过平台搜索并找到所需的商品或服务。

2）提供附加信息服务。除了基本的供求信息，第三方平台还提供各种附加信息服务，包括行业新闻、市场趋势、贸易政策变化等信息，以帮助企业及时了解和适应市场环境。

3）提供与交易配套的服务。第三方平台提供签订合同、物流配送、网上支付、海关报关、仓储等与交易配套的服务，以满足供应商和采购商在交易过程中的需求。

4）提供客户关系管理服务。许多第三方平台提供客户关系管理工具，帮助供应商和采购商管理客户，包括记录沟通历史、管理联系人信息、评估客户满意度等。

5）提供供应链管理服务。供应链管理服务以提高供应链的效率和可靠性为目的，分为供应链规划和供应链执行两部分。前者包括供应链网络设计、需求规划与预测、供给规划和销售规划等，后者包括库存管理、运输管理、订单跟踪、生产计划等。

（2）基于第三方平台的 B2B 电子商务的分类

按照第三方 B2B 电子商务平台面向的行业范围不同，基于第三方平台的 B2B 电子商务可分为垂直型 B2B 电子商务和水平型 B2B 电子商务。

1）垂直型 B2B 电子商务。垂直型 B2B 电子商务也称行业 B2B 电子商务，专注于某一行业或某一类商品，为该领域的企业提供专业、精准的交易服务。垂直型 B2B 电子商务平台将自身定位在特定的行业领域内，对行业或商品的专业性要求较高，更加贴近企业的需求。例如，国内的中钢在线（见图 2–15）、中国化工网、环球五金网等都是以特定行业为核心的垂直型 B2B 电商平台。

图 2–15　中钢在线

①垂直型 B2B 电子商务的优势如下：

一是信息更可靠。垂直型 B2B 电子商务平台专注于某一行业，因此能够更方便地了解有关信息。平台通过严格审查供货商，包括审核生产规模、营业额、员工人数和工商注册信息等方面的信息，以及严格审核商品，保证了商品质量。同时，平台对采购商进行注册审核和工商信息认证，确保了双方信息的准确性。

二是服务更专业。垂直型 B2B 电子商务平台提供针对行业特点的专业网站设计，按照行业商品分类设计前后台界面。这样可以提供更精准和更符合行业特点的商品描述，并提供符合行业商品特点的专业搜索引擎，从而为采购商提供更有针对性的服务。顺畅的在线交易和安全的支付体系减少了交易风险，与第三方物流企业签约保证了物流服务，这样可以为双方成功完成交易提供完善服务。

三是传播更精准。垂直型 B2B 电子商务平台在行业内进行统一推广，借助行业媒体、行业展会及行业协会进行宣传，提高供应商产品的曝光率，更容易与采购商需求对接，从而提高订单转化率。

四是操作更便利。垂直型 B2B 电子商务平台专注于细分行业的批发业务，提供方便的供应商店铺管理和商品管理，同时支持与企业内部管理系统对接。采购商可以通过简便的支付方式进行交易，第三方物流企业能够保障物流安全和速度。

②垂直型 B2B 电子商务的劣势如下：

首先，规模较小是一个明显的问题，尤其是在过于细分的平台上。这些平台的注册用户通常只有几千名，付费用户甚至只有几十名。B2B 业务具有高初始成本和低边际成本的特点。建立网站等平台或提供其他服务的初始成本很高，而增加一个会员的边际成本很低。由于目标市场较小，平台很难通过大量增加客户降低边际成本。

其次，一些过于细分的垂直型 B2B 电子商务平台面临着吸引同行业竞争者作为用户的问题，缺乏产业链上下游及其他方向的合作者，这大大降低了平台对用户的价值。

2）水平型 B2B 电子商务。水平型 B2B 电子商务也称综合型 B2B 电子商务，与垂直型 B2B 电子商务专注于特定行业不同，水平型 B2B 电子商务跨越多个行业，为各种类型的企业提供交易和合作的机会，相关平台的典型代表是阿里巴巴，如图 2-16 所示。

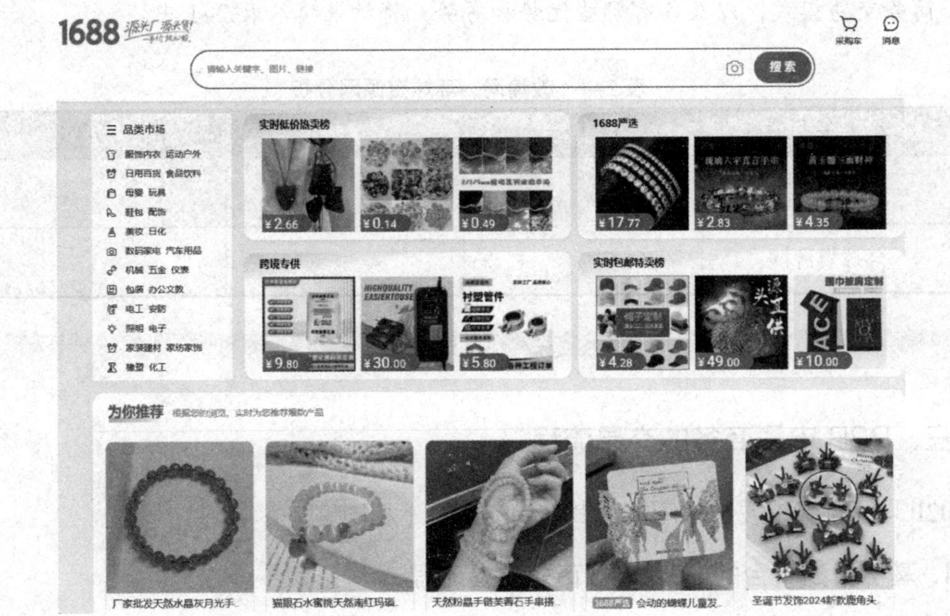

图 2-16　阿里巴巴网站

①水平型 B2B 电子商务的优势如下：

一是市场覆盖广泛。水平型 B2B 电子商务平台涉及多个行业，使得买家和卖家能够在更广泛的市场中找到合作伙伴。这种多行业的交易平台扩大了企业之间的商业网络，促进了不同行业之间的供应链合作和资源共享。

二是信息服务全面。水平型 B2B 电子商务平台聚集了来自多个行业的企业，提供了丰富的信息资源。企业可以通过平台了解不同行业的市场动态、新闻资讯、行业趋势等信息，从而更好地把握商机和市场变化。

三是能促进行业间合作创新。通过水平型 B2B 电子商务平台，不同行业的企业可以进行合作创新，共同开发新产品，解决共同的问题和挑战。这种跨行业的合作为企业带来了更多的商业机会和创新潜力。

②水平型 B2B 电子商务的劣势。由于水平型 B2B 电子商务平台的运营与服务人员往往缺乏对各行业的深入了解，平台也存在着不精细、不专业等原因，所以 B2B 电子商务平台有时无法为商家或企业提供专业的服务。另外，在水平型 B2B 电子商务平台上，企业之间的信息不对称问题比较突出。一些企业可能会故意隐瞒一些信息，以获取更大的利益。这对其他企业来说是非常不利的，它们需要通过多种渠道进行信息收集和比对，才能作出正确的决策。

课堂讨论

请上网浏览敦煌网、环球资源网，并分析它们各采用了什么类型的 B2B 电子商务交易模式，以及各有哪些优势和劣势。将结果填入表 2–1 中。

表 2–1　敦煌网、环球资源网分析

平台名称	交易模式	优势	劣势
敦煌网			
环球资源网			

三、B2B 电子商务的交易流程

B2B 电子商务交易模式不同，其交易流程也不相同。

1. 基于自建平台的 B2B 电子商务交易流程

（1）基于采购商的 B2B 电子商务交易流程。基于采购商的 B2B 电子商务交易大部分采用网上招投标的方式，网上招投标包括发布招标公告、招标文件和接收投标文件等环节，以及评标、定标、合同签订等后续工作，整个过程可实现在线化、数字化、透明化。

网上招投标流程如图 2–17 所示。

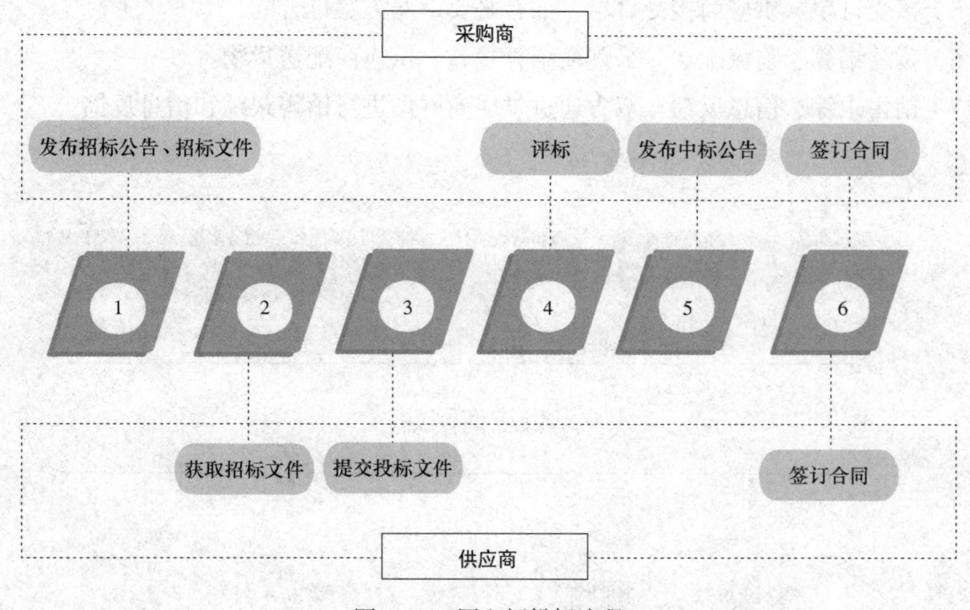

图 2–17　网上招投标流程

1）采购商发布招标公告、招标文件。采购商在招标平台上发布招标公告、招标文件，包括采购需求、投标条件、投标截止时间、评标标准、合同期限等信息。

2）供应商获取招标文件。供应商可以在招标平台上获取招标文件，详细了解投标要求和评标标准。

3）供应商提交投标文件。供应商按照招标文件要求准备投标文件，包括投标书、技术方案、商务方案、资质证明等，并在投标截止时间前提交。

4）采购商评标。采购商对投标文件进行评审，根据招标文件中规定的评标标准进行评分，确定中标的供应商。

5）采购商发布中标公告。采购商公示中标供应商，并通知所有投标供应商。

6）签订合同。中标供应商与采购商签订合同，生成销售单。

（2）基于供应商的 B2B 电子商务交易流程。基于供应商的 B2B 电子商务交易流程与 B2C 电子商务交易流程相似，但略有区别，通常如图 2–18 所示。

1）发布商品信息。供应商在自己的网站上发布商品信息。

2）注册申请。采购商登录供应商网站，注册成为会员。如果采购商想成为经销商，须同时向供应商提出经销申请。

3）资格审查。供应商审核采购商注册信息和经销申请，注册信息审核通过后，采购商成为供应商会员；经销资格审查合格后，供应商向其授予经销资格。

4）洽谈、下单。采购商登录供应商网站，查询商品信息，与供应商进行询价洽谈和报价洽谈，在达成一致的基础上下单。

5）接受订单。供应商接受订单，如有必要，双方签订合同。

6）货款结算、物流配送。采购商结算货款，供应商配送货物。

7）销售跟踪、信息反馈。双方通过供应商网站进行销售跟踪和信息反馈。

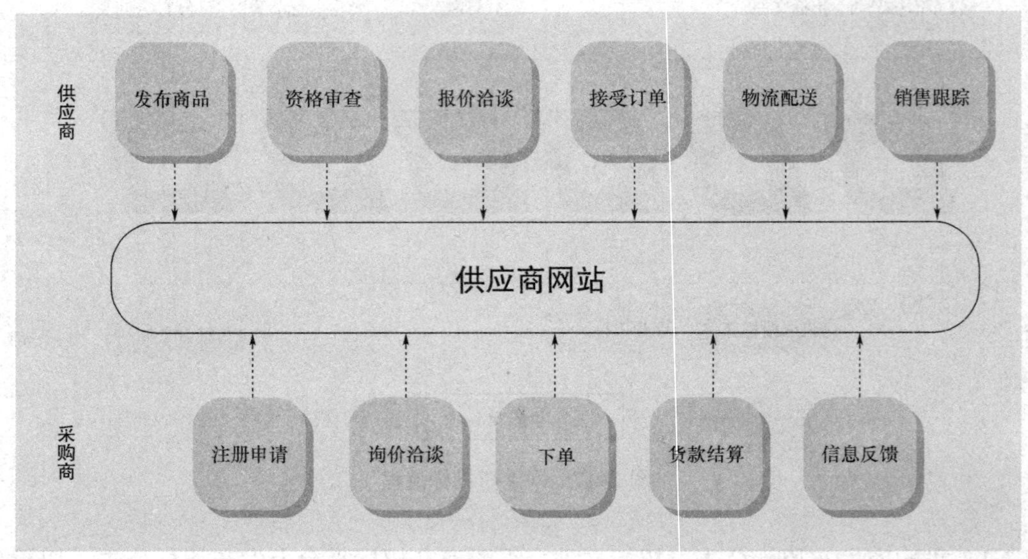

图 2-18　基于供应商的 B2B 电子商务交易流程

2. 基于第三方平台的 B2B 电子商务交易流程

基于第三方平台的 B2B 电子商务交易流程中，涉及的参与主体有采购商、供应商、第三方平台、物流企业和网上银行等，整个交易机制如图 2-19 所示。

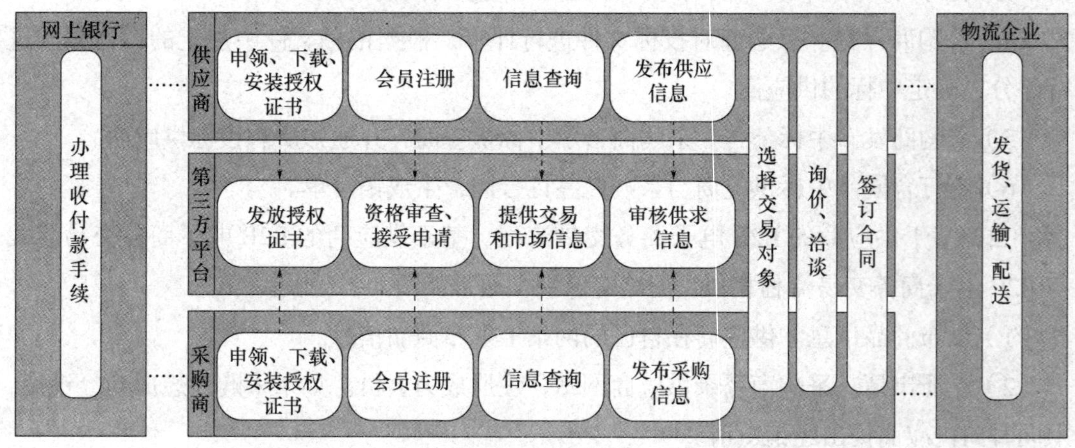

图 2-19　基于第三方平台的 B2B 电子商务交易机制

四、B2B 电子商务的主要盈利模式

随着全球数字化、信息化水平的不断提高，B2B 电子商务也在不断地发展变化。当前，B2B 电子商务的盈利模式变得多样化。

1. 收取会员费

B2B 电子商务盈利模式中占据主要地位的是会员费。企业注册 B2B 网站成为会员之后，才能通过 B2B 电子商务平台参与电子商务交易活动。有的 B2B 电子商务网站需要会员企业每年交纳一定的会员费，才能享受网站提供的各种服务。

2. 收取广告费

如果电子商务平台有足够的流量，这种盈利模式是非常有吸引力的，容易产生高额的收入。B2B 电子商务网站的广告根据广告在首页的位置及类型来收费，有弹出广告、漂浮广告、横幅广告、文字广告等多种形式可供用户选择。

3. 竞价排名

B2B 电子商务平台提供竞价排名的服务，商家可以通过更高的出价获得在搜索结果页面中更靠前的位置。有的商家愿意支付更高的费用来获得更多的曝光量和点击量，从而增加潜在客户的访问次数和转化率。这种竞价排名模式能够为平台带来收益，并为商家提供更多的曝光机会。

4. 收取增值服务费

有的 B2B 电子商务平台通过额外提供增值服务，如店铺装修、物流一体化、金融支持、数据分析等来实现收入来源的多样化。这些增值服务通常需要用户支付额外的费用。这种模式的好处在于，B2B 电子商务平台可以发挥其技术和市场经验方面的优势，向客户提供更多、更丰富的增值服务。除此之外，这种模式可以降低交易的成本，提升交易效率，使交易更加顺畅。当然，此种模式要求 B2B 电商平台要深入了解客户需求，保证其提供的增值服务具有一定质量和实际价值。

5. 收取交易佣金

收取交易佣金是 B2B 电子商务盈利模式中常见的一种。这种模式最早出现在国内的阿里巴巴上，目前发展非常成熟。这种盈利模式要求平台拥有庞大的供应和需求市场。

6. 收取线下服务费

有些 B2B 电子商务平台除在线上交易之外，还提供线下服务，如组织展览会、商

贸洽谈会、行业培训活动和研讨会等。这些线下服务通常需要商家付费。这种线下服务可以促进商家之间的面对面交流和合作，提升平台的影响力和品牌价值。

除了上述盈利模式，基于供应商的 B2B 电子商务模式还可通过销售商品获利。通过灵活运用这些盈利模式，B2B 电子商务平台能够为企业提供可持续发展的商业模式，并为平台自身带来稳定的收入。

案例分析

阿里巴巴的成功之路

阿里巴巴是专门从事 B2B 业务的电子商务平台。阿里巴巴的运营模式概括起来即为注册会员提供贸易平台和资讯，使不同企业通过网络做成生意、达成交易。

阿里巴巴的运营模式能取得成功，主要有以下几个原因：

第一，建立之初专做信息流，汇聚大量的供求信息。阿里巴巴在充分调研企业需求的基础上，将企业信息整合分类，形成网站独具特色的栏目，如商业机会、产品展示、行业资讯、价格行情、以商会友、商业服务等，使企业用户获得有效的信息和服务。

第二，在起步阶段降低会员准入门槛，以免费策略吸引企业用户注册登录，从而汇聚商流，活跃市场。大大小小的企业活跃于网上，为阿里巴巴带来了流量，壮大了其网上交易平台。在人气上升后，阿里巴巴再推出付费会员服务。

第三，阿里巴巴将市场机会定位于中小企业。我国中小企业数量庞大，分布广泛，潜力巨大，是整个社会经济发展的重要力量。阿里巴巴抓住了中小企业，中小企业带来了大企业，使得阿里巴巴迅速发展成为买卖各种商品的大市场。

第四，提供有价值的增值服务。阿里巴巴可以提供政策法规、报关、保险等方面的咨询、代理服务，以及金融服务、物流配送服务等，满足客户不同需求。

第五，顺应时代发展，不断开拓创新。近几年跨境电商、直播电商成为电商的潮流，为了让商家能进一步发展，阿里巴巴在平台上集合了伙拼、1688 严选、跨境专供、直播等频道，便于商家基于自身特点精准匹配线上买家，真正让商家做到开一家店，多渠道卖货。阿里巴巴以实实在在的资源，帮助商家准确寻找客户。

阿里巴巴在 B2B 电子商务市场中抢先快速圈地，为其构筑了一定的商业壁垒。它成功开展企业的信用认证，保证交易双方信息的真实性，培养了用户对其的信任。在完成了信息流的搭建后，它在资金流和物流方面也进行了完善，保证了整个交易过程的高效率。这些同样是阿里巴巴成功的原因。

思考问题：

1. 访问阿里巴巴中文网站，分析它采用的是哪种类型的 B2B 电子商务交易模式？为什么？

2. 试分析阿里巴巴的盈利模式。

第四节 O2O 电子商务交易模式

案例导读

美团：O2O 模式的成功实践者

美团成立于 2010 年，最初以团购业务起家，逐渐发展成为涵盖餐饮、外卖、酒店、旅游、电影等多个领域的生活服务平台。通过线上平台的搭建和线下服务的优化，美团成功连接了消费者和商家，为消费者提供了便捷、实惠的本地生活服务。

美团通过建设强大的线上平台，为用户提供了丰富的商品和服务信息。用户可以在美团 App 或网站上浏览餐厅、酒店、旅游景点等商家的详细信息，包括价格、评价、图片等。同时，美团还提供了在线预订、支付等功能，方便用户随时随地进行交易。

美团不仅注重线上平台的搭建，还致力于优化线下服务。通过与商家建立紧密的合作关系，美团为商家提供了订单管理、营销推广等支持，帮助商家提升服务质量和经营效率。同时，美团还建立了完善的物流配送体系，确保用户能够及时收到购买的商品或服务。

美团通过收集和分析用户数据，实现了精准营销和个性化推荐。基于用户的消费习惯、偏好等信息，美团可以向用户推荐符合其需求的商品和服务，提高用户的满意度和忠诚度。此外，美团还利用大数据技术进行市场分析和预测，为商家提供有针对性的营销策略。

思考问题：

美团是如何应用 O2O 模式的？

电子商务的快速发展对传统实体企业造成了巨大冲击，迫使实体企业找到新的商业模式以留住消费者。同时，电子商务企业也发现，纯粹的网络模式可能无法长期支撑网络销售的发展。因此，线上线下共同交易的O2O电子商务模式（以下简称O2O模式）应运而生。

一、O2O电子商务的概念

O2O电子商务是指将线下的商务机会与互联网结合起来，使互联网成为线下交易的“前台”，实现线上购买和线下服务，如图2-20所示。O2O的概念非常广泛，只要业务既涉及线上，又涉及线下，就可通称为O2O。

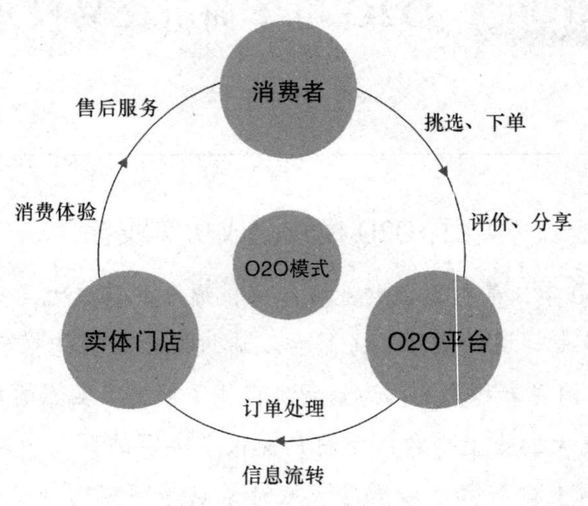

图2-20　O2O电子商务

在我国，O2O模式兴起于2010年，当时团购网站大规模发展。2013年以后，国内O2O电子商务正式进入高速发展阶段。随着O2O电子商务模式的发展，其内涵越来越丰富，但核心仍然是线下商务机会与线上相结合。按照线上、线下互动方式不同，O2O电子商务模式可分为以下三种：

1. 从线上到线下

这种模式主要体现为线上购买、线下取货或消费，这是O2O电子商务最早的形式，也是O2O电子商务的主流模式。在这种模式下，第三方平台成为流量入口，商家在线上进行营销推广，顾客在平台上看到推广后，在线购买产品或服务，然后到实体店进行消费。很多生活服务商采用此种模式，例如，电影院通过猫眼电影、大众点评、抖音等第三方平台将线上顾客引导至实体店进行消费。

视野拓展

基于位置的服务

从线上到线下的O2O模式中常常用到基于位置的服务，基于位置的服务是指通过移动通信运营商的无线通信网络或外部定位方式获取移动终端用户的位置信息，在地理信息系统的支持下，为用户提供相应服务的一种增值服务。简单来讲，基于位置的服务就是在确定用户所在的地理位置后，为用户提供与位置相关的各类信息服务。例如，打开导航软件，消费者可以在地图上查找附近的电影院、图书馆、加油站等的相关信息。

2. 从线下到线上

这种模式主要体现为线下体验、线上购买，它解决的是消费者因为无法感知商品而存在消费疑虑的问题。在线下实体店，消费者可以亲身感受和体验商品的质量和功能，这有利于增强消费者的购买信心，提高其满意度。例如，在一些跨境商品体验店里，消费者可线下体验商品。购买时，消费者扫描商品价签上的二维码进行线上下单。

3. 线上线下融合

这种模式主要体现为线上、线下全渠道的业务整合。它既可以将线上消费者引导至线下实体店消费，也可将线下实体店的消费者引导至线上消费。苏宁易购是采用这种模式的典型代表。苏宁易购实行线上线下同价，既可以通过线上平台为线下门店引流，也可以通过线下门店为平台发展会员。

二、O2O电子商务的应用价值

O2O电子商务做到了体验感实景化、产品感受真实化、服务流程具体化，不论对消费者、商家还是O2O电子商务平台而言，都是有价值的，可以达到“三赢”的效果。

1. 对消费者而言

O2O电商平台与消费者的日常生活密切相关，能给消费者带来方便、快捷与实惠。

（1）获取丰富信息。通过O2O电子商务平台，消费者可以轻松获取商家的详细信息，包括商家介绍、商品介绍、买家评价、会员活动或打折促销活动等。快捷筛选和智能排序功能使得消费者能迅速订购最适宜的商品或服务。

（2）实现便捷咨询和预购。消费者可以更便捷地向商家在线咨询并进行预购，无须实际前往实体店，节省了时间和精力。

（3）获得优惠价格。利用O2O电商平台，消费者可以享受比线下直接消费更为便宜的价格，通过平台提供的优惠券、折扣等节约成本。

2. 对商家而言

（1）获得更多的宣传和展示机会。O2O模式给商家提供了更多的宣传和展示机会，商家能够更快速地推广新品、新店，吸引更多新客户到店消费。

（2）推广效果可查，每笔交易可跟踪。O2O模式能够真实地记录和统计商家的销售业绩，评估分析营销效果，解决了传统商业模式下推广效果不可预测的问题。

（3）掌握用户数据，实现精准营销。对商家来说，O2O模式要求消费者线上支付，支付信息成为商家了解消费者购物信息的工具，商家可由此实现精准营销，更好地维护客户，提升客户忠诚度。

（4）更好地了解用户心理。通过在线沟通和释疑，商家能更好地了解用户心理需求，为用户提供更贴心的服务。

（5）合理安排经营，节约成本。消费者在线预订后，商家可以据此合理安排经营，减少了不确定性，节约了成本。

（6）减少租金支出。O2O模式改变了商家过度依赖“黄金商圈”及旺铺、旺址的现象，商家无论身处什么位置，在平台上获取客户的机会都是均等的，从而减少了租金支出。

3. 对O2O电子商务平台本身而言

O2O模式为电子商务平台带来大规模高黏性的消费者，进而能够争取到更多商家资源。电子商务平台掌握庞大的消费者数据资源，能为商家提供其他增值服务，从中获得利润。

虽然O2O模式可以使消费者、商家、电子商务平台实现三赢，但现阶段也存在一定的问题。电子商务平台通过在线方式吸引消费者后，真正消费的服务或者商品必须由消费者去线下体验，这就对线下服务提出更高的要求，而电子商务平台通常无法把控线下的服务质量。此外，在线支付、线下体验，很容易造成“付款前是上帝，付款后什么都不是”的窘境。因此，如何实现线上信息与线下商家服务对称，将会成为决定O2O模式能否真正发展起来的一个关键点。

三、O2O 电子商务的经营模式

O2O 电子商务通过线上引流、转化、消费、反馈和存留等环节，实现线上与线下的无缝连接和协同作用。

1. 第一阶段：引流

在这个阶段，线上平台作为线下消费决策的入口，汇聚大量有消费需求的消费者，同时也能够引发消费者的线下消费需求。常见的 O2O 电子商务平台引流入口包括消费点评类网站（如大众点评）、电子地图（如百度地图、高德地图）、社交类网站或应用（如微信、微博）及短视频平台（如抖音、快手）。通过这些入口，消费者可以了解商家信息并形成购买意向。

2. 第二阶段：转化

在转化阶段，电子商务平台向消费者提供商铺的详细信息、优惠情况（如团购、优惠券）和便利服务，方便消费者搜索、对比商铺，并最终帮助他们选择线下商户完成消费决策。电子商务平台可以采用秒杀活动、多人团购或直播的方式来提高转化率，吸引消费者下单。

3. 第三阶段：消费

在这个阶段，消费者利用线上获得的信息到线下商户接受服务、完成消费。线下商户应尽可能提供让客户满意的服务，为客户留下好印象。良好的消费体验有助于提高用户忠诚度，并为平台和商家赢得口碑。

4. 第四阶段：反馈

消费者将自己的消费体验反馈到电子商务平台，分享他们的评价和建议，为其他消费者作出更好的消费决策提供参考。电子商务平台通过梳理和分析消费者的反馈，形成更加完善的本地商铺信息库，给其他消费者提供更准确的选择，从而吸引更多消费者使用电子商务平台。

5. 第五阶段：存留

在这个阶段，电子商务平台可以采取一系列措施促使用户存留和重复消费。例如，通过签到送积分、送红包、积分换礼品、抽奖等方式，让用户经常到平台浏览，培养用户的使用习惯。平台上的商家也可以定期发放优惠券等，刺激用户重复消费，使其成为商家的回头客。

四、O2O 电子商务适用的行业

如今，O2O 模式已经在全球范围内得到广泛应用，特别是在中国，O2O 模式发展迅速。总体来讲，O2O 模式主要适用于在网上无法亲身体验或使用服务的行业，如餐饮、旅游、生鲜等。

1. 餐饮行业

随着移动互联网用户规模的增长，越来越多的用户开始尝试餐饮 O2O 模式。餐饮行业 O2O 有两种形式，一种是在线进行餐饮团购和预订，或在网上领取优惠券再去线下餐馆消费，另一种是餐饮 O2O 外卖。

比较具有代表性的餐饮 O2O 电子商务平台有美团大众点评、饿了么，这两个平台在国内成立较早，口碑较好，综合实力较强，能够根据消费者的定位提供附近的店铺信息。

2. 旅游行业

O2O 模式在旅游行业应用较早，因为旅游业所销售的产品就是服务和体验，消费者只能去线下享受服务，这就决定了旅游行业非常适合运用 O2O 模式。O2O 模式旅游网站融合了航空公司、酒店、景区、租车公司等服务提供商，为消费者提供信息查询、产品预订等服务。

采用 O2O 模式的旅游行业电子商务平台较多，有携程旅行网、途牛旅游网、去哪儿网、飞猪旅行网、同程旅行网等。

3. 生鲜行业

O2O 在生鲜行业的应用也很常见。消费者通过手机或计算机在电商平台下单，平台上的商家将其需要的生鲜产品配送到指定的地点。由于生鲜市场需求量大、用户购买频次高，所以生鲜行业成为当前最具活力和潜力的 O2O 模式应用行业之一。

生鲜电商平台有以下几种运营模式：

（1）综合电商平台引入生鲜业务。例如，淘宝网引入淘鲜达，拼多多引入多多买菜。

（2）垂直电商平台专注生鲜领域。这类平台在一定区域内提供生鲜配送服务，如盒马鲜生、叮咚买菜。

（3）社区生鲜。这类平台依靠微信、手机 App 等实现网上推广与销售，以小区为单位进行配送服务。例如，食行生鲜在社区投放生鲜柜，采用“预订制 + 全程冷链 + 冷柜自提”的运营模式，为消费者提供生鲜优质服务。

其他应用 O2O 电子商务的行业还有家政服务行业、租车行业等，如家政服务行业的阿姨帮、58 到家，租车行业的滴滴打车、神州租车等。

视野拓展

新零售

新零售是一种全新的零售形态，可总结为“线上 + 线下 + 物流”，其核心是以消费者为中心的会员、支付、库存、服务等方面数据的全面打通。新零售为 O2O 市场带来了更广阔的发展空间。在 O2O 模式下，线上网店与线下实体店是相对独立且互相竞争的关系。然而，进入新零售时代后，电子商务与传统零售业不再是对立竞争的关系，而是协调合作、共同发展。

随着大数据、人工智能、物联网、智能家居、智能交通等技术的发展，O2O 电子商务将会更多地融入日常生活，更多智能化、便捷化的服务将会改变消费者的生活方式，而这也将推动 O2O 模式的发展。

拓展练习

O2O 电子商务平台对比

1. 任务要求

通过分析和比较国内主要的 O2O 电子商务平台，了解 O2O 电子商务的运营模式及赢利模式。

2. 任务实施

登录表 2-2 中的 4 家平台，了解各电子商务平台的定位、特点，分析其运营模式和盈利模式，将表 2-2 填写完整。

表 2-2　O2O 电子商务平台对比

平台名称	定位	特点	运营模式	盈利模式	存在的问题
口碑网					
贝壳找房					
58 到家					
马蜂窝					

第三章 网络营销

学习目标

1. 了解网络营销的概念、特点。

2. 理解网络营销策略。

3. 了解目前流行的网络营销工具。

4. 能利用搜索引擎、微博、微信、短视频平台、直播平台、社群、电子邮件等工具或平台开展网络营销。

如今，网络营销已成为企业开拓市场的重要工具。

本章主要介绍网络营销的概念和特点、常见的网络营销策略，以及目前网络营销的主流工具。

第一节 网络营销概述

案例导读

王老吉“百家姓”火出圈

“怕上火，就喝王老吉”是广州王老吉药业股份有限公司（以下简称王老吉）为其王牌产品——王老吉凉茶打出的广告语。这个广告语迅速使王老吉品牌声名远扬。

2021年1月，在春节期间电商平台举办的"年货节"中，为了吸引年轻消费者并保持品牌活力，王老吉推出了"姓氏罐"。在延续传统中国红的基础上，这一系列产品增加了"定制姓氏"的个性化设计。在传播渠道上，王老吉借助网络主动宣传，通过微信朋友圈推荐等方式积极宣传，吸引了消费者的关注。相关话题如"王老吉新出了百家姓版本""王老吉姓氏罐"等冲上了微博热搜榜，而"姓氏罐"也入围了天猫"年货节必买榜"，王老吉"姓氏罐"如图3-1所示。

图3-1 王老吉"姓氏罐"

王老吉借助网络，采用网络营销方式传递王老吉的吉祥文化，不仅激发了消费者对品牌的认同感，还引发了消费者的情感共鸣。

阅读案例，思考以下问题：

1. 你认为王老吉的这次活动属于网络营销吗？

2. 王老吉的这次营销活动为什么能成功？

网络营销是随着互联网进入商业应用而产生的一种营销模式，尤其是万维网、电子邮件、搜索引擎、社交软件等得到广泛应用之后，网络营销的价值越来越明显。它带来了市场竞争以及营销观念和策略的改变，创造出全新的市场和机会。

一、网络营销的含义和特点

1. 网络营销的含义

网络营销的同义词包括网上营销、互联网营销、在线营销等，对于它的含义有多种说法。一般认为，网络营销是基于网络及社会关系网络连接企业、用户及公众，向用户及公众传递有价值的信息或提供服务，为实现顾客价值及企业营销目标所进行的规划、实施及运营管理活动。

网络营销有广义和狭义之分。

广义的网络营销是指企业利用一切网络（包括社会关系网络、计算机网络、通信网络等）进行的营销活动。

狭义的网络营销是指以互联网为主要营销手段，为达到一定营销目标而开展的营销活动。

本书所指的网络营销是狭义的网络营销。

2. 网络营销的特点

（1）跨时空。互联网具有不受时间约束和空间限制进行信息交换的特征，企业有更多时间和更大空间进行网络营销，可每周 7 天、每天 24 小时随时随地进行营销。

（2）多媒体。互联网可以传输多种格式的信息，如文字、声音、图像等信息，网络营销人员可充分发挥创造性和能动性，将这些信息进行有机融合，让顾客如身临其境般感受商品或服务。

（3）交互性。不同于传统媒体的信息单向传播，网络营销具有交互性，可实现信息互动传播。企业在互联网上展示商品图像后，用户只需简单地点击鼠标，就可查询相关产品信息。企业可通过互联网进行产品测试与消费者满意度调查等活动，得到用户反馈信息，实现供需互动与双向沟通。

（4）高效性。网络广告制作周期短，即使在较短的周期内投放，也可以根据客户的需求很快完成制作，并且还能根据市场需求，及时更新产品或调整价格。相比之下，传统广告制作成本高，投放周期固定。

（5）针对性。通过提供众多服务，企业一般都能建立完整的用户数据库，包括用户的地域分布、年龄、性别、收入、职业、婚姻状况、爱好等，形成用户画像。基于用户画像确立的网络营销方案具有针对性，用户更易接受。

（6）软营销。网络营销是非强迫性的、消费者主导的、人性化的营销方式，例如，消费者可自主选择是否观看网络广告，而传统营销中，用户只能被动地接受广告内容。

课堂讨论

网络营销和传统营销有什么区别？

二、网络市场调研

网络市场调研是企业制定营销策略的重要环节。网络市场调研是指企业将互联网作为沟通和了解信息的工具，对消费者、竞争者及整体市场环境等方面与营销有关的数据系统进行调查分析和研究的活动。这些相关的数据包括客户需求、供应商、竞争对手和行业趋势等方面的情况。

1. 网络市场调研的特点

网络市场调研与传统市场调研相比有着无可比拟的优势，如成本低、范围广、效率高、形式多样、精度高等，详见表 3–1。网络市场调研可以与传统市场调研相互补充，为企业提供更全面、准确的信息支持。

表 3–1 网络市场调研与传统市场调研的比较

比较维度	网络市场调研	传统市场调研
调研成本	调研成本较低，主要成本包括问卷设计、发布、数据分析和整理等方面的成本	调研成本较高，需要投入较多的人力、财力和时间，主要包括问卷设计、采样、实地调查等方面的成本
调研范围	覆盖范围广，只要连接互联网就可以进行调研	调研的范围受限，局限在特定区域和人群
调研速度	时效性好，能够迅速获取数据并进行实时分析	时效性差，需要花费较长时间进行数据收集、整理和分析
调研方式	通过在线问卷、社交媒体、电子邮件等方式进行调研	多依赖面对面访谈、电话调查等方式
调研精度	通过自动化工具和大数据分析方法，能够提高数据的精度和可靠性，减少人为误差	在数据收集过程中可能受到调查者主观因素的影响，导致数据的准确度和可靠性存在偏差

2. 网络市场调研的步骤

网络市场调研一般包含 5 个步骤，如图 3–2 所示。

图 3–2 网络市场调研步骤

（1）明确调研目标。开展调研前，要明确调研的目的和需要解决的问题，确定调研的范围、目标市场和关注的重点，以便后续的数据收集和分析能够有针对性地进行。

（2）制订调研计划。调研计划主要包括资料来源、调研方法、抽样方案和时间安排。资料来源可能是一手资料，也可能是二手资料。一手资料是调查人员通过现场实地调查，直接向有关调查对象收集的资料，如通过在线问卷调查得到的数据。二手资料是经过他人收集、记录和整理所积累的各种数据资料，如第三方咨询公司提供的数据报告。调研方法可以是网上搜索、在线问卷调查、社交媒体监测、使用数据抓取工具等。此外，还要考虑样本规模和选择标准，以确保数据的代表性和可靠性。

（3）收集整理数据。可以通过在线问卷调查获取消费者的意见和反馈，借助数据抓取工具收集并整理市场统计数据，同时也可以参考行业报告、专家观点和竞争对手信息等。

（4）分析解读数据。使用合适的统计方法和数据分析工具，对数据进行统计分析，提取出关键信息和趋势。通用的数据分析软件有 SPSS、SAS 等。若处理的数据比较简单，也可以使用 EXCEL 或 WPS 表格软件。然后，根据分析结果对数据进行解读，找出市场机会和风险，为后续的决策提供依据。

（5）撰写调研报告。网络市场调研的最后阶段是撰写调研报告。调研报告应该概述调研目的、采用的方法和工具，介绍数据收集和分析的过程，并总结出关键性的发现和建议。一般来说，调研报告主要包括标题、目录、引言、正文、结论、启示和建议以及附录等，其中正文通常包括调研目的、调研方法、统计分析过程、数据展示等。

以上步骤为基本步骤，实际的网络市场调研过程可能因企业的需求和调研的具体目标而存在差异。在实际操作中，可以根据具体情况灵活调整和补充步骤，以确保调研的全面性、准确性和可靠性。

3. 网络市场调研的方法

网络市场调研的方法多种多样，常见的有在线问卷调查法、网络观察法、网络实验法、网络数据库查找法、搜索引擎查找法和在线资源利用法。

（1）在线问卷调查法。这种方法通过在线问卷平台设计并发布问卷，邀请被调查者参与问卷调查。这是一种常见的网络市场调研方法，能够快速、方便地收集大量数据。

（2）网络观察法。这种方法利用软件记录网络访问者的活动，收集他们的行为数据，分析他们的兴趣、需求和购买意向。

（3）网络实验法。这种方法是在互联网上进行实验，通过在线实验的方式测试市场反应。例如，测试不同价格、不同促销方式对销售量的影响，这种方法可以提供较真实的市场数据。

（4）网络数据库查找法。这种方法利用互联网搜索工具和数据库，查找与企业营销相关的市场、竞争者、消费者和宏观环境等方面的信息。

（5）搜索引擎查找法。这种方法通过搜索引擎搜索相关关键词，查找与调研目的相关的信息。

（6）在线资源利用法。这种方法利用互联网上的免费或付费资源（如公开数据库、行业报告、市场研究报告等），收集与研究主题相关的信息。

可以根据实际需要选择上述网络市场调研方法。需要注意的是，调研方法应该与调研目的和问题相匹配，同时要遵循相关法律法规和道德规范。

三、网络营销策略

常见的网络营销策略包括产品策略、价格策略、促销策略、成本策略、渠道策略、客服策略等。下面对常用的产品策略、价格策略、渠道策略、促销策略进行介绍。

1. 产品策略

产品策略是指企业明确自己应该提供什么样的产品和服务，才能满足消费者需求的策略。

课堂讨论

你认为哪些产品适合在网上销售？

（1）网络营销产品选择策略。通常来讲，适合在网络上销售的产品具有以下特征：易于数字化、信息化，个性化，品牌知名度高，标准化程度高，目标市场规模较大，易于配送，网络营销费用低于其他销售渠道费用。具体示例见表 3–2。

表 3–2　适合在网络上销售的产品示例

产品特征	示例
易于数字化、信息化	电子书、音乐和视频文件、网络游戏装备、应用软件等
个性化	定制化珠宝、定制化婚礼用品、定制化服装等
品牌知名度高	知名品牌电子产品、知名品牌服装、知名品牌生活用品等
标准化程度高	书籍、手机、家电等
目标市场规模较大、易于配送	服装、化妆品、生活用品等
网络营销费用低于其他销售渠道费用	数字媒体、文具、小饰品、小玩具等

随着物流技术和其他信息技术的发展，适合通过网络销售的产品范围不断扩大。除政策规定和平台限制外，任何一种产品都有可能通过网络进行销售，企业在进行网络营销时，需考虑企业自身的优势、产品本身的特点和目标消费者的特征。三者吻合度越高，网络营销成功的可能性就越大。

视野拓展

若初次在网络上开设网店，可以选择下列产品：（1）消费者购买频率高的产品，如零食、生活用品；（2）单价相对较低的产品；（3）体积小、重量轻的产品；（4）消费者关注度高，讨论较多的产品，如化妆品；（5）有质量保证的产品；（6）利润率较高的产品；（7）虚拟产品。

（2）网络营销中的产品层次及对应策略。根据产品在满足消费者需求中的重要性不同，网络营销中的产品概念可分为 5 个层次，见表 3–3。企业需针对性地采取对应的策略。

表 3-3 网络营销中的产品概念

名称	定义	说明	举例	策略
核心产品	产品能给消费者带来的核心利益或服务	消费者真正想要购买的基本效用或益处	消费者购买台灯是为了照明的需要	产品必须具备完备的核心价值
形式产品	将核心产品转化为有形实体或服务，是一种看得见、摸得着的产品层次，包括品牌、质量、设计、特性、包装等	是最直观，也最能吸引消费者的一个层次	台灯外观采用新中式设计	在产品展现形式上满足消费者的喜好
期望产品	消费者在购买产品时期望得到的与产品密切相关的一整套属性和条件	不同消费者的期望是不同的	消费者入住酒店时，有的人期望酒店干净整洁，有的人期望酒店安静，有的人期望酒店配套齐全	充分了解用户的期望，优化产品的设计和功能，提高用户体验
延伸产品	消费者购买形式产品和期望产品时，附带获得的各种利益的总和	帮助消费者更好地使用核心产品	所提供的产品说明书、质量保证、安装服务、维修服务、送货服务、技术培训等	通过增加额外的功能、增值服务或套餐选择来提供延伸产品
潜在产品	产品最终可能实现的所有增加和改变的利益	能满足消费者潜在需求的，尚未被消费者意识到或者已经被意识到但尚未被消费者重视，或者消费者不敢奢望的一些产品价值，潜在产品指出了现有产品可能的演变趋势和前景	用户购买学习机后，提高了学习效率，达到了学习目标	强调使用产品时可能获得的未来好处或结果，并进行宣传和演示

（3）网络营销产品差异化策略。在网络营销中，产品的差异化策略是企业吸引消费者、建立品牌形象和获得竞争优势的关键。通过网络渠道，企业可以更加灵活地实现产品属性、功能、价格以及服务质量和目标市场等方面的差异化，以满足不同消费者的需求。

1）产品属性的差异化。产品属性是指产品所具有的特点和优点，如产品的材质、工艺、功能、性能等。通过增加新的属性或者对现有属性进行优化和改进，可以使产品在市场上具有独特性和竞争优势。例如，一个专注于高端护肤品的品牌在网络营销中，通过展示产品的原材料种植基地、生产过程和质量控制等环节，向消费者传递了其产品的纯天然和有机属性。

2）产品功能的差异化。通过增加新的功能或者对现有功能进行优化和改进，可以使产品在市场上具有独特性和竞争优势。例如，智能家居设备可以通过网络集成 AI 语音助手、环境感知和自动调节功能，使消费者能够享受到更加便捷和智能化的生活体验。

3）产品价格的差异化。通过采用不同的定价策略以及对现有产品进行降价或者促销，可以使得产品在市场上更具有竞争力和吸引力。例如，企业可以通过限时折扣、会员专享价、套餐优惠等方式，为不同需求的消费者提供多样化的价格选择。

4）服务质量的差异化。提供卓越的客户服务也是一种有效的差异化策略。通过快速响应用户提问、提供个性化的解决方案、提供培训和教育支持等方式，可以提高用户对产品的满意度和品牌忠诚度。良好的售后服务和优质的用户体验可以使企业的产品脱颖而出。例如，一家在线教育机构可以提供全天候的在线答疑服务，确保学生在学习过程中得到及时帮助。

5）目标市场的差异化。针对特定的目标市场进行定位也是一种差异化策略。企业需确定自己的目标受众，并了解他们的需求和偏好，然后根据这些信息开发和宣传产品。例如，一家专注于健康食品的电子商务企业可以针对健身爱好者推出高蛋白、低脂肪的健康零食，以满足他们对健康饮食的需求。

2. 价格策略

价格策略是网络营销中的主导策略之一，是指企业以按照市场规律制定价格和调整价格等方式实现其营销目标的方法。

（1）低价策略。低价策略是目前网络营销中最常用的价格策略。首先，低价更容易吸引消费者。其次，网络上的价格更开放、透明且易于查询比较。在这个信息透明的环境中，低价策略能够帮助商家吸引更多的关注和点击量，从而提高转化率和销售量。最后，网络平台间的竞争相对较激烈。为了争夺市场份额，一些资金实力强的商家可能会通过补贴客户的方式提供更低的价格。这种价格战可能会对商家利润造成一定压力，但出低价者能抢占更多的市场份额。

（2）个性化定价策略。企业可以根据消费者的不同购买需求定制产品，并设定特定的价格。例如，蔚来汽车用户可以在专门的 App 上定制汽车的电池、车身颜色、内饰等，最终的价格由用户的配置决定。

（3）拍卖定价策略。拍卖定价是一种非常有吸引力的定价策略。消费者在竞拍过程中不仅可以获得较低的价格，还可以享受竞拍成功后的喜悦，这是其他定价策略不能实现的。此种定价方式在 eBay 平台和淘宝平台上的司法拍卖频道广泛应用。

（4）免费价格策略。免费价格策略是网络营销中很常用的一种定价策略，也是非常简单有效的策略之一。免费价格策略主要用于促销和推广产品。这种策略一般是短期和临时性的。

1）免费试用。这种策略允许消费者在一定时间内免费试用产品或服务。消费者可以直接体验产品的价值和功能，从而建立对产品的信任和兴趣。如果他们满意试用后的体验，可能会转化为付费用户。例如，某些软件提供免费试用期，试用期结束后需要付费使用。又如，电商企业销售商品时提供免费试用装，用户收到货后，可借助试用装进行体验，如不满意可将商品退回。

2）基础免费、高级收费。这种策略将产品或服务的基础版本提供给消费者免费使用，另外提供更高级、更丰富功能的版本进行收费。这样做的目的是吸引尽可能多的用户，并在他们需要更高级功能时提供升级的机会。通过差异化定价，可以将免费用户转化为付费用户，提高销售收入。例如，WPS 软件提供基本的功能给用户免费试用，但如果想使用某些高级功能，则需要付费。

3）广告支持。在这种策略中，产品或服务被提供给用户免费使用，而企业以广告展示的形式获取收益。这种策略常见于在线内容平台、社交媒体和免费应用程序。

（5）产品生命周期定价策略。产品生命周期是某一种新的产品从开始进入市场到被市场淘汰的整个过程。在市场营销学中，产品的生命周期曲线被分成四个部分，即导入期、成长期、成熟期和衰退期。通过网络销售的产品同样符合产品生命周期理论，在不同阶段应制定不同的定价策略，如图 3–3 所示。

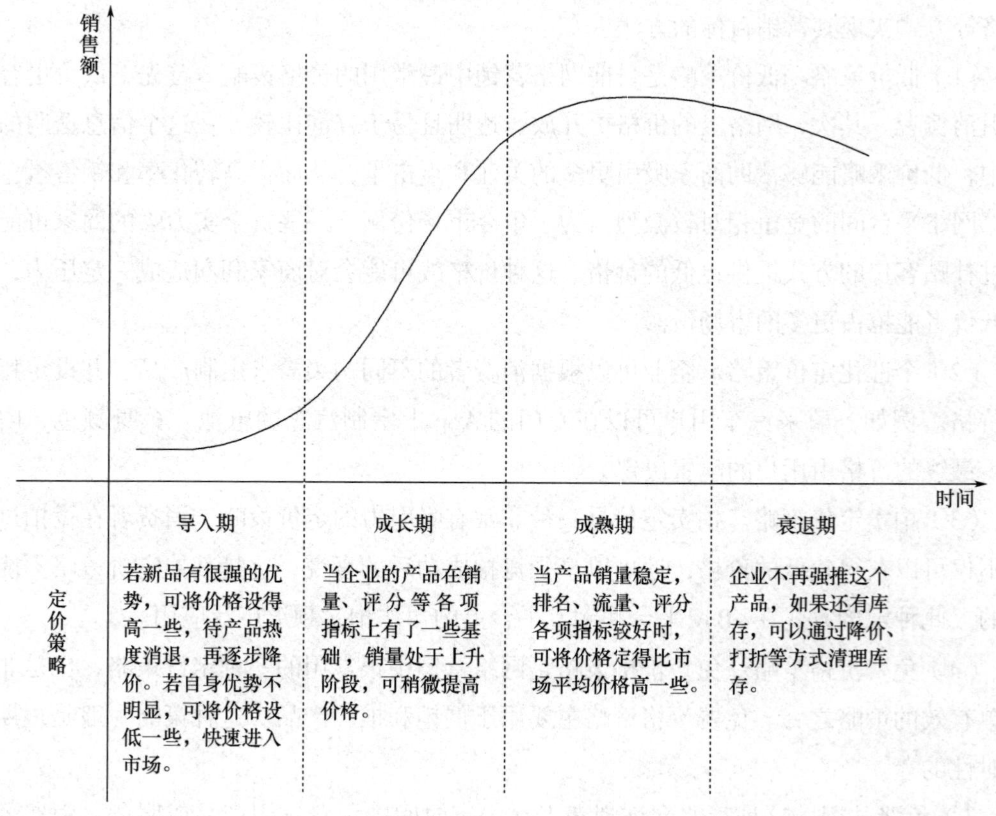

图 3–3　产品生命周期定价策略

（6）组合定价策略。组合定价策略就是通过把不同商品组合在一起，集合定价，获取最大销售利益的定价策略。在网络营销中，常见的组合定价有捆绑销售定价和跨产品组合定价。

1）捆绑销售定价。这种策略将多个相关产品或服务捆绑销售，并以一个整体价格呈现给消费者。例如，买一送一的促销方式就是一种常见的捆绑销售。

2）跨产品组合定价。这种策略将不同类型的产品组合在一起，以一个价格出售。这种定价策略可以提高客单价，同时也能够增加交叉销售和促销的机会。例如，在旅游行业中，电商平台有时会将景点门票、餐饮费用、交通费用等捆绑在一起，以一个价格出售，如图 3–4 所示。

安徽黄山+宏村3日2晚跟团游 4♥

【自营旗舰款·千人出行】30人纯玩团·早定享优惠『1晚夜宿黄山山顶·观日出日落+AB线宿市区4钻&EF线宿市区5钻/CD线宿宏村景区外·赏田园秋色』含景点门票+往返景交+免费接送站+1对1管家服务

图 3–4 跨产品组合定价示例

3. 渠道策略

传统渠道的经典形式是：生产者→批发商→零售商→消费者。在网络环境下，最大的改变是渠道可以缩短为生产者直接面向消费者。企业可以选择自建营销平台或者借用第三方网络平台。

（1）企业自建营销平台。企业可以自建营销平台，推广和销售自己的产品和服务。这种方式有利于培养忠诚客户，提升品牌知名度。构建此种渠道对企业有一定的要求，具体如下：

1）经济实力雄厚。自建营销平台需要投入大量的技术人员和资金，以确保平台的稳定性、安全性和功能性，建成后需要支付固定的开发和维护成本，且在初始阶段很可能无法实现规模经济效应，需要长期的运营和推广才能产生效益，这就要求企业能有强大的资金实力。

2）具备较高的品牌知名度和市场认可度。在线销售市场竞争激烈，已经有许多成熟的电商平台在市场上占据优势地位，自建营销平台需要面对这些巨头的挑战，没有知名度的企业很难为自建的营销平台争取到流量和关注度。

（2）借用第三方网络平台。由于自建营销平台对企业的要求较高，中小企业一般会选择借用第三方网络平台，在成熟的电商平台上开设虚拟店铺，这样不仅能够降低成本，还可以利用平台的知名度和用户数量为自己带来更多的流量和销售机会。为了尽量获取流量，增加产品曝光率和销售量，很多企业在自建营销平台的基础上也会在第三方网络平台上开设店铺。

4. 促销策略

网络促销策略是指企业运用网络广告、站点推广、网络销售促进和网络公关等各种促销手段，向消费者传递产品和服务信息，引起他们的注意和兴趣，激发他们的购买欲望，进而产生购买行为，以达到促进产品或服务销售的一种策略。网络促销的核心问题是如何吸引消费者。

（1）网络广告促销。网络广告是指企业在互联网上运用现代计算机技术，通过网络传播、发布的广告。网络广告有明确的受众、准确的广告定位，应在适宜的广告平台上进行投放。

1）网络广告与传统媒体广告相比，具有以下特点：

①可追踪性。网络广告可以准确记录广告投放效果，包括展示次数、点击率、转化率等。这使得广告主能够更好地评估广告投资回报率，并根据数据进行优化。

②定向性。网络广告可以根据广告主设定的目标受众群体进行定向投放，达到更精准的营销效果。通过实时竞价和采用个性化推荐算法，广告能够在相关受众面前呈现，提高广告投放效率。

③互动性。与传统媒体广告相比，网络广告具有更好的互动性。用户可以通过点击、评论、分享等方式参与互动，从而提升了广告效果。

④实时性。网络广告可以实时更新和调整，广告主可以随时根据市场需求和反馈进行修改和优化。这种灵活性使得广告能够更快地适应变化的市场环境。

⑤形式多样。网络广告形式多样，能够满足不同类型企业的广告宣传需求。按照信息表现形式不同，网络广告可分为文字广告、图片广告和视频广告等；按照广告在网页中呈现形式不同，网络广告可分为横幅广告、按钮广告、弹出式广告和分类广告等；按照投放渠道不同，网络广告可分为搜索引擎广告、电子邮件广告、社交媒体广告、移动互联网广告等。

课堂讨论

请在网上找出一些广告，说明这些广告的类型。

2）网络广告的常见收费模式有每千人印象成本收费模式、每点击成本收费模式、每行动成本收费模式、每销售成本收费模式、竞价广告收费模式等。

①每千人印象成本收费模式，即按照广告在用户面前展示的次数收费，每展示 1 000 次收取一定费用。例如，某网站向广告主收取 10 元 / 千次的广告费用。若广告被展示 10 000 次，则广告主需要支付 100 元。

②每点击成本收费模式，即按照用户对广告的点击次数收费，每次点击都需要支付一定的费用。例如，某网站向广告主收取0.5元/次的广告费用。若广告被点击1 000次，则广告主需要支付500元。

③每行动成本收费模式，即按照用户对广告采取的特定行动次数收费，如注册、购买等行为。例如，某网站按每吸引1人注册收取50元的标准向广告主收取广告费用。若广告成功引导用户注册100人，则广告主需要支付5 000元。

④每销售成本收费模式，即按照广告带来的实际销售收入的一定比例收费。例如，某网站向广告主收取销售额的10%作为广告费用。若广告成功引导用户购买一件售价为100元的商品，则广告主需要支付10元。

⑤竞价广告收费模式。在竞价广告中，广告主可以自行设定每次点击或每千次展示广告的出价，每次点击费用或每千次展示费用会根据竞价排名确定，费用越高排名越靠前。

思政小课堂

网络广告可以帮助企业提高知名度和销售额，但也不可避免地会涉及一些道德问题，如虚假宣传、误导消费者等。在制作和传播广告时，需要有社会责任感和诚信意识，做到尊重、保护消费者的合法权益。

（2）网络站点推广。网络站点推广是一项系统性的工作，是指通过对企业网络站点进行宣传从而吸引用户访问，同时树立企业的网络品牌形象，为企业营销目标的实现打下坚实基础。推广站点的方法有搜索引擎推广、利用网络论坛推广、利用友情链接推广、运用即时通信工具推广。

（3）网上销售促进。网上销售促进就是在电商平台上利用销售促进工具刺激顾客对产品的购买，通常是短期性的销售刺激行为。网上销售促进形式多样，常见的有打折促销、赠品促销、积分促销、抽奖促销、节日促销、优惠券促销、限时限量促销、反季节促销、免费促销等。

（4）网络公共关系营销。网络公共关系营销是指通过互联网进行公共关系活动，以提升企业或组织的形象，建立良好的关系，并推动产品或服务的销售。在网络公共关系促销中，企业可以借助网络工具和平台，有效地传播信息，与受众互动，并影响受众对品牌、产品或组织的看法和态度。

1）培养客户忠诚度。企业通过在线社区、博客、社交媒体等，与受众进行实时互动，分享有价值的信息，包括企业新闻、行业见解、产品更新等，并回答受众问题，解决受众疑虑，加强与受众之间的情感联系。例如，图 3-5 是小米社区网站页面，小米通过定期组织线上活动与小米粉丝互动，同时鼓励小米粉丝在社区中分享使用心得和用机技巧，以提升用户对小米品牌的忠诚度。

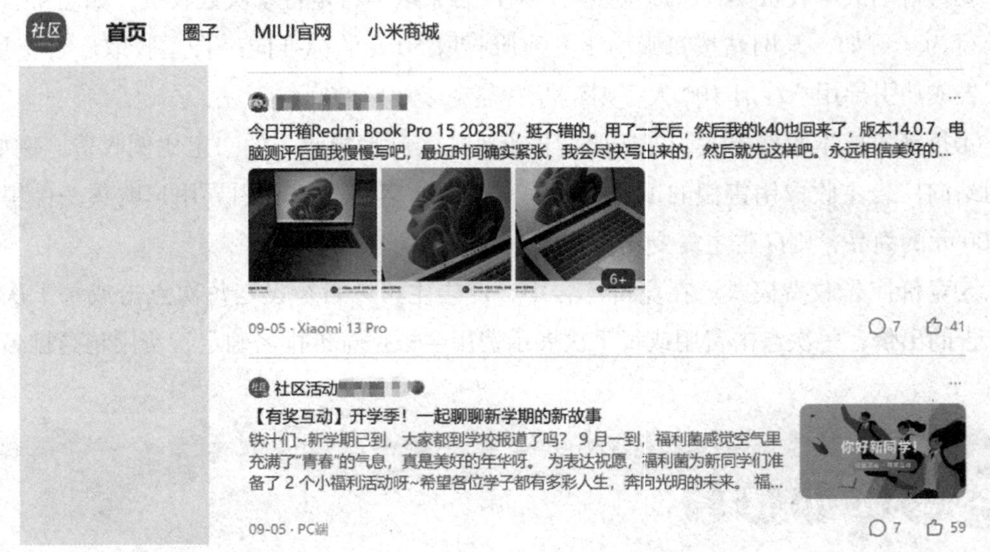

图 3-5　小米社区网站页面

2）危机管理。通过网络渠道迅速回应和处理突发事件、负面报道或不良舆情，并及时、透明地提供解释和改进措施，是危机管理的重要目标。在危机事件发生时，企业需要及时获取与自身有关的网络信息，以了解危机的发展态势和公众舆论。随后，应尽快发布公开声明，回应媒体和公众的质疑，并提供真实客观的解释和信息。同时，采取有效的措施控制和减轻危机的影响，包括暂停或调整相关活动，并对不当行为进行调查和处罚。

案例分析

2020 年，直播带货盛行一时，但直播带货不时出现一些“翻车”现象。有网友在社交媒体上发布视频称，自己在罗某的网络直播间购买了“皮尔·卡丹”品牌羊毛衫，但收到货后发现满是线头，做工粗糙，感觉买到了假货。随后罗某所在的成都 ×××× 科技有限公司和“×××× 直播间”发布声明称，羊毛衫的供货方涉嫌蓄意欺诈，将向公安机关报案，同时联系购买产品的消费者进行 3 倍赔付。之后，罗某又在个人微信公众号致歉并表示进行了全面反思，决定全方位整改升级，及时的公关在一定程度上挽回了罗某的信誉损失。

危机管理在企业或组织的发展中扮演着重要的角色。首先，企业通过有效的危机管理能够及时发现和应对危机事件，减少对企业的负面影响，保护企业形象和品牌价值，提高竞争力和市场地位。其次，危机管理能够增强企业的危机意识和应变能力，提高企业生存和发展能力，避免因危机事件而倒闭或破产。同时，危机管理还能增强企业的公信力和信任度，加强公众对企业的信任和支持，提升公共形象。最后，企业通过危机管理还能为未来可能出现的危机事件做好准备，制定有效的应对策略和措施，避免类似危机事件再次发生，降低企业的风险和损失。

案例分析

三只松鼠网络营销策略分析

三只松鼠股份有限公司（以下简称“三只松鼠”）是一家定位为互联网食品品牌的企业，主营坚果、干果等食品的研发、分装和销售。“三只松鼠”于2012年上线，并于当年“双十一”一炮而红。

“三只松鼠”将品牌定位为多品类的互联网森林食品品牌，率先提出森林食品的概念。同时，其品牌名称也诠释了产品和服务的特征。松鼠喜欢的食物就是坚果，松鼠又十分勤劳，寓意企业致力于服务好顾客。“三只松鼠”的品牌形象乖萌、俏皮、鲜明、生动，被大众所认可，更加受“90后”和“00后”的喜爱。

在“三只松鼠”之前，也有很多电商企业在销售坚果，大多以炒货为主。“三只松鼠”与其他企业的不同在于，让自己的产品超越顾客期望。除了产品质量好，还要包装好、服务好，“三只松鼠”的包装内都会送一些果壳袋、湿巾、打开坚果的工具等，给消费者留下了良好的印象。

“三只松鼠”搭建了涵盖线上及线下的全渠道销售模式。线上主要以天猫、京东等平台为主，通过平台开设品牌旗舰店并以统一入仓模式进行产品的销售。线下的渠道主要以直营的投食店及加盟模式的三只松鼠联盟小店为代表，在线下进行产品销售。线上渠道一直是“三只松鼠”产品销售渠道的绝对主力，其中第三方电商平台是线上销售渠道的重要组成部分。

以下从产品策略和渠道策略两个方面来分析“三只松鼠”的网络营销策略。

1.“三只松鼠”的网络营销产品策略

“三只松鼠”的产品概念涵盖了核心产品、形式产品、期望产品、延伸产品四个层次。“三只松鼠”有严格的标准，注重产品质量，保证了核心产品绝对过关。在此基础上开创袋装销售，且包装袋为两层包装，里面一层为铝箔纸，保证了产品干净新鲜。“三只松鼠”洞察了消费者吃坚果时容易弄脏手的痛点，在产品中附赠果壳袋、湿巾、工具，让消费者更好地享受产品的美味。

“三只松鼠”的品牌定位明确，定位为“森林系”，通过外包装、果壳袋、配套工具等向消费者传达健康、清新、自然、有活力的品牌印象。品牌定位与品牌名称“三只松鼠”息息相关，松鼠生活在森林里，且喜欢吃松果，正好与“森林系”的定位相辅相成，容易让消费者记住。

2.“三只松鼠”的网络营销渠道策略

三只松鼠采用的是线上、线下的全渠道销售模式。线上，三只松鼠充分利用各大电商平台，如天猫、京东等，作为其主要的线上销售渠道。通过开设官方旗舰店，提高产品的曝光度和销售效率。三只松鼠在社交媒体上积极运营，通过微博、微信、抖音等平台与消费者进行互动沟通，扩大品牌影响力。三只松鼠还建立了自己的官方网站，开发了App，为消费者提供更加便捷的购物体验。线下，三只松鼠开设实体门店，消费者可以亲身感受产品的口感和质量，还能享受到门店提供的特色服务，如试吃、礼品包装等，从而增强了对品牌的认知和信任。三只松鼠还积极与超市、便利店等合作，在合作门店中设立专柜或货架，将产品引入更多消费者的生活场景，扩大产品的销售渠道，提高产品的市场覆盖率。

第二节 常见网络营销方法

案例导读

《啥是佩奇》的走心营销

《啥是佩奇》是电影《小猪佩奇过大年》的宣传片。短片播出后迅速在微信朋友圈广泛传播，登上微博热搜榜，引起了网上的热议。该短片另辟蹊径，靠着引人深思的问题和优质内容，一夜之间火遍全网。

故事讲述了一个生活在大山里的留守老人，得知孙子很想要一个佩奇玩偶作为新年礼物，便想尽一切办法为孙子做了一个小猪佩奇玩偶。老人不知道什么是佩奇，他便认真地查字典，用广播向全村人提问，进行了一系列佩奇大猜想。最后，在别人的启发下，老人用农村常见工具做出了玩偶。

短片以家庭、团聚、和睦、爱为主题。在春节之前的特殊节点上，这一情感营销恰逢其时，契合了大多数人对阖家欢聚的渴望之情，用简单而真挚的情感打动人，体现了温暖的人情味。

思考问题：

1.《啥是佩奇》的营销活动为什么能成功？

2.《啥是佩奇》运用了什么营销策略？

网络营销需要通过一种或多种网络营销方法实现。根据营销工具不同，常见的网络营销方法可分为搜索引擎营销、微博营销、微信营销、短视频营销、直播营销、软文营销、社群营销和电子邮件营销等。

一、搜索引擎营销

搜索引擎是目前互联网最大的流量来源。国内常见的搜索引擎有百度、360 搜索、搜狗搜索等。由于搜索引擎中显示的信息都是用户根据需求主动搜索关键词而获得的，所以搜索引擎带来的流量更加精准。

常用的搜索引擎营销方法有关键词竞价排名和搜索引擎优化。关键词竞价排名是通过价格竞争提升关键词的搜索结果排名，而搜索引擎优化是网站通过优化提升关键词的搜索结果排名。

1. 关键词竞价排名

关键词竞价排名服务是搜索引擎提供的一种有偿排名服务，它以单次点击定价的方式，让与出价关键词匹配的站点在搜索结果页面中出现在顶端、底端、侧栏，并且在创意内容的右下角呈现“广告”字样。例如，百度的竞价排名就是其中的一种，如图 3–6 所示。

关键词竞价排名的方式比较简单，营销者只需要在搜索引擎开通一个竞价账户，然后进行充值，就可以在想要的关键词上出价。只要出价大于其他竞争对手，就有机会将自身的营销内容展现在搜索引擎的顶部广告位。

竞价排名的优势在于，只要出价高于对手，那么营销内容就能马上出现在排名靠前的位置，效果立竿见影，不需要像搜索引擎优化一样需要经过较长的优化周期。它的劣势是，由于竞价排名是通过点击付费，可能存在恶意点击和无效点击，造成花费了营销费用却没得到有效客户转化的情况。

2. 搜索引擎优化

搜索引擎优化是一种利用搜索引擎的规则，提高网站在有关搜索引擎内自然排名的方法。搜索引擎优化的任务是分析搜索引擎的排名规律，了解各种搜索引擎怎样进行搜索、怎样抓取互联网页面、怎样确定特定关键词的搜索结果排名，然后采用易于被搜

图 3–6 百度关键词竞价排名示例

索引用的手段，对网站进行有针对性的优化，确保其能够符合用户浏览习惯，提高网站在搜索引擎中的自然排名，吸引更多的用户访问网站，进而提高网站的宣传能力和销售能力。

搜索引擎优化的优势是，一旦关键词排名得到优化，那么它的效果就是相对长期稳定的，也就是只需花一次网站优化的费用，就可以维持较长一段时间内靠前的自然排名。但由于每个网站的基础不同，关键词的优化难度不同，所以优化周期有长有短，需要花费一定时间等待。另外，搜索引擎优化也存在一定的风险，不是任何优化都能百分之百地显著提升排名，可能会存在关键词优化排名提不上来且时间又耽误了的风险。而且，搜索引擎也在不断地调整排名算法，这也给搜索引擎优化带来了难度。

课堂讨论

关键词竞价排名和搜索引擎优化有什么区别？

二、微博营销

微博营销以微博作为营销平台，每一个受众（粉丝）都是潜在的营销对象，企业通过微博向网友传播企业信息、产品信息，树立良好的企业形象和产品形象，从而达到营销目的。发布高质量的微博内容、获得有效的粉丝数量和流量是微博营销成功的关键。

1. 微博营销内容

（1）品牌推广型。品牌推广型微博通过发布与品牌价值相关联的微博内容，包括产品理念、品牌价值、公益活动、新产品介绍等，强化品牌在微博上的影响力，树立品牌形象，促进品牌推广。品牌推广型博文通常结合话题发布，借助话题的阅读量和讨论量，融入品牌营销信息，吸引关注该话题的用户，促进营销信息的传播。图 3–7 所示为云南白药借助“中国品牌日”话题发布的微博，巧妙融入云南白药的爱国情怀，凸显云南白药这一民族品牌。

（2）内容分享型。内容分享型微博通过输出企业产品、服务的专业知识，持续地为用户提供有价值的内容，体现出企业的专业性。这种内容营销形式容易被用户转发、收藏，有利于培养忠诚客户。图 3–8 所示为“罗辑思维”通过微博发布的知识分享。

图 3–7　云南白药品牌推广型微博

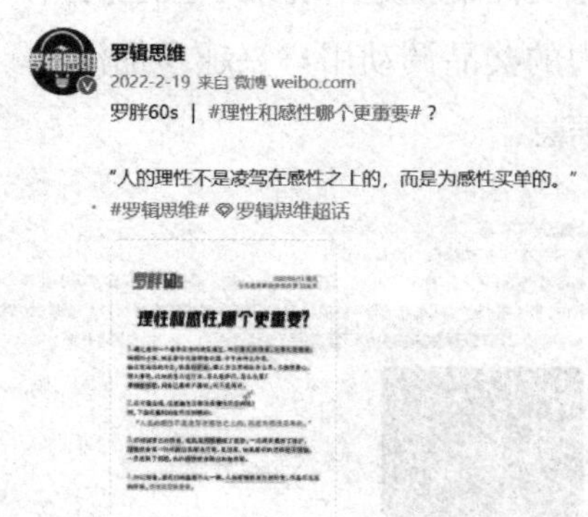

图 3–8　罗辑思维内容分享型微博

（3）商品销售型。商品销售型微博通过发布与产品相关的微博内容引导用户消费，发布的内容可以是产品的基本信息、卖点、促销信息等。图 3–9 所示为美的家电通过微博发布的促销信息。

2. 微博营销活动

微博平台上提供了多种营销方式供用户选择，运用比例较高的有：利用有奖活动营销、利用微博热搜营销、利用微博话题营销。

（1）利用有奖活动营销，即企业指定活动规则，发起某项活动，给参与活动的用户提供奖品抽取机会。目前，有奖转发评论是广受欢迎的活动形式之一。这种活动形式简单易行，粉丝只需转发和评论即有机会获得奖品，无须耗费过多精力。有奖转发活动能有效地吸引新粉丝，扩大营销范围，并为营销者带来更好的效果。图 3–10 所示为比亚迪汽车通过微博发布的有奖活动信息。

美的小美
2022-11-9 来自 iPhone客户端
11.11京东校园划重点啦！
#大学生花YOUNG指南#爆款家电限时放价，学生好物享直降优惠，学生领券满200减20元，超多惊喜等你来。上京东搜索「美的京东自营官方旗舰店」，戳链接 网页链接。@花YOUNG会员

图 3–9　美的家电商品销售型微博

有奖征集就是围绕某个主题向用户征集创意、文案、买家秀、段子等内容，通过有吸引力的奖品调动用户兴趣参加活动。图 3–11 所示为云鲸洗地机通过微博发布的有奖征集信息。

比亚迪汽车
2-5 08:27 来自 新版微博 weibo.com
#元宵节快乐# 人间喧嚣灯火处，欢天喜地闹元宵。今天你吃元宵了吗？关注@比亚迪汽车 带话题#元气满满迎元宵# 转发和评论分享你最想和谁一起过，或分享你家乡的元宵习俗。2月15日随机抽8名小可爱送[兔]飞猛进礼盒~@微博抽奖平台

图 3–10　比亚迪汽车有奖活动微博

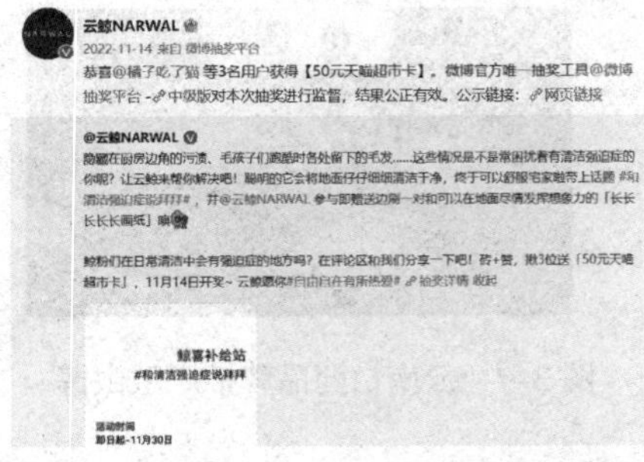

图 3–11　云鲸洗地机有奖征集微博

（2）利用微博热搜营销。在微博平台上，如果某个时间内某一词语的搜索量或关注度比较高，相关关键词就会登上微博热搜榜。由于登上微博热搜榜的信息有庞大的阅读量，所以企业可以利用实时热搜榜，结合自己的产品和服务加以策划，进行借势营销。

案例分析

2014 年索契冬奥会开幕式上，空中的五朵雪绒花本来要绽放成奥运五环，结果只打开了四朵。“五环变四环”的失误立刻变成了舆论的巨大热点。不久，某饮料品牌在微博上发了一张照片，把饮料摆成了五环的样子，四罐打开，一罐没开，并配了一行字：“打开的是能量，未打开的是潜能。”如图 3–12 所示。一张图和一句话，非常巧妙地把一个失误用正能量的方式与自己的品牌关联起来，堪称经典。

图 3-12 “五环变四环”微博热搜营销

（3）利用微博话题营销。微博话题是指围绕一个主题展开的讨论，以“#XX#”的形式出现。话题可在当下实时热点、热门话题榜中选择。如果找不到合适的话题，还可围绕自身产品或服务自创话题。创建话题后，企业可以利用大 V（在互联网上有一定影响力和粉丝基础的人物）或网络达人转发，提升话题热度。

案例分析

某品牌手机为了推广产品，在发布带有相关话题的内容后，联系我国短道速滑奥运冠军王濛进行转发，提高话题热度，如图 3-13 所示。

图 3-13 某品牌手机微博话题营销

三、微信营销

企业可以通过微信朋友圈进行营销，也可以通过微信公众号进行营销。

1. 使用微信朋友圈营销

微信朋友圈是一个很好的营销渠道，但并不是随便发布一条信息就能达到营销目的，需要运用一些小技巧。

（1）适度发布。不要频繁在朋友圈发布商品信息，一般一天或者两天发布一次。

（2）将广告融入生活分享。在朋友圈发广告往往会引起好友的反感，可以将广告融入日常生活的分享中，不要过于生硬。

（3）适当展示消费评价。他人评价往往比企业的阐述更有说服力，企业可以将用户的评价整理出来，以文字或图片的形式发布在朋友圈中，提高可信度。

（4）头像和朋友圈封面设置。头像是一个人在微信上的形象展示，头像应与营销信息有关联，并且有特色、易识别。朋友圈封面是朋友圈最上面的背景图片，关系到别人看朋友圈时的第一印象，可以设置为自我介绍图片和联系方式，或是企业的图片，如图 3–14 所示。

（5）朋友圈互动。在朋友圈中，每个人发布信息，都希望引起别人的关注，要多点赞、评论，引起客户的注意。

（6）合理利用地理位置。对于需要开展同城营销的企业来说，在朋友圈发信息时应注明所在位置。所在位置可以是品牌名字、产品名字、店铺名字，甚至是广告语，同样可以起到传递有效信息的作用，如图 3–15 所示。

今天  秒杀卡在线，欢迎咨询

图 3–14　朋友圈封面设置示例

图 3–15　合理利用地理位置示例

（7）重视图片摆放。微信朋友圈最多可以发布 9 张图片，最重要的图片应放于九宫格中心位置。

（8）发布精致小视频。微信朋友圈支持发布小视频，小视频可以是产品介绍、品牌介绍、对产品的体验感受等。小视频要精心策划，尽量精致，做到不发则已，一发惊人。

2. 使用微信公众号营销

企业的微信公众号相当于企业的专属广告位置，企业可以通过推送文章进行营销。微信公众号营销的关键点在于推送文章的内容质量。

（1）标题。标题的吸引力直接影响文章的点击率。企业在拟定推送文章的标题时，可以借用表 3–4 所示的技巧。

表 3–4　微信公众号推送文章标题拟定技巧

标题类型	标题说明	举例
直言式	直接把事情核心讲清楚、讲明白，用户根据标题就可以得知文章内容	年后第一波新品美食来啦！清爽解腻，省时不累！
悬念式	利用人的好奇心来打造标题，提升读者的阅读兴趣。悬念式的标题一般有两种常见的表现形式：一种是句末省略号停在转折处，没有把句子说完，让用户自己思考；另一种是以“如何”“为什么”等词开头，直观清晰，或者先描述场景，再提问。这种类型的文章内容要确实让读者感到充满惊喜和悬念，不然会使读者失望	春天嗓子干痒？除了多喝水，建议你再加点它……
建议式	给需要解决某个问题的用户一种指引，让他知道这篇文章能为他提供什么价值	营销小白苦恼没流量，试试这 3 个技巧
提问式	用提问的形式引起用户的注意，让用户去思考	想不想把五星级酒店的被子带回家？
对比式	将两个对象按某一标准进行比较，通过差异给读者造成一种心理冲击	我让花 3 000 块给孩子买“椰子鞋”的父母，花 150 块穿上了同质款
热点式	借助社会时事热点，在标题中添加热点词汇给文章造势，增加点击量	用 chatGPT 写了 1 篇计划书后，我陷入了深深的恐惧……

（2）封面图。文章的封面比标题更直观，引人入胜的封面被点击的概率更高。公众号文章封面有多种风格，企业可以根据自己公众号的类型寻找适宜的封面图，这样有利于加深公众号给人的印象，也能体现出推送文章的内容，如图 3–16 所示。

1）品牌曝光型封面。在固定位置展示企业标识，传递品牌信息。

2）围绕标题型封面。封面图是对标题的说明与扩展，或者与标题配合呼应。

3）实景、真人型封面。这类封面图片通常与文章内容相呼应，可以选择文章中的一张图作为封面。

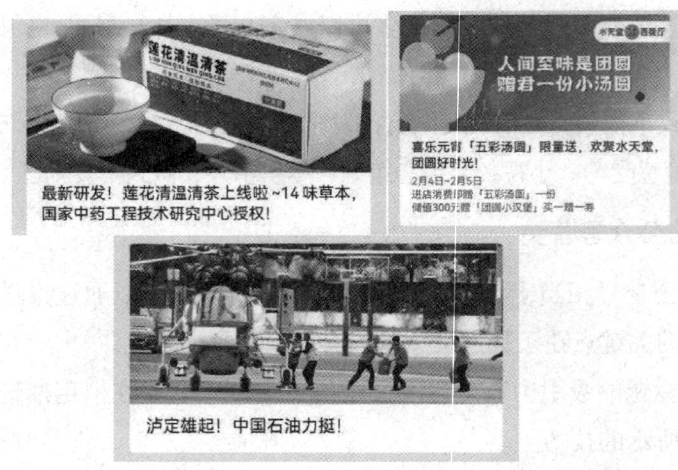

图 3–16 微信公众号文章封面图

（3）正文。通过标题吸引用户点击后，还要用优质的文章内容增强文章的吸引力和传播力。

文章内容尽量原创，原创的内容才是用户想看的。若内容是他人所写，只是出于分享的目的，必须注明出处。

撰写的内容和排版要符合公众号的定位。假如读者是文艺青年，文章内容应尽量文艺；假如读者是中老年，在排版时字体要大一点。

文章中的配图要清晰，尺寸要合适，且图片要与文章内容相关，起到辅助、说明的作用。

视野拓展

目前，微信公众号主要分为订阅号、服务号、小程序、企业微信 4 类。订阅号偏于向用户传递资讯，每天只可群发一条消息。服务号偏于服务交互，可提供服务查询，每个月可群发 4 条消息。企业微信是面向企业级市场的产品，也是一个好用的基础办公沟通工具。如果想简单地发送消息，达到宣传效果，建议选择订阅号；如果想用公众号获得更多功能，例如开通微信支付，建议选择服务号；如果想用公众号管理员工，可申请企业微信。

四、短视频营销

短视频营销是以短视频的形式，在短视频平台上选择目标受众，并向其传播有价值的内容，吸引用户了解企业品牌、产品和服务，最终达成交易的营销方法。

课堂讨论

你知道哪些短视频平台？你在平台上见过哪些营销活动？

1. 短视频内容策划

想要制作一部优质的短视频，内容策划十分重要。作为一种富媒体营销手段，短视频内容丰富多彩，有娱乐短视频、知识分享短视频、情感短视频、产品营销短视频等。电子商务中常用的短视频策划方法如下：

（1）围绕产品力策划。产品力策划的内容要素包括与产品卖点相关的内容、产品特性、产品展示、试用感受等。若推广的产品具备强视觉冲击力，即可直接拍摄产品使用的画面，进行简单的片段搭配组合，并配上背景音乐，直接进行投放。若不具备，则需撰写产品卖点文案，多角度拍摄产品外观或真人直播画面，结合其他素材进行加工剪辑。图 3–17 展示的甜品表现了产品的质感，十分诱人。

图 3–17　围绕产品力策划短视频示例

（2）围绕场景力策划。当产品的使用与特殊场景相关时，可以围绕场景力进行策划。场景力策划的内容要素有，与商品销售上下游场景（如原产地、工厂、发货仓库、贩售市场等）及使用场景相关的内容。下面两种情况非常适合围绕场景力进行策划。

1）产品能够满足用户在特定场景下的需求或者解决用户痛点。例如，收纳箱能满足家庭主妇的衣物收纳需求，冰箱收纳盒能满足对食物防串味儿的需求，如图 3–18 所示。

2）商品具有原产地优势。例如，离开了高海拔就无法结晶的高山蜂蜜，体大肥美、营养丰富的阳澄湖大闸蟹。

图 3–18　围绕场景力策划短视频示例

（3）围绕营销力策划。营销力策划的内容主要是指与价格促销相关的内容，如价格、折扣、优惠券等，如图 3–19 所示。值得注意的是，在直播引流时，用户往往先被产品本身所吸引，再考虑价格是否可接受，因此产品力要高于营销力。若产品价格不是惊爆价、抄底价，建议弱化价格因素。

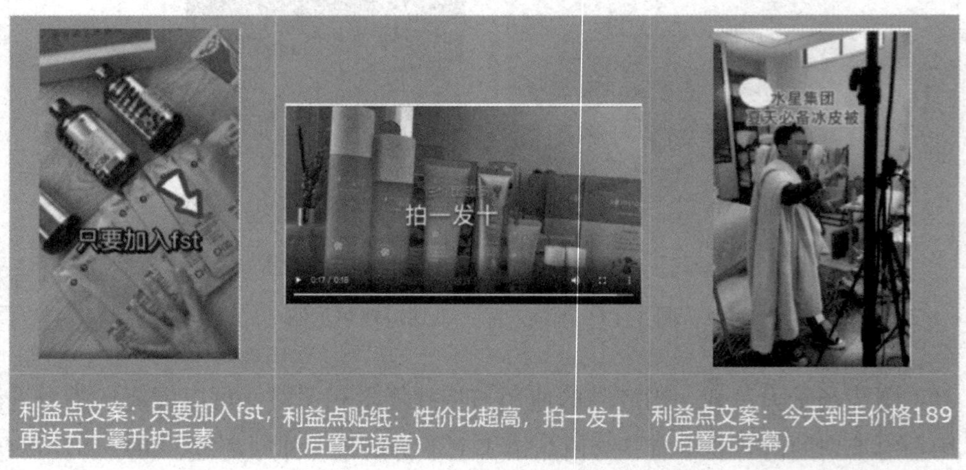

图 3–19　围绕营销力策划短视频示例

（4）围绕情感力策划。情感力策划的内容要素包括与用户情感需求、人际需求、社会需求、自我实现需求相关的内容。如图 3–20 所示，企业分别围绕亲情、友情进行了营销策划。

图 3-20　围绕情感力策划短视频示例

2. 短视频拍摄

（1）拍摄设备

1）手机。现在的智能手机拍摄功能越来越强大，且手机携带和拍摄方便，高配置的智能手机搭配三脚架或稳定器可以满足部分拍摄需求。

2）单反相机。单反相机拍出的照片画质更细腻，是拍视频的首选。

3）无人机。当需要拍摄俯视视角的画面时，无人机就可发挥其作用。

（2）画面景别。画面景别是指拍摄主体在画面中所呈现出的大小和范围。景别一般分为远景、全景、中景、近景、特写。决定画面景别的因素有两个，即照相机和被拍摄主体之间的距离（拍摄距离）、拍摄镜头的焦距。拍摄距离的选择体现在画面上就是景别的变化。

1）远景。远景一般用来表现远离摄像机的环境全貌，展示人物及其周围广阔的空间环境，自然景色和群众活动大场面的画面。图 3-21 所示为薰衣草精油推广视频中所选取的薰衣草原产地的远景镜头。

2）全景。全景一般用来表现人物全身、场景全貌的画面，这种景别在商品拍摄中主要用来表现商品的整体造型，如图 3-22 所示。

3）中景。中景多用来表现成年人膝盖以上部分或场景局部的画面，它将产品的大致外形展示出来，又在一定程度上显示了细节，是突出主体的常见景别，如图 3-23 所示。

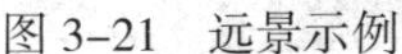
图 3–21　远景示例

图 3–22　全景示例

图 3–23　中景示例

4）近景。近景多用来表现成年人胸部以上或物体局部的画面，特别是细致地表现物体的主要特征，如包的外形、容量，如图 3–24 所示。

5）特写。特写多用来表现成年人肩部以上的头像或某些被摄对象细节的画面，特别是展示商品的材质、做工等，如图 3–25 所示。

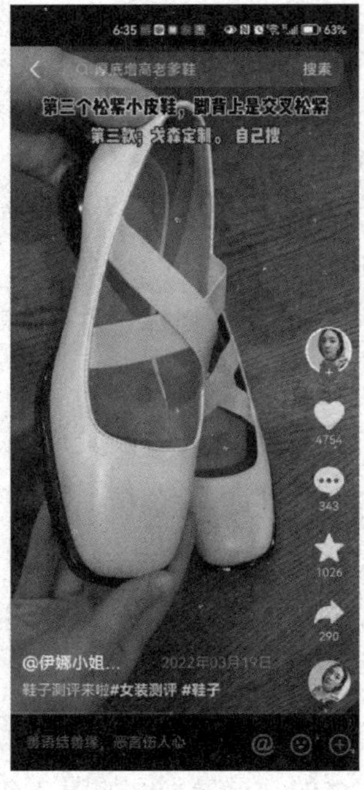

图 3–24　近景示例

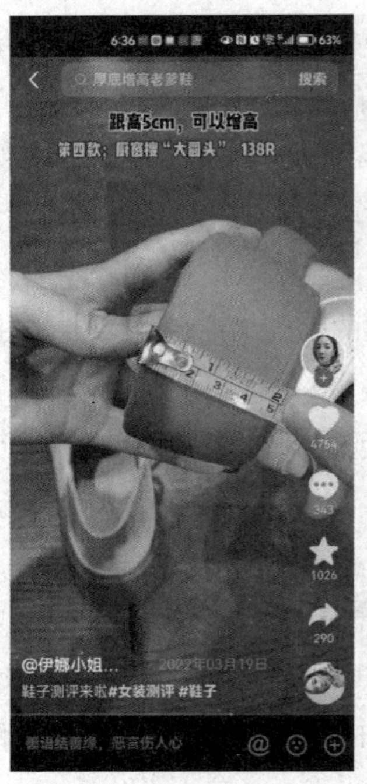

图 3–25　特写示例

（3）拍摄角度。拍摄角度不同，表达的立意也不一样。常用的拍摄视角有仰拍、俯拍、平拍。

1）仰拍。向上拍摄某个物体时，既可以是轻微仰角，也可以是大仰角。这样可以使被摄物体看起来更加强大。

2）俯拍。俯拍即被摄物体位于摄像师视平线下的位置，从高处往下拍摄，一般用来展示环境的全貌。最典型的场景就是鸟瞰场景。

3）平拍。平拍即以人的正常视线（人眼等高的位置）为基准拍摄的角度。这个角度的画面容易使观众产生认同感，让人产生置身其中的感觉。

3. 短视频剪辑

短视频剪辑就是将已拍摄的大量素材进行筛选、分解与连接，从而完成一个优质作品的过程。从某种程度上来说，短视频剪辑对整个短视频的质量起着至关重要的作用。短视频剪辑一般需要经过素材整理、加字幕、加音频、特效包装等环节。

短视频的剪辑离不开软件的支持，常用的剪辑软件有剪映、爱剪辑、InShot、Premiere 等。其中，Premiere 软件适合在计算机上使用，功能强大，剪辑精准；剪映适宜在手机上使用，更受初学者欢迎。

五、直播营销

直播营销为企业提供了一个全新的营销方式。在直播营销中，主播可向消费者展示产品或服务，同时与观众进行互动，解答疑问，展示产品优势等。这种方式能够提供更直观、生动的购物体验，同时也能增强消费者对产品或服务的信任感，提高销售转化率。

与电商结合紧密的是直播电商平台，如淘宝直播、京东直播、拼多多直播、抖音直播、快手直播、蘑菇街直播、唯品会直播、苏宁直播等。

1. 直播营销团队

一场高质量的直播通常不是一个人就能完成的，需要组建直播营销团队。直播营销团队的人数可根据资源投入状况和营销目标调整，一般来说，需要包含主播、运营人员、场控人员三类人员。

（1）主播。主播是直播活动的核心人物，承担着吸引观众、传递产品信息、推销品牌等任务。主播需要具备良好的演讲和沟通能力，能够吸引观众并保持他们的参与度。他们应该对所推广的产品或服务有深入了解，熟悉直播平台规则，并具备专业知识或经验。除主播外，一场直播还可配备一名或多名副播，协助主播工作。

（2）运营人员。运营人员负责策划和管理直播活动。运营人员需熟悉平台运营规则，能够策划直播间的促销活动，完成直播选品及定价。他们与主播合作，确定直播内容和时间安排，并确保所有准备工作的顺利进行。运营人员还负责与其他部门协调，如市场营销团队、客户服务团队等，以确保直播活动与整体营销策略一致。

（3）场控人员。场控人员在直播过程中负责监控和控制现场情况。他们要确保直播设备正常运行，处理技术问题，监测直播数据，并给主播和运营团队提供必要的支持和指导。场控人员还负责直播过程中的互动管理，包括回答观众的问题、处理弹幕等。

2. 直播营销策划筹备

直播策划和准备工作在直播营销中非常重要。因为直播不同于录播，不可以进行剪辑，所以必须在直播前做好充分的策划和准备工作，以保证直播能够达到营销目的。

（1）方案策划。在进行直播策划时，首先要明确直播的目标是什么，是提高品牌知名度、推广产品，还是增加销售等。直播目标要具体化，如实现多少销售额。在制定目标时，要根据实际情况进行设置，注重目标的可行性。

明确直播目标后，制订直播方案。直播方案需要包含直播目标、开始时间、持续时间、直播平台、参与人员、直播的内容和形式等。直播方案可以用表格的形式呈现，示例见表 3–5。

表 3–5　直播方案示例

直播主题		冬季护肤小课堂		
直播目标		吸粉目标：（略）	销售目标：（略）	
道具准备				
产品准备		赠品：护手霜　福利款：泡泡面膜　主讲款：小安瓶		
直播时间		2023 年 12 月 4 日晚 8：00—10：00		
时间段	流程安排	主播	直播助理	后台 / 客服
8：00—8：10	直播开场	互动、聊天	截图抽奖	收集中奖信息
8：10—8：30	产品引入	分享主题 01：冬季护肤注意事项		
8：30—8：40	互动环节	解惑答疑、互动	引导刷礼物、互动	
8：40—9：00	产品引入	分享主题 02：冬季护肤补油也很重要		
9：00—9：20	产品讲解	产品试用并讲解 01	产品配合展示	准备商品链接
9：20	抽奖	福利赠送	直播间截图	抽奖统计
9：20—9：40	产品讲解	产品试用并讲解 02	产品配合展示	准备商品链接
9：40—10：00	产品讲解	产品试用并讲解 03	产品配合展示	准备商品链接
10：00	直播结尾	下一场直播预告		

（2）宣传引流。在平台流量有限的情况下，为了吸引尽可能多的流量，宣传引流是必须要做的工作。宣传引流的形式可以是图片、软文或短视频。

图片通常以硬广告的形式，直接发布直播的福利、时间、平台，邀请消费者关注。图 3–26 中用文字介绍了直播的时间和相关福利，用图片展示了主播和参与直播的商品。

图 3–26　图片形式引流

软文的标题、开头和直播往往没有太大的联系，一般是在分享了实用性的内容之后，在正文后半部分引入直播预告信息，如直播主题、福利、商品等，并引导消费者观看直播。

短视频时长短、发布时间灵活，引流效果良好。图 3–27 所示为短视频形式的引流。

图 3–27　短视频形式引流

（3）物料准备。直播前的物料准备主要是软硬件的调试。直播前要确保直播设备电量充足，网络连接畅通，商品摆放整齐。若在室外直播，需要提前进行踩点，熟悉直播环境。如果是首次开播，除了要调试软硬件，直播参与人员还要调整心理状态，进行直播预演。

3. 直播营销执行

（1）直播开场。好的直播开场能给用户留下良好的第一印象，吸引用户继续观看。常见的直播开场方式有直接介绍、提出问题、故事开场、数据引入、借助热点等。表 3–6 列出了这些开场方式的特点。

表 3–6　不同直播开场方式的特点

开场方式	特点	举例
直接介绍	直接介绍直播的主题或内容，让观众清楚知道他们将要看到的是什么	大家好，今天我会为大家分享化妆技巧和最新的美妆产品
提出问题	在开场阶段提出引人思考的问题，激发观众的兴趣，并引导他们参与互动	你们有没有想过如何在家里进行有效的健身？
故事开场	通过讲述一个引人入胜的故事来开场，吸引观众的注意力并拉近与他们的距离	一位旅行达人在开场时分享自己最难忘的旅行经历，并邀请观众一起探索新的目的地
数据引入	使用数据或统计信息来开场，可以提高直播的可信度和权威性	在一场售卖英语课程的直播中，开场通过真实案例、数据提高说服力
借助热点	利用当前热门话题或事件开场，可以迅速吸引观众的关注并与他们建立共鸣	2022 年冬奥会期间，冰墩墩成为新宠，一度冲上热搜榜，安踏、伊利、盼盼等冬奥会官方赞助商迅速抓住这一焦点，在直播开场以“抽奖送冰墩墩”吸引了大量用户

课堂讨论

你见过哪些比较好的直播开场，主播在开场阶段是如何吸引观众继续观看的？

（2）直播过程。直播过程中，由于直播时间通常较长，不宜持续推荐产品，主播可以适当增加福利抽奖、秒杀、才艺展示、讲故事等互动环节，以增强用户对直播间的黏性，活跃直播间气氛。在直播过程中，场控人员需要实时关注直播间的人气、弹幕的变化和产品销售数据。当直播间的流量减少、在线人数减少时，有必要提醒主持人发送福利和抽奖。相反，如果直播室的流量上升，可以提醒主持人在直播间对产品进行重点推广，提高流量转化率。

（3）直播结尾。直播即将结束时，场控人员可以提醒主播，将多数消费者感兴趣的商品返场，剧透下一场直播的新款；主播及副播需要感谢用户的点赞、转发和关注，感谢给主播送礼物的用户，再次引导用户关注主播，并宣布下次的开播时间和具体福利，为下场开播埋下伏笔，积累流量。在结束时，也可以给观看到最后的粉丝赠送一些小福利，感谢他们的持续观看。

（4）直播复盘。直播复盘是指在直播活动结束后，对整个直播过程进行回顾和分析的过程。通过直播复盘，主播和团队可以评估直播活动的效果，识别成功因素和改进点，并为未来的直播活动提供经验。直播复盘包含分析直播数据、总结直播亮点、反思直播问题、调整直播策略等环节。

近年来，直播营销与农村电子商务有效结合，带动了农产品的销售，为我国农村经济发展作出了一定贡献。

六、软文营销

软文营销主要以软文的形式推广商品或服务，促进销售。软文是相对于硬性广告而言的，是由营销人员撰写的“文字广告”。其精妙之处在于一个“软”字，在文章中巧妙地植入广告，用商品故事、人物生活等包装广告，达到润物细无声的传播效果。

1. 软文写作技巧

产品不同，受众群体不同，软文的写作模式也不尽相同。想要撰写一篇优秀的软文，营销者需要有深厚的文字功底。同时，撰写软文也有一定的套路可循，掌握一定的技巧将事半功倍。

（1）设计有吸引力的标题。标题是软文的关键，它能够吸引读者的眼球并激发他们的兴趣。一个好的标题应该简短、醒目、富有吸引力，能够准确传达软文的核心内容。在设计标题时，可以运用一些技巧，如使用疑问句或感叹句来引起读者的好奇心，或者使用一些流行语或网络热词来增强标题的吸引力。

（2）找到有关注度的切入点。在撰写软文时，找到一个有关注度的切入点非常重要。这个切入点可以是人们的生活、工作、娱乐等方面，也可以是时下热门的话题或事件。找到与产品相关的切入点，能够更好地引起读者的共鸣和关注。同时，切入点要与产品的特点和优势相符合，这样能够自然地引出广告内容。

（3）自然植入广告内容。在软文中，广告内容的植入要自然、流畅，不要过于生硬或突兀。可以通过故事情节、案例分析、数据统计等方式展示产品的特点和优势，让读者更容易接受并记住广告内容。同时，要注意控制广告内容的篇幅和出现频率，避免影响读者的阅读体验。

（4）精准定位目标受众。在软文中，要精准定位目标受众，了解他们的需求和兴趣，以此为依据来撰写软文。这样能够更好地吸引目标受众的关注，提高软文的转化率和营销效果。同时，要根据目标受众的特性和喜好，调整软文的写作风格和语言用法，让软文更贴近目标受众的需求和兴趣。

课堂讨论

查找一篇优质的软文，与同学分享，说说它好在哪里。

2. 软文的推广技巧

（1）核对软文。尽管软文一般会经过多次修改优化，但在发布软文之前，还需再次核对软文，软文必须满足图 3-28 所示的要求才能发布。

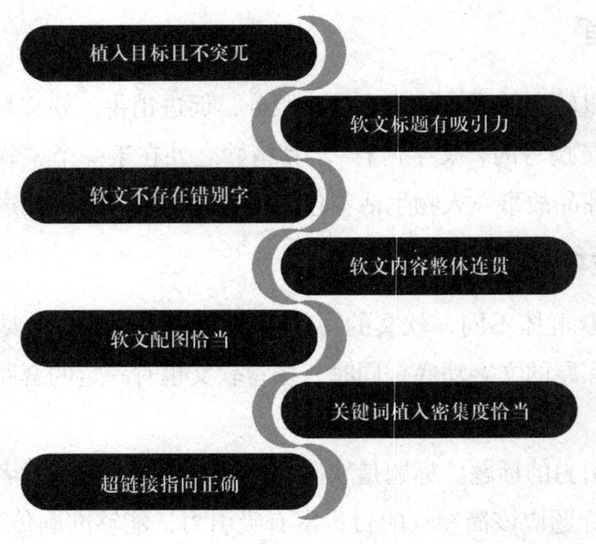

图 3-28　软文要求

（2）选择软文发布平台。不同的软文发布平台有着不同的特点和优势，选择适合自己的平台能够更好地提高软文营销的效果。

首先，要根据营销目标和目标受众选择合适的发布平台。例如，如果目标受众主要是年轻人，可以选择一些年轻人常用的社交媒体平台发布；如果目标受众主要是商务人士，可以选择一些商务人士常用的专业论坛或博客平台发布。其次，要注意平台的覆盖面和影响力。一些大型的发布平台覆盖面广、影响力大，能够更好地传递信息，但价格也相对较高。而一些小型的发布平台可能覆盖面较小，但价格相对较低，适合一些小型企业和个人发布。此外，还要注意平台的发布速度和效率。一些发布平台可能需要较长时间才能审核通过，或者存在较高的拒稿率，这些因素都会影响软文营销的时效性和效果。

七、社群营销

社群营销就是借助互联网沟通类工具，把目标用户聚集在一起，通过群内的互动、沟通等推广商品或服务的营销模式。社群营销的载体可以是微信群、QQ 群、微博、论坛等。

社群营销需要保持活跃度，活跃社群氛围，让社群成员动起来、参与进来，这是社群营销成功的必要条件。提升社群活跃度可以使用一些技巧，如图 3–29 所示。

1. 设置群任务，即设置一些任务让用户在群内有事可做。例如，学习类的社群可设置学习打卡任务，完成后进行一定的奖励。

2. 提供专属福利。提供专属福利是增强群成员黏性的有效方式，可以通过专属福利让群成员体会到 VIP 待遇，激发群成员的购买热情。

3. 价值分享，即在社群内分享文章、视频等成员感兴趣的内容，或者邀请嘉宾在群里与大家一起分享知识和经验等。

4. 多互动。互动的方式多样，如发红包、抽奖、秒杀、问答、话题等。

图 3–29　提升社群活跃度的技巧

案例分析

拼多多在上市初期以“砍价”和“拼团”的营销手段迅速积累了大量新客户。它对社群营销的使用可谓炉火纯青。

“砍价 0 元购”是拼多多独创的营销模式，不管是省钱还是赚钱，和利益相关的才是消费者踊跃分享的动力。

在拼团活动中，低价诱惑仍是最为突出的特点。商家引导买家将商品链接分享到朋友圈，并且在设置买家拼团时，让拼团的价格尽可能看起来更优惠，吸引更多买家参与，一传十、十传百，得到了大量的免费宣传，既能吸引新顾客，又能提高销量。

国家互联网信息办公室印发的《互联网群组信息服务管理规定》规定：互联网群组建立者、管理者应当履行群组管理责任，依据法律法规、用户协议和平台公约，规范群组网络行为和信息发布，构建文明有序的网络群体空间。互联网群组成员在参与群组信息交流时，应当遵守法律法规，文明互动、理性表达。

遵守法律法规，为自己的言行负责，是每个互联网用户的责任和义务。

八、电子邮件营销

电子邮件营销是在得到用户事先许可的前提下，通过电子邮件的方式向目标用户传递有价值信息的一种网络营销手段，如图 3-30 所示。电子邮件营销有三个基本因素，即用户许可、用电子邮件传递信息、信息对用户有价值。三个因素缺少一个，都不能称为有效的电子邮件营销。

网易严选	[收件箱]【网易严选】你有60元优惠券即将到期，请尽快使用>>
网易严选	[收件箱]【戳这里】4款商品0元领 | 网易严选送给你的放假福利！有点给力！
网易严选	[收件箱]【新春专享の免费福利】为你准备的N种跨年方案！
网易严选	[收件箱]【网易严选】你有113元优惠券即将到期，请尽快使用>>
网易严选	[收件箱]【网易严选】你有230元优惠券即将到期，请尽快使用>>
网易严选	[收件箱]【网易严选】你有330元优惠券即将到期，请尽快使用>>
网易严选	[收件箱]【新年礼物】网易自营电商，caters/nuby/内野制造商直供4款宝宝用品免费领，马上领取>

图 3-30　网易严选的电子邮件营销

尽管电子邮件营销是一种比较传统的网络营销方式，但它操作简单，成本低，应用范围广，针对性强，因此仍是一种重要的网络营销方法。

课堂实训

微博营销与微信公众号营销练习

1. 任务背景

黑木耳是我国珍贵的药食兼用胶质真菌，也是公认的保健食品。

柞水黑木耳是陕西省柞水县的特产，也是地理标志产品。柞水黑木耳味道鲜美，个大肉厚，营养丰富，具有很高的药用价值。

农鲜达公司（为方便教学所设的虚拟公司）是一家种植、加工农产品的公司，公司经营的产品有蔬菜、水果、禽蛋、杂粮等。公司拟对自有品牌的柞水黑木耳开展营销活动，产品信息如下：

（1）基本信息如下：

品牌：农鲜达

品种：柞水黑木耳

产地：陕西柞水

规格：500 克 / 袋

包装：袋装

特点：脆爽肉厚、泡发率高

储存：阴凉干燥处保存

（2）商品卖点如下：

手工筛选，木耳表面光滑，无根无泥沙，干度好、分量足。

耳片肥厚滑嫩，口感筋道而又富有弹性，脆嫩爽口。

泡发率高，可达 1 : 15。

肉质厚实，纹理清晰，朵形完整，自然风干，原汁原味。

是地理标志产品。

（3）促销信息。500 克 / 袋的柞水黑木耳日常售价为 80 元 / 袋，优惠价为 61 元 / 袋，满 1 件包邮。

（4）商品物流。韵达快递，当天下单，次日发货，一般地区发货后 2 ~ 3 天到达，偏远地区 4 ~ 5 天。

（5）商品使用方法。木耳可用凉水（冬季可用温水）泡发。经过 3 ~ 4 小时的浸泡，水慢慢地渗透到木耳中，木耳呈现半透明状即为泡发好。

2. 任务要求

（1）实训一：模拟微博营销。对农鲜达品牌进行微博营销，在新浪微博上发布一篇日常博文进行品牌推广。

（2）实训二：模拟微信公众号营销。利用微信公众号发布一篇关于农鲜达柞水黑木耳的文章。

3. 任务实施

（1）实训一：模拟微博营销

1）注册新浪微博。有两种途径注册新浪微博。

一是打开新浪微博，网址为 https://weibo.com/，点击页面中的“立即注册”按钮，在打开的页面中按照要求填写注册信息。

二是在手机上下载新浪微博 App，进行注册。

2）发布日常博文。

①选择话题。柞水黑木耳是一种保健产品，也是地理标志产品，因此可以选择与保健养生或者地理标志产品相关的话题发布微博。

②发布微博。在新浪微博首页点击按钮，在“快捷发布”中点击下方的“# 话题”按钮，在文本框中输入“中国地理标志”，页面上自动弹出与“中国地理标志”相关的话题列表，从中选择一项，如图 3-31 所示。图中内容仅为示例，可自行选择话题。

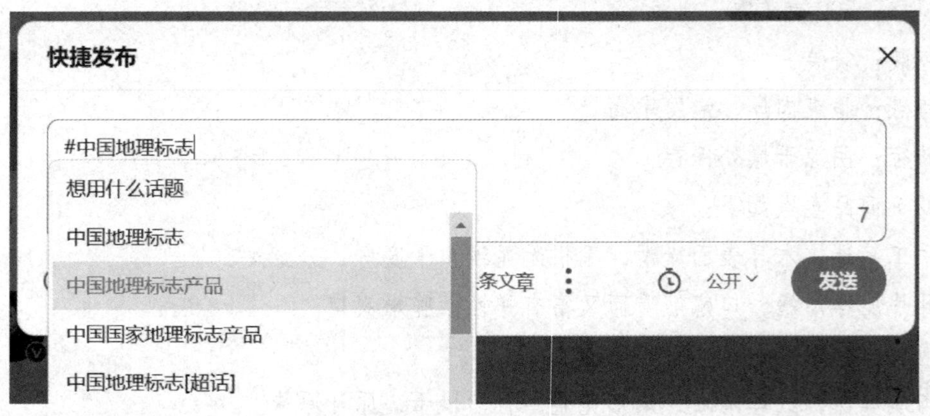

图 3-31　快捷发布话题选择

在文本框中继续输入品牌介绍的相关文字，插入相关图片，图片可在配套资源的素材文件中查找，编辑完成后，点击“发布”。

（2）实训二：模拟微信公众号营销

1）注册微信公众号。在搜索引擎中搜索“微信公众平台”并打开官方网址，或者直接在浏览器中输入“https://mp.weixin.qq.com/”，在页面右上角找到“立即注册”，按照提示步骤，完成“订阅号”类型公众号的注册。

2）撰写文章并排版。具体有以下步骤：

①确定标题。标题有多种写法。如果采用悬念式标题，可以这样写：“贫血怎么办？建议你多吃点它……”如果采用提问式标题，可以这样写：“你知道木耳有素中之荤的称号吗？”

②写作正文。以“贫血怎么办？建议你多吃点它……”为标题写作正文时，可以引用身边的事例抛出问题，然后回答问题，接着引出商品，详细介绍商品的卖点、优势，最后亮出优惠，给出购买链接。

③设置封面和摘要。封面可以选择正文中出现的图片，也可从图片库中另选图片。摘要默认显示文章开头的文字，也可重新编辑。

完成内容撰写后进行排版，完成效果示例如图 3-32 所示。

贫血怎么办？建议你多吃点它……　15/64

请输入作者

前段时间，我有个朋友差点晕倒，去医院检查后，发现是贫血导致的眩晕，医生建议她多吃黑木耳。

大多数人知道贫血要多吃猪肝，但总有些人不喜欢吃猪肝，我的朋友就是其中之一。这下听说黑木耳也可以补血，简直像抓到了救命稻草。

黑木耳为什么能够补血呢？我上网查了一下，原来是因为黑木耳中含有比较丰富的铁元素，而相当一部分的人群出现贫血的情况，都是由于缺铁导致的，因此对于补血养血和预防缺铁性贫血，黑木耳确实有一定功效。

黑木耳产地、品牌众多，品质参差不齐。在此，我要向大家推荐一种国家地理标志产品——柞水黑木耳，它是陕西省柞水县的特产。柞水县因柞树多而得名，柞树是生产食用菌黑木耳、香菇的优等菌材。柞水黑木耳味道鲜美，个大肉厚，营养丰富，具有很高的药用价值，是公认的保健食品。

你一定会问，这么高品质的黑木耳肯定很贵吧，不用担心，福利来了！

2月1日至2月15日，开年福利大放送，500克/袋的柞水木耳日常售价为80元/袋，现优惠价为61元/袋，满1件就包邮。天猫搜索“农鲜达柞水黑木耳”就可以抢购了！

图 3-32　公众号推送文章编写示例

3）发布文章。文章编辑完成之后，可以点击“群发”按钮，在弹出的对话框中进行管理员认证，认证后即可完成文章的发布。

第四章 电子商务支付

学习目标

1. 了解电子支付、电子支付系统、电子支付工具、网上银行、第三方支付的基础知识。
2. 熟悉电子支付、网上银行、第三方支付的常见应用平台。
3. 掌握电子支付、网上银行、第三方支付的使用技巧。

在数字化时代，人们对支付方式的需求越来越多样化和便捷化。由于快捷、安全、跨地域性、便利等诸多优势，传统的纸币和硬币支付逐渐被电子支付所取代。电子商务支付作为一种重要的支付方式，正逐渐改变着人们的生活方式和商业模式。本章主要介绍电子支付、网上银行、第三方支付的相关知识，以及它们的常见应用平台和使用技巧。

第一节 电子支付

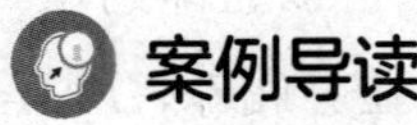

案例导读

电子支付给人们带来了什么？

李奶奶为了补贴家用，会在小区门口卖一些自家种的蔬菜。以前，找零钱、防假币等问题让她倍感困扰。但现在，每天出摊，李奶奶只要挂上两张二维码卡片，顾客轻轻一扫，即可完成支付。

电子支付还为李奶奶带来了很多其他的好处。通过手机银行和电子钱包应用程序，李奶奶可以随时查看交易记录，管理账户余额。这大大减少了她出现错账和漏记账的风险，每天的收支详情也都清晰明了。

由此可见，越来越便捷的电子支付不再是年轻人的专利，也帮助李奶奶这样的老年群体享受到科技发展带来的红利。

阅读案例，思考以下问题：

电子支付给你的生活带来了哪些便利？

一、电子支付概述

1. 电子支付的定义

电子支付是指消费者、商家和金融机构之间使用安全电子手段，将支付信息通过信息网络安全地传送到银行或相应的处理机构，以实现货币支付或资金流转的行为。

2. 电子支付的特点

（1）方便快捷。电子支付使得人们不用携带大量现金或寻找自动取款机来完成支付。只要有网络连接和相应的支付应用程序，用户可以随时随地进行支付和转账。这种便利性使得购物、旅行、餐饮等消费活动更加便捷和高效。

（2）安全可靠。电子支付采用了多层次的安全措施，包括数据加密、身份验证、实时监测和欺诈检测等技术手段。这些安全措施确保了支付过程的安全性，可以保护用户的隐私和敏感信息。相比传统现金支付，电子支付降低了现金被盗窃、丢失或伪造的风险。

（3）支付方式多样化。电子支付提供了多种支付方式供用户选择，如扫码支付、银行卡支付、电子钱包支付等。用户可以根据自己的喜好和需求选择最合适的支付方式。例如，在中国，支付宝和微信支付等移动支付应用已成为主流，许多商家和服务提供商都支持扫码支付。

（4）实时交易和记录。使用电子支付，交易可以即时完成，资金可以立即到账。这对于在线购物、机票预订、酒店预订等需要即时确认的交易非常有益。此外，所有的支付记录都被保存在系统中，用户可以随时查看，以便进行财务管理，追踪资金流动。

3. 电子支付的发展历程

（1）网络银行和网银支付出现。2000 年初期，中国银行业开始推出网上银行服务。

用户可以通过互联网进行转账、支付和查询等操作。

（2）第三方支付平台崛起。2004 年，支付宝诞生，为消费者提供了在线支付和个人转账功能。随着支付宝的成功，其他第三方支付机构也相继涌现，如财付通（后来更名为微信支付）等。这些支付平台通过线上和线下合作伙伴关系，提供了便捷和安全的支付方式。

（3）移动支付兴起。随着智能手机的普及，移动支付开始崭露头角。2013 年，微信支付推出了扫码支付功能，用户能够通过微信进行在线支付。支付宝也推出了手机客户端，支持用户使用手机进行支付和转账。移动支付的普及进一步推动了电子支付的发展。

（4）无接触支付普及。从 2015 年开始，随着近场通信（NFC）技术的普及，无接触支付在中国迅速发展，用户可以通过手机或其他支持该技术的设备进行快捷、安全的支付。

（5）支付生态系统形成。目前，中国已经形成了一个庞大而完整的支付生态系统。除支付宝和微信支付这两个主要的第三方支付平台外，银行卡支付、二维码支付、移动 POS 机等也得到广泛应用。电子支付已经渗透到各行各业，包括电商、扫码点餐、出行服务等领域。

二、电子支付系统的构成

电子支付系统由用户、商家、银行、支付网关、金融专用网、认证机构构成，如图 4–1 所示。

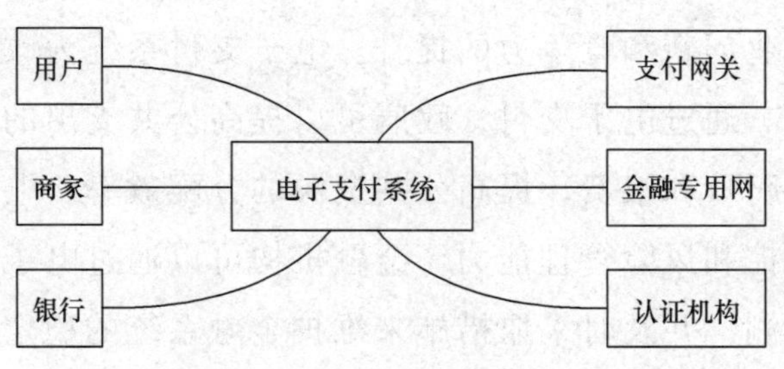

图 4–1　电子支付系统的构成

1. 用户

在电子支付系统中，用户使用支付工具（如信用卡、借记卡、移动支付应用等）进行支付和转账。

2. 商家

商家提供商品或服务，并允许用户使用电子支付方式付款。

3. 银行

银行分为两种，一种是用户开户行，另一种是商家或者企业开户行。银行提供支付账户、资金清算和结算服务。他们处理用户的支付指令并确保资金安全流动。

4. 支付网关

支付网关是连接商家、银行和其他支付系统的中介平台。它处理支付请求和交易数据，并通过安全通道将数据传输给相关方。

5. 金融专用网

金融专用网是一个专门用于金融机构之间进行安全数据传输的网络。它确保支付数据的加密和隐私保护，使得支付系统能够高效运行。

6. 认证机构

认证机构提供数字证书，用于对电子支付交易进行身份验证和加密通信。认证机构确保支付环境的安全性，以防止欺诈行为和信息泄露。

由于地区和支付需求不同，有时候还会涉及其他参与者，如第三方支付平台、监管机构和安全服务提供商。

电子支付的发展与我国现代化建设密切相关。电子支付作为一种高效、便捷的支付方式，可以加速资金流动，推动经济的发展。它降低了交易成本和时间，促进了企业创新和竞争力的提升。电子支付系统为政府提供了更有效的财务管理工具。通过电子支付，政府可以提高公共支出的透明度，实现记录可追溯，减少腐败和浪费，提高公共资源的分配效率。电子支付系统还提供了更强大的监控和风险管理能力。金融机构可以通过电子支付数据进行风险评估和欺诈检测，并及时采取措施来维护金融系统的稳定性。电子支付还是数字经济的重要组成部分。它促进了电子商务的发展，培育了数字化产业链和价值链，推动了数字经济的蓬勃发展。对于消费者来说，电子支付的普及使得个人购物和消费更加便捷，提供了更多选择和灵活性。人们可以随时随地进行在线支付，不再受现金或实体银行业务的限制，提高了生活质量和便利度。

三、常用的电子支付工具

目前，常用的电子支付工具包括银行卡、电子现金、电子钱包、电子票据，每种工具都有自己的特点和应用场景，用户可以根据自己的需求和偏好选择适合自己的支付工具。

1. 银行卡

银行卡是一种常见的电子支付工具。信用卡和借记卡是最常见的两种银行卡。用户可以通过刷卡、插卡或近场通信技术使用银行卡进行支付。信用卡允许持卡人在透支额度内进行消费，并在之后偿还；借记卡则直接从与卡关联的银行账户中扣除款项。

2. 电子现金

电子现金是一种存储在卡片、手机或其他设备上的预付款项，类似于实体货币。它允许用户在支持电子现金支付的商家进行小额支付，而无须使用实体货币。用户可以将一定金额的资金“存储”在电子设备中，然后在需要支付时使用。

3. 电子钱包

电子钱包是一种存储支付信息和资金信息的虚拟钱包。用户可以在电子钱包中充值，并通过扫码或输入付款码进行支付。移动支付应用如支付宝、微信支付等都可以被视为电子钱包。这些应用允许用户绑定银行卡或其他支付方式，方便进行线上和线下的支付。

4. 电子票据

电子票据是以电子形式生成、存储和传输的票据。它取代传统的纸质票据，并用于交易和结算。例如，电子发票允许企业和消费者在线上进行电子交易并接收电子发票。电子票据提供了便捷的记录和管理方式，减少了纸质票据的使用和处理成本。

视野拓展

数字人民币：构建智慧支付时代的关键一环

数字人民币是由中国人民银行发行的数字形式的法定货币，主要定位于现金类支付凭证，与实物人民币等价，具有价值特征和法偿性。

1. 数字人民币的类型

数字人民币有多种类型，每种类型的数字人民币都有其独特的优点和适用场景。

（1）智能卡型数字人民币。智能卡是一种集成了芯片的卡片，用户可以将数字人民币存储在其中，并通过刷卡或插卡的方式进行支付。这种类型的数字人民币适用于公共交通、门禁系统等需要快速支付的场景。

（2）移动支付型数字人民币。移动支付应用如支付宝、微信支付等也被视为数字人民币的一种形式。

（3）网络支付型数字人民币。网络支付型数字人民币是我国发行的一种数字货币，又称电子人民币或 e-CNY（electronic Chinese Yuan）。它是以数字化形式存在的法定货币，使用区块链技术实现安全和高效的支付功能。

2. 数字人民币的意义

数字人民币的推出对于中国经济和金融体系具有重要意义。

（1）它促进了支付方式的创新和升级。传统支付方式可能存在一些限制和不便之处，而数字人民币的问世将为人们提供更便捷、高效的支付方式。用户可以通过手机应用、电子钱包等随时随地进行支付，不必携带大量纸币和硬币。

（2）数字人民币将加强金融监管能力。使用区块链技术，每一笔交易都会被记录在分布式账本中，确保交易的安全性和透明度。这有助于防范洗钱、打击非法交易等金融犯罪活动，提高金融体系的稳定性和安全性。

（3）数字人民币可以让更多人享受到金融服务的便利。对于那些没有银行账户或无法获得传统金融服务的人来说，数字人民币提供了一种更加便捷和可靠的支付方式。无论城市还是农村地区，人们都可以通过手机轻松地进行支付和结算，享受到数字经济带来的种种便利。

作为一项重要的金融科技，数字人民币将为中国的经济和金融体系注入新的活力。

使用电子支付

1. 任务背景

小乐奶奶不会用手机支付，平时买菜、坐车都要携带现金，很不方便。小乐打算为她开通相关功能，教她学会使用手机支付。

2. 任务要求

开通微信支付功能，进行一次电子支付。

3. 任务实施

（1）依次点击微信 App 上的“我”“设置”“通用”“辅助功能”“微信支付”“启用该功能”，启用微信支付功能，如图 4-2 所示。

图 4-2　启用微信支付功能

（2）确保电子支付账户或银行卡上有足够的余额来完成购物支付。

（3）前往附近的商场、超市或其他支持电子支付的商户。通常，在收银台或付款区域会有明确标识。

（4）选择商品，然后前往收银台，向收银员表明要使用电子支付进行结账。

（5）根据商家的要求，打开电子支付应用或银行应用，扫描商家提供的二维码或输入相关付款信息。然后，确认支付金额并授权支付。

在支付时，要确保所使用的电子支付工具已经绑定了可用的银行卡或账户，并且有足够的资金进行支付。要在安全的网络环境下进行操作，并注意保护个人隐私和支付安全。如果遇到任何问题或困难，咨询商家或支付平台的客服人员。

第二节 网上银行

案例导读

我国电子银行的发展

自20世纪70年代我国银行业推行电子化以来，我国电子银行系统和业务已经取得了令人瞩目的进展。尤其是20世纪90年代以后，我国电子银行业务发展进入快车道，在某些产品功能和客户服务等方面赶超了一些国外商业银行。

电子银行中最具有代表性的就是网上银行，近年来我国的网上银行在普及程度和影响力方面取得了显著的成就。它极大地改变了人们的金融行为和消费习惯，为个人和商业用户提供了更加便捷、安全和高效的金融服务，推动了数字化经济的发展，并对我国经济的转型升级产生了深远的影响。

思考问题：

哪些因素促进了电子银行在我国迅速的发展?

一、网上银行概述

1. 网上银行的定义

网上银行是各银行在互联网中设立虚拟柜台，利用网络技术，在线为客户提供金融服务和交易的一种电子银行形式。

2. 我国网上银行的发展历程

我国网上银行经历了从简单的在线查询和转账功能到多元化金融服务的演变。我国网上银行的发展经历了以下阶段：

（1）初期阶段（1990年至2000年年初）。在这一阶段，网上银行主要提供基本的在线查询和转账功能，用户需通过计算机连接互联网进行操作。

（2）发展阶段（2000年中期至2010年年初）。随着互联网技术和电子支付的快速发展，我国网上银行进入了新的发展阶段。在这一阶段，网上银行开始提供更多的金融服务，如理财、贷款、信用卡申请等。移动端的发展也逐渐成为趋势。

（3）快速增长阶段（2010年中期）。在移动互联网的推动下，我国网上银行迎来了快速增长的时期。微信支付、支付宝等移动支付平台在我国迅速普及，推动了网上银行用户规模飞速增长。在这一阶段，网上银行逐渐扩展了金融服务的范围，包括在线投资、保险、虚拟信用卡等。

（4）创新发展阶段（2010年年末至今）。随着科技的不断进步，我国网上银行进入了创新发展阶段。人工智能、大数据分析、区块链等新技术被应用于网上银行，银行提供了更智能化和个性化的金融服务。各大银行纷纷推出自己的网上银行 App，使移动端成为主要的网上银行服务平台。网上银行与其他行业的结合越来越紧密，如与电商平台合作，提供互联网金融综合服务等。

随着移动互联网的普及和新技术的应用，网上银行在用户数量、服务范围和创新能力方面取得了巨大的发展成就，并且对我国金融行业和经济的转型升级产生了深远影响。

二、网上银行的类型

1. 按照服务对象分类

按照服务对象不同，网上银行可以分为个人网上银行和企业网上银行。

（1）个人网上银行面向个人客户，提供个人账户查询、转账、理财投资等服务。

（2）企业网上银行主要面向企业客户，提供企业账户管理、资金结算、供应链金融等服务。

2. 按照功能和服务范围分类

按照功能和服务范围不同，网上银行可以分为全功能网上银行和简化版网上银行。

（1）全功能网上银行提供完整的金融服务和交易功能，包括账户查询、转账、贷款申请、信用卡管理、理财投资等。

（2）简化版网上银行针对基本的金融需求提供账户查询、转账等服务，界面简洁，功能精简。

3. 按照接入方式分类

按照接入方式不同，网上银行可以分为计算机端网上银行和移动端网上银行。

（1）计算机端网上银行即用户通过桌面式计算机或便携式计算机登录银行网站进行操作的网上银行。

（2）移动端网上银行即用户通过手机等移动设备的应用程序访问的网上银行。

4. 按照所有权和运营主体分类

按照所有权和运营主体不同，网上银行可以分为传统银行的网上银行和第三方支付平台。

（1）传统银行的网上银行由传统银行机构自己开发和运营。

（2）第三方支付平台是独立于传统银行的在线支付服务提供商，如支付宝、微信支付等。

5. 按照经营地域范围分类

按照经营地域范围不同，网上银行可以分为地方性网上银行和跨境网上银行。

（1）地方性网上银行即特定地区或城市的银行开设的网上银行。

（2）跨境网上银行即提供跨国界金融服务的网上银行，支持国际汇款、外币兑换等。

三、网上银行的特点

网上银行的业务和相关服务直接在互联网上开展，实现了无纸化，突破了银行传统业务模式，改变了银行的服务方式。

支持个人和企业利用网上银行开展电子商务业务，打破时空界限，进行电子支付。

网上银行的服务系统依托于先进的计算机网络技术，并以此保障网上交易的安全性，避免用户经济损失。

四、网上银行的优势

1. 方便快捷

网上银行允许用户随时随地通过网络进行银行业务操作，无须前往实体银行。用户可以通过计算机、手机或其他终端登录银行网站或应用程序，享受各种金融服务，包括账户查询、转账、支付等，大大提高了用户的便利性和效率。

2. 实时交易和信息更新

网上银行提供实时的交易功能。用户还可以随时查看账户余额、交易记录以及最新的银行信息，从而更好地管理财务，并及时掌握资金动态。

3. 安全保障

网上银行注重用户的信息安全和交易安全，采取多种技术手段，如身份验证、加密传输等，确保用户的个人信息和资金安全。此外，网上银行通常设置了防欺诈系统，能够监测和预防潜在的风险和欺诈行为。

4. 多样化的功能和服务

网上银行提供多种金融服务和功能，如转账汇款、交费、投资理财、贷款申请等。用户可以根据自己的需要选择合适的服务并进行操作。此外，一些网上银行还提供金融工具和资源，如贷款计算器等。

5. 个性化定制

网上银行通常允许用户根据自己的喜好和需求进行个性化设置。例如，用户可以设定账户提醒、交易限额、收支分类等，以满足个人的特定需求。

五、网上银行的业务

除可以完成传统银行的业务之外，网上银行还开展了更为多样化的业务。

1. 账户管理

用户可以通过网上银行进行账户信息查询、余额查看、交易明细查询等操作，实时掌握个人账户状况。

2. 转账和支付

用户可以通过网上银行进行转账、汇款、付款等操作，方便快捷地完成资金的转移和支付。

3. 交费服务

网上银行提供各种交费渠道，用户可以在线支付水电费、电话费等，并设置定期交费或自动扣款功能。

4. 理财投资

网上银行提供理财产品购买、基金交易、股票交易等投资服务，帮助用户管理个人资产。

5. 贷款申请

用户可以通过网上银行申请个人贷款、申领信用卡等，简化了贷款流程并提高了审批效率。

6. 存款业务

用户可以通过网上银行进行定期存款、活期存款等业务操作，灵活管理个人储蓄。

7. 外汇服务

网上银行提供外汇兑换、外汇账户管理等服务，方便用户进行跨境汇款和外汇交易。

8. 个性化服务

网上银行允许用户根据自己的需求和偏好进行个性化设置，如账户提醒、交易限额设定等。

开通网上银行

1. 任务背景

小乐弟弟即将上大学，随入学通知书一同收到一张中国工商银行的银行卡。小乐陪弟弟去银行激活银行卡之后，感觉需要再开通网上银行，以方便今后的学习、生活。

2. 任务要求

帮小乐弟弟开通网上银行。

3. 任务实施

输入中国工商银行网站网址 https://www.icbc.com.cn，跳转至网站首页。

点击“个人网上银行登录”下的“注册”（如果是企业用户，点击“企业网上银行登录”下的“注册”），网页跳转至注册界面，如图 4-3 所示。

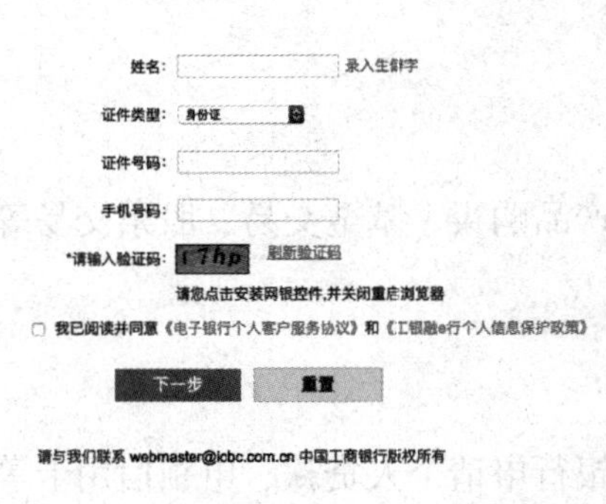

图 4-3　注册界面

按照要求，逐步填写信息。完成注册后，通过手机应用市场下载并安装中国工商银行App。

用之前注册的账号登录中国工商银行手机银行，查看网上银行首页中的相关业务功能，进行相关操作。

第三节 第三方支付

案例导读

第三方支付的兴起

随着互联网和移动通信技术的飞速发展，第三方支付在全球范围内迅猛兴起。它不仅改变了人们的付款方式，也对金融产业带来了巨大影响。

第三方支付可以追溯到1998年美国的PayPal公司创立。作为全球首批成功实现在线支付的企业之一，PayPal推动了第三方支付行业的形成和发展。而在中国，第一个第三方支付公司诞生于1999年，开始为B2C网站提供支付服务。从那时起，第三方支付逐渐引起市场的关注。21世纪初，银联商务、支付宝和财付通相继成立，拉卡拉、快钱和易宝支付等公司也在这个时期出现。随着电子商务的繁荣和移动互联网的兴起，第三方支付迎来了发展的机遇。以支付宝和财付通为代表，在线支付呈现爆发式增长。

为了保护支付安全和用户权益，各国纷纷制定了相应的监管政策和规范措施。2015年，中国人民银行发布了《非银行支付机构网络支付业务管理办法》，该办法明确了第三方支付的经营规范。随后，我国不断完善监管体系，推动第三方支付行业健康发展。

作为一种新兴的支付方式，第三方支付取得了巨大发展。随着数字化时代的到来，第三方支付行业将继续迎来更多机遇和挑战，并有望成为金融领域的重要支柱。

思考问题：

1. 电子商务在促进第三方支付发展过程中扮演着什么角色？
2. 为什么要制定相应的监管政策和规范措施来引导第三方支付的发展？

一、第三方支付概述

1. 第三方支付的定义

第三方支付是指一个独立于买卖双方的金融机构或服务提供商，通过在线平台或移动应用等技术手段提供支付服务。它充当了买家与卖家之间的中介角色，可以实现安全、方便和快速的支付。

在电子商务第三方支付模式中，买方选购商品后，使用第三方平台提供的账户进行货款支付，并由第三方通知卖家货款到账，要求发货；买方收到货物后进行检验，确认无误后，再通知第三方付款；第三方将款项转至卖家账户，完成整个流程。第三方支付流程如图 4–4 所示。

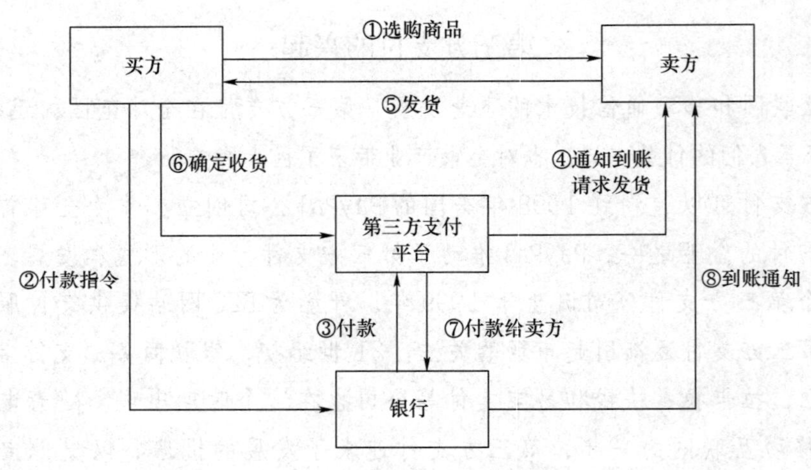

图 4–4　第三方支付流程

2. 第三方支付的特点

传统的支付方式通常需要使用现金、支票或银行转账等来完成交易，而第三方支付通过数字化和网络化的方式，为消费者和商家提供了更加灵活、便捷的支付方式。用户可以通过第三方支付平台将资金从自已的银行账户转移到卖家的账户，完成购买商品或服务的交易。第三方支付具有以下特点：

（1）中介角色。第三方支付作为买家和卖家之间的中介，处理交易过程中的资金流转和信息传递。

（2）电子化和在线化。第三方支付主要通过互联网、手机应用等进行支付操作，实现无纸化和线上交易。

（3）多样化支付方式。第三方支付可支持多种支付方式，如银行卡支付、电子钱包、支付宝等，方便用户根据个人喜好和需求进行选择。

（4）安全性和便利性。通过加密技术和安全防护措施，第三方支付保障了交易的安全性，并提供了简便迅速的支付体验。

3. 第三方支付的发展历程

第三方支付的发展历程可以追溯到 20 世纪末和 21 世纪初互联网兴起时期。第三方支付的发展历程可以分为以下几个阶段：

（1）起步阶段（1990 年至 2000 年）。在互联网兴起初期，第三方支付起源于美国，PayPal 成为首家成功开展在线支付的公司之一。中国也出现了第一家第三方支付公司，开始为 B2C 网站提供支付服务。

（2）快速发展阶段（2000 年至 2010 年）。随着互联网和电子商务的快速发展，越来越多的第三方支付平台涌现，如支付宝、财付通等。移动支付开始兴起，用户可以通过手机进行支付，提升了交易的便捷性和灵活性。

（3）行业规范阶段（2010 年至今）。各国政府开始加强对第三方支付行业的监管，制定相应的法规和规定，以确保支付安全和用户权益。开放银行模式逐渐兴起，促进了支付创新和数据共享等。

同时，这一阶段还是移动支付主导阶段，移动支付在全球范围内成为主流支付方式，尤其在发展中国家得到广泛应用，如中国的支付宝和微信支付。这一阶段还涌现出许多移动支付技术和解决方案，如近场通信支付、二维码支付等。

现在第三方支付行业还在不断创新，推出了更多便捷、安全的支付方式，如无感支付、生物识别支付等。跨境支付也得到了进一步发展和普及，促进了全球商务交流和经济合作。

二、常用的第三方支付平台

1. 支付宝

支付宝是蚂蚁集团旗下的第三方支付平台，也是中国最大的移动支付平台。成立于 2004 年的支付宝通过与银行、商户和用户建立合作关系，构建起了一个庞大的支付生态系统。其在线支付、转账、理财、生活缴费等多种场景下的应用，为用户提供了一站式的支付服务。

（1）支付宝主要具有以下功能：

1）在线购物支付。作为中国主要的电子支付平台之一，支付宝在在线购物领域扮演着重要角色。支付宝与众多电商平台及品牌建立合作关系，用户可以通过支付宝快捷地完成支付。

2）生活缴费。支付宝提供了便捷的生活缴费服务。用户可以通过支付宝支付水电费、燃气费、电话费、上网费等各种日常费用。支付宝的便捷性使得用户能够迅速完成缴费，避免了排队等待的烦琐过程。

3）转账与红包。支付宝为用户提供了安全可靠的转账功能，用户可以通过支付宝将资金实时转入其他支付宝用户的账户。这在朋友借款、商家结算等场景中非常方便。此外，支付宝还推出了红包功能，用户可以通过支付宝向亲友发送红包，增加节日的趣味性。

4）理财和投资。支付宝还提供了丰富的理财产品，包括货币基金、股票基金、保险等。用户可以通过支付宝将闲置资金进行灵活投资，并获得一定的收益。

（2）支付宝的付款方式有以下几种：

1）扫码支付。用户可以使用支付宝扫描商家提供的二维码或条形码进行支付。这是一种非常便捷的方式，用户只需打开支付宝应用，选择扫码支付，然后对准二维码扫描即可完成支付。

2）条码支付。用户在商家收银台出示自己的支付宝付款码（条码），商家扫描条码完成收款。这种方式广泛应用于餐饮、零售等行业。

3）近场通信支付。支付宝支持近场通信技术，用户只需将支持近场通信功能的手机靠近 POS 终端机或读卡器，即可完成支付。这种方式适用于公共交通、自助售货机等场景。

4）转账和红包。支付宝允许用户通过支付宝账户向其他支付宝用户实时转账。用户可以输入对方的支付宝账号或扫描对方的支付宝付款码，填写转账金额并确认即可完成转账。此外，支付宝还支持发送和接收红包。

5）余额支付。用户可以将资金存入支付宝账户的余额中，然后使用余额进行支付。这种方式特别适用于小额支付或者一些不方便绑定银行卡的场景。

6）借记卡或信用卡支付。支付宝支持用户通过绑定自己的借记卡或信用卡进行支付。用户可以在支付时选择使用绑定的银行卡进行付款。

7）花呗分期付款。花呗是支付宝推出的一种分期付款服务。用户可以通过花呗将购物金额分期支付。

除了以上列举的付款方式，支付宝还有其他一些特殊付款方式，如亲密付、预授权等，以满足用户在不同场景下的需求。

2. 财付通

财付通是由腾讯公司旗下的财付通支付科技有限公司推出的在线支付平台。财付通旗下目前有微信支付和 QQ 钱包支付两个支付工具。

（1）微信支付。微信支付作为财付通旗下的支付工具，在移动支付领域具备广泛的应用场景和很高的用户认可度。它通过将用户的银行卡与微信账号绑定，实现快速、便捷的支付。

用户可以在微信内发起支付请求，在各种应用场景消费，只需几步操作即可完成支付。微信支付常见的应用场景有线上购物、实体店铺消费、乘坐公共交通工具等。

（2）QQ 钱包支付。QQ 钱包支付是财付通旗下的第三方支付工具，它集成在腾讯旗下的即时通信软件 QQ 中，用户可以通过 QQ 钱包完成各种支付操作。

它在功能特点和应用场景上和微信支付相似，二者都提供快捷、安全的支付方式，但也有一些不同之处。其主要区别如下：

1）平台差异。QQ 钱包支付集成在软件 QQ 中，而微信支付集成在微信中。因此，使用 QQ 钱包支付需要先拥有 QQ 账号，而使用微信支付需要拥有微信账号。

2）社交属性。微信支付更加注重与社交关系的结合。例如，在微信支付中可以直接通过微信号、手机号或扫描对方的微信二维码进行转账，也可以在微信群内发送红包。而 QQ 钱包支付则更多地侧重于支付本身，与 QQ 的社交功能相对独立。

3）生态圈差异。微信支付在中国市场的普及度更高，它是中国极受欢迎的第三方支付工具之一，并且与微信的生态圈紧密结合。微信支付可以方便地用于微信小程序、公众号等微信生态系统中的支付操作。而 QQ 钱包支付则在 QQ 音乐、QQ 游戏等产品和服务中更为常见。

4）使用习惯。由于微信的普及度较高，所以许多用户更习惯使用微信支付。而使用 QQ 频率较高的用户可能更倾向于使用 QQ 钱包。这主要取决于个人的使用习惯和偏好。

3. PayPal

PayPal 是美国的一家在线支付公司，也是目前流行的一种在线支付工具。PayPal 是一个高效、安全、便捷的在线支付平台。

PayPal 的核心功能是允许用户在没有向对方直接透露银行账户或信用卡号码的情况下进行付款。用户只需通过与 PayPal 账户关联的电子邮件地址即可完成支付。PayPal 还提供了转账、收款和汇款等功能，使得用户可以更加灵活地管理资金。此外，PayPal 在全球的应用场景也是非常广泛的，主要有以下四类应用场景：

（1）电商平台。PayPal 作为一种常见的支付方式，在众多电商平台上得到了广泛应用。例如，在电商平台亚马逊上，用户可以选择用 PayPal 付款，确保交易的安全性和便捷性。

（2）跨境购物。PayPal 的跨境支付功能使得用户可以方便地在全球范围内进行购物，实现便捷的跨境交易。

（3）数字产品和服务。除了传统商品的购买，PayPal 还广泛应用于数字产品和服务的支付领域。例如，许多在线教育机构、软件开发者和数字内容提供商都将 PayPal 作为其收款渠道。

（4）小额零售和线下支付。PayPal 也逐渐在小额零售领域扩大应用，许多实体店铺支持 PayPal 支付。用户只需使用 PayPal 账户进行扫码支付或者通过手机和 POS 终端完成交易。

拓展练习

第三方支付平台对比

1. 任务要求

网上搜索信息或使用部分第三方支付平台进行支付体验，对各平台进行比较、分析，然后完成表 4–1。

2. 任务实施

表 4–1　第三方支付平台对比

平台 指标			
用户规模和活跃度			
支付方式和接入渠道			
安全性和风险控制			
交易速度和稳定性			
跨境支付能力			
商户服务和费率			
用户体验和便利性			
创新技术和生态系统			
合规性和监管要求			

其中的指标说明如下：

（1）用户规模和活跃度：反映了其市场份额和受欢迎程度。

（2）支付方式和接入渠道：包括银行卡、电子钱包等，以及支持的商户类型和行业范围。

（3）安全性和风险控制：包括支付安全措施和防范欺诈能力等，具体如数据加密、身份验证、实时交易监测。

（4）交易速度和稳定性：包括交易的处理时间、故障率及服务可靠性。

（5）跨境支付能力：包括支持的货币种类、跨境支付渠道、外汇兑换等。

（6）商户服务和费率：包括结算周期、退款机制、客户支持等。

（7）用户体验和便利性：包括支付平台的用户界面、操作流程和移动端应用的友好程度，以及是否提供便捷的支付功能，如一键支付、扫码支付等。

（8）创新技术和生态系统：反映支付平台的创新能力和技术实力，如移动支付、二维码支付、人脸识别支付等，以及与其他服务（如电商、出行、餐饮等）的整合程度。

（9）合规性和监管要求：评估支付平台是否遵守相关法规和监管要求，包括用户隐私保护、反洗钱等事项。

第五章 电子商务物流

学习目标

1. 了解电子商务与物流的关系。
2. 熟悉电子商务环境下的多种物流模式。
3. 掌握新型物流信息技术和设备在电子商务物流中的应用。
4. 了解电子商务物流配送的多种模式。
5. 熟悉电子商务物流配送流程。

物流作为电子商务的重要组成部分，是连接生产、销售和消费的桥梁。准确高效的物流系统不仅能够确保将商品按时送达消费者手中，还能够直接影响消费者的购物体验和品牌的声誉。因此，深入了解电子商务物流的运作机制，十分重要。

本章主要介绍电子商务与物流的关系、电子商务物流的分类和电子商务物流配送。

第一节 电子商务与物流

案例导读

京东、菜鸟、顺丰的竞争之路

仓储、运输、配送自动化是目前我国物流行业中最具竞争性的领域，京东、顺丰、菜鸟等众多行业巨头已经在这一领域展开了长时间的激烈竞争。

京东物流作为京东集团的物流子公司，主要负责京东自营的配送服务。通过自有物流网络和智能化仓储系统，京东物流能够提供24小时快递服务、预约配送等服务。

菜鸟网络是阿里巴巴旗下的物流平台，致力于构建数字化智能物流基础设施，为零售商家提供全面的物流解决方案。菜鸟网络借助阿里巴巴的大数据和人工智能技术，实现了智能调度、预测分拣和智慧仓储等创新服务。

顺丰速运不仅是中国领先的快递物流企业之一，也是国际知名的物流服务提供商。顺丰以其高效的快递配送和专业的供应链服务而闻名，其服务网络遍布全国城乡，同时提供国际快递服务。

思考问题：

1. 作为商家，对于物流公司提供的不同类型服务应该怎样选择？

2. 案例中京东物流、菜鸟网络、顺丰速运在物流市场上都有自己的特色。在激烈的物流竞争中，各公司如何实现差异化，吸引更多客户？

一、电子商务与物流的关系

电子商务促进了物流的创新和发展，而物流的高效支持也保障了电子商务的顺利进行。在当今数字化时代，电子商务和物流已经紧密融合，形成了一种不可分割的关系。

1. 电子商务的兴起促进物流的创新

电子商务的兴起为物流业带来了前所未有的机遇。随着越来越多的企业将业务拓展到线上，商品交付的需求也变得更加多样化和迫切。这促使物流企业不断创新，引入新的技术和模式，以适应电子商务的发展。例如，“最后一公里”配送服务的创新、智能仓储系统的应用以及大数据分析在物流规划中的运用，都是电子商务推动下的创新成果。

2. 物流的高效支持保障电子商务的顺利运作

在电子商务中，物流环节的运作效率直接关系到交易的成功率、顺畅度和客户的满意度。电子商务的核心目标之一是提供快速、准确的交付服务，而这离不开物流的支持。物流企业通过优化仓储、运输和配送等环节，保证货物能够及时送达客户手中，从而增强了电子商务的竞争力和可靠性。

3. 电子商务的发展提升物流的信息化水平

电子商务通过数字化的交易方式，大量产生和传输了订单、支付、配送等信息。这些信息为物流企业提供了宝贵的数据资源，帮助物流企业更好地进行资源调配和计划安排。物流信息化水平的提升也使得客户能够随时追踪货物的运输情况，提升了服务的透明度和可控性。

4. 物流环节影响电子商务的成本和服务体验

物流环节的效率和成本直接影响着电子商务的运营成本和客户的购物体验。若物流环节存在问题，如配送延迟、商品损坏等，都可能降低客户的满意度，甚至导致订单的取消或退货。因此，电子商务企业需要与物流合作伙伴密切合作，确保物流环节的稳定和高效。

二、物流在电子商务中的作用

随着电子商务的快速发展，物流在其生态系统中的作用变得越发重要。物流不仅是电子商务供应链的核心环节，也是保障成功交易、客户满意度的关键要素，其作用主要体现在以下几个方面：

1. 商品流通的桥梁与纽带

物流在电子商务中充当着商品流通的桥梁与纽带。电子商务的核心目标之一是将商品从供应商传递到消费者手中，而物流正是实现这一目标的关键环节。在商品的仓储、包装、配送过程中，物流企业要协调各个环节，确保商品在整个过程中顺利流通，从而满足消费者的需求。

2. 交易速度和准确性的保障者

在电子商务中，交易速度和准确性是至关重要的。消费者期待快速获取他们所购的商品，而物流的高效运作是实现这一目标的关键。物流企业通过合理规划路线、优化仓储布局、引入自动化设备等手段，保证订单能够迅速处理，货物能及时交付，从而提升交易速度和准确性。

3. 客户体验的重要组成部分

物流直接影响着客户的购物体验。从购物结算到货物送达，每一个环节都关系到客户的满意度。一旦物流环节出现问题，如延迟交付、商品损坏等，都可能降低客户的满意度，甚至导致客户的流失。

4. 供应链协调和资源整合

电子商务的供应链通常涉及多个参与者，如供应商、仓储部门、运输部门等。物流企业通过协调各个环节，整合资源，确保供应链的高效运转。物流企业通过信息技术的应用，实现库存管理、仓储布局、运输路线的优化等，以提高整体供应链的效率。

5. 跨境贸易的桥梁

随着电子商务的国际化，跨境贸易变得越发普遍。在跨境贸易中，物流企业不仅需要协调国内的仓储和运输，还要解决海关等方面的问题。

在电子商务中，物流不仅是商品运输，更是社会责任。物流企业要倡导绿色物流，减少碳排放；关注员工权益，创造良好工作环境；促进区域经济发展，实现共同繁荣；引导理性消费，减少资源浪费；参与公益活动，传递正能量。物流企业要承担社会责任，让电子商务与可持续发展相得益彰。

三、物流效率对电子商务竞争力的影响

1. 提升用户体验

在电子商务环境下，用户对于购物体验的要求越来越高，其中快速交付是不可或缺的一环。物流效率的提升意味着从下单到货物送达的时间被大大缩短，从而满足了消费者对购物速度的要求。这种快速交付不仅提升了用户的满意度，还增强了用户对品牌的忠诚度。

2. 降低运营成本

物流在电子商务中扮演着成本控制的关键角色。优化供应链、减少仓储和运输成本，可以降低电商企业的运营成本。这种成本的降低不仅使企业能够提供更有竞争力的价格，还为企业创造了更大的利润空间。

3. 适应销售高峰

在促销季、节假日等销售高峰时期，电子商务需要能够处理大量订单。物流效率的提高可以帮助企业应对这些销售高峰，确保订单得到及时处理，为用户提供良好的体验。

4. 数据驱动的运营

现代物流越来越多地依赖于数据的支持。通过数据分析，企业可以更好地了解供应链中的瓶颈和待优化点。这种数据驱动的优化使企业能够更加精准地预测需求、调整库存，从而实现更高效的物流运作。

5. 打造品牌价值

物流效率不仅仅关乎快速交付，还关系到订单准确性和货物安全。一个可靠的物流系统能够保障消费者购物体验的稳定性，增强品牌的信誉度。无论是准时交付，还是无缺失的商品，都可以帮助企业树立良好的品牌形象。

四、新型物流信息技术和设备

新型物流信息技术和设备正在成为推动物流提升和创新的关键驱动力。这些技术和设备不仅仅在物流领域产生影响，更在电子商务等领域引发深远的变革。

1. 物流信息技术的发展趋势

物流信息技术的发展趋势体现在以下方面：

（1）使用物联网技术。物联网技术允许物体之间通过互联网进行通信和数据交换。在物流领域，传感器、无线射频标签等设备的普及，使得企业能够实时监控货物的位置、状态和运输情况，从而实现更精准的跟踪和管理。

（2）使用大数据分析技术。大数据分析技术的应用使得物流企业能够处理和分析大量的数据，从而掌握市场趋势、消费者行为、供应链瓶颈等方面的信息。通过大数据分析，物流企业可以更好地预测需求、优化运输路线以及提高库存管理水平。

（3）使用人工智能技术。人工智能技术可以通过模拟人类决策过程来优化物流管理。例如，运用机器学习技术，能够从历史数据中学习并进行预测，从而提高运输计划的准确性和效率。

（4）使用区块链技术。区块链技术的去中心化和不可篡改特性为物流提供了更加安全和透明的交易环境。它可以确保供应链中的交易真实可信，减少欺诈和纠纷。

2. 物流信息化对电子商务物流的作用

物流信息化对电子商务物流发挥着至关重要的作用。

（1）提升物流效率。通过数字化管理、自动化流程以及实时监控，物流信息化极大地提升了电子商务物流的效率。传统的手工操作和纸质记录已被数字化的订单处理、仓储管理和运输跟踪所取代。这使得物流过程更加流畅，减少了人为错误的发生，提高了交付速度。举例来说，物流信息系统可以智能化地规划最佳配送路线，减少不必要的资源和时间浪费，从而实现更快速、高效的货物配送。

（2）增强供应链可见性。物流信息化使供应链各环节的数据全程可见，从而使电子商务企业能够更好地掌握整个物流流程。实时的货物追踪和库存管理，使企业能够随时了解货物的位置和状态，预测到货时间，及时调整运营计划。这种高度的可见性能帮助企业更好地应对供需波动，避免了库存积压和运输滞后等问题，实现更好的灵活性和更快的响应速度。

（3）优化用户体验。在电子商务中，及时准确地传递物流信息可以增强用户的信任感，提高用户满意度。用户可以实时跟踪订单状态，了解商品的送达进度，从而减少了不确定性带来的焦虑。这对于提升用户忠诚度至关重要，可以促进用户的重复购买和推荐。

（4）支持智能决策。物流信息化为电子商务企业提供了更多数据支持，使其能够进行更加准确的业务决策。通过数据分析，企业可以了解产品的热销趋势、消费者的偏好及季节性需求变化。这些信息可以帮助企业进行准确的库存规划、采购决策和促销，提高了运营的灵活性和智能性。

（5）推动物流创新。物流信息化不仅是现有物流模式的优化，也为物流创新提供了更多可能性。基于物流大数据的应用、人工智能的预测分析、无人机和机器人的自动配送等，电子商务物流的面貌正在逐步改变。这些创新技术使得电商物流变得更加智能、高效和环保，进一步提升了电子商务物流的质量和效益。

3. 新型物流设备的应用与前景展望

随着科技的迅速发展，新型物流设备正在深刻地影响着电子商务领域的物流运作。这些创新设备不仅提高了物流效率，还为电子商务企业创造了更多的竞争优势。目前已经应用和正在发展中的新型物流设备主要有以下几类：

（1）无人机。无人机已经成为电子商务物流领域的一项重要技术创新。它们能够实现快速的货物配送，尤其适用于偏远地区和交通拥堵的城市。例如，亚马逊等电商企业已经在某些地区使用无人机进行配送试点。无人机的优势在于可以缩短配送时间，减少人力成本，并降低交通拥堵对物流运营的影响。

（2）自动化仓储系统。自动化仓储系统使用自动化设备和机器人完成仓库内的各项工作，如货物的存储、拣选和包装，如图 5–1 所示。这种系统提高了仓库操作的准确性和效率，大大缩短了订单处理时间。例如，自动化货架和机器人可以在极短的时间内准确地完成大量货物的拣选工作。

图 5-1　自动化仓储系统

新型物流设备的应用正在为电子商务物流带来革命性的变化。这些创新设备不仅提高了物流效率，还为企业创造了更多的竞争优势。在不断发展的科技驱动下，新型物流设备将继续发挥更大的作用，推动电子商务物流向着更智能、更高效、更可持续的方向迈进。

新型物流信息技术和设备的应用

1. 任务背景

农鲜达公司希望将自己的产品通过电商渠道销售出去，但由于处于山区里的农村，物流不太发达，产品又不易储存，故物流成为公司进行电商销售的瓶颈。

2. 任务要求

提出一个应用新型物流信息技术和设备的方案，具体说明每项技术如何应用在公司的物流中，以及预期带来的好处。

3. 任务实施

阅读关于新型物流信息技术和设备的内容，了解物流领域中应用的最新技术和设备，如无人机、自动化仓储系统等。

根据农鲜达公司的情况，评估哪些新型技术和设备能够为公司的物流工作带来实际改进。考虑到农产品的特性，选择对提升产品新鲜度和质量有帮助的技术。

撰写一份报告，详细介绍提出的方案。在报告中，阐述每种技术和设备的原理和作用，以及预期的效果和改进措施。

第二节　电子商务物流的分类

案例导读

京东物流——自营物流在电子商务领域的影响力

京东集团作为中国电商领域的巨头，其自营物流子公司——京东物流对于推动电子商务的发展起到了至关重要的作用。

1. 构建高效的物流网络。京东物流作为京东集团的自营物流平台，在全国范围内建立了大量的仓储中心和配送站点，构建了高效的物流网络，实现了对整个物流环节的全程可控。从仓储管理到末端配送，企业能够精确掌握每一环节的情况，提高了物流效率和准确性。

2. 提升用户体验。通过自营配送网络，京东物流能够实现对配送过程的全程监控，确保商品能够准时、安全地送达消费者手中。同时，京东物流还提供了多种配送方式供消费者选择，如次日达、当日达等，满足了消费者的不同需求。此外，京东物流还通过智能化技术，实现了对配送员的实时定位和配送状态的实时更新，让消费者能够更加方便地了解配送情况。

3. 推动供应链协同。京东物流自营模式通过推动供应链协同，实现了供应链的全程可控。京东物流与供应商、制造商等合作伙伴建立了紧密的合作关系，实现了对商品采购、存储、配送等环节的协同管理。同时，京东物流还通过数据共享和预测分析等技术，帮助合作伙伴优化库存管理和生产计划，进一步提高了供应链的协同效率。

4. 创新物流服务。为了满足消费者的多样化需求，京东物流不断推出新的物流服务，如定时送货、夜间配送等。同时，这些创新物流服务也为电子商务企业提供了新的竞争优势和市场机会。

5. 开放合作与共享资源。京东物流积极寻求与其他电商企业和第三方物流企业的开放合作与资源共享。通过与合作伙伴共享资源和技术成果，京东物流进一步提高了自身的运营效率和服务质量。

思考问题：

根据以上材料，试分析京东物流的自营模式有何特点。

在电子商务环境下，物流模式正不断创新。电子商务企业应当在不同情境下选择适当的物流类型，以达到高效配送和优质服务的目标。

一、自营物流

自营物流是指企业拥有全资或控股的物流公司，以完成本企业物流配送业务的物流模式。它与物流外包模式相对而言，企业通过自己的资源和能力实现对物流过程的掌控。

1. 自营物流的优势

自营物流在电子商务领域具有许多独特的优势，为企业实现更高效的运营、提供更满意的顾客体验提供了可能。它主要有以下几个优势：

（1）灵活性好。自营物流使企业能够更全面地掌控从仓储到配送的各个物流环节。这种内部控制带来了更大的灵活性。企业可以根据市场需求和变化迅速调整物流策略，满足不同地区的需求，从而更好地适应市场动态。

（2）信息传递及时。自营物流模式下，企业可以更深入地利用数据监控和优化物流流程。通过物流信息系统，企业可以实时追踪商品的运输状态、仓库存储情况等信息，从而更准确地管理库存和安排配送，降低运营成本，提高效率。

（3）能提升品牌形象和顾客满意度。通过自主控制物流环节，企业能够更好地保障商品的质量和安全，确保顾客能够在预期的时间内收到商品，并且商品保持良好的状态。这种关注品质和及时性的做法有助于树立企业良好的声誉和品牌形象，增强顾客对企业的信任感。

（4）有助于企业进行成本控制，提升运营效率。企业可以根据自身情况选择最佳的物流路径和运输方式，减少中间环节的成本，优化运输方案，降低配送成本。此外，自营物流还能减少与第三方物流企业的合作费用，减少成本。

（5）有助于企业实现更高水平的个性化服务和创新。企业可以根据顾客的需求提供灵活的配送选项，如指定配送时间、特殊包装等，从而提升顾客的购物体验。此外，企业还可以通过自主研发和创新，将新的物流技术和设备应用于运营中，不断提升物流效率和服务水平。

（6）有利于企业增强竞争力。通过提升物流效率和品质，企业能够更好地满足顾客的需求，获得市场份额的增长。这种持续的竞争优势有助于企业的可持续发展，在竞争激烈的电子商务市场中保持领先地位。

（7）能与企业综合战略相适应。通过将自营物流与供应链、销售和客户服务等环节紧密衔接，企业能够实现更高效的整体运营，为顾客提供更优质的服务。

总之，自营物流模式在内部控制、数据驱动、品牌形象、成本控制、个性化服务、竞争力和可持续发展等方面具有显著的优势。

2. 自营物流的劣势

自营物流模式虽然具有许多优势，但也存在一些劣势。了解这些劣势对于电子商务企业制定更全面的物流策略至关重要。自营物流的劣势主要有以下几个方面：

（1）高投入和高成本。自营物流需要企业在仓储、运输、配送等环节投入大量的资金和资源。企业需要购买仓储设备、运输工具、物流信息系统等，这些初期投入可能会对企业财务造成一定的压力。同时，这些系统、设备的运营成本也很高。

（2）规模经济不足。与一些大型物流公司相比，企业的自营物流规模较小，难以实现规模经济效益。大型物流公司能够通过大规模运作和资源整合降低成本，提高效率。而企业的自营物流规模有限，难以达到相同的效果。

（3）运营风险。自营物流使企业承担更多的运营风险。物流涉及多个环节，每个环节都可能出现问题，如货物损坏、运送延误等。企业需要投入更多的时间和资源来管理这些风险，确保物流流程的顺畅。

（4）专业人才短缺。自营物流需要专业的物流人才来管理和运营。然而，物流领域的人才相对短缺，企业可能难以招聘到具有丰富物流经验的人员。缺乏专业人才可能会影响对物流的有效管理。

（5）不适用于特定业务。自营物流模式可能不适用于一些特定的业务。对于某些特殊商品，如生鲜食品、易碎物品等，需要更加专业的物流管理和配送，自营物流可能无法满足这些特殊要求。

电子商务企业在选择物流模式时应综合考虑自身情况和市场需求，权衡各种因素，制定合理的物流战略。

二、第三方物流

1. 第三方物流的定义

第三方物流是指由独立专业物流服务提供商提供涵盖仓储、运输、分销、物流信息管理等一系列物流服务的物流模式。

2. 第三方物流的发展历程

（1）物流外包阶段。第三方物流最早起源于 20 世纪 60 年代，当时一些企业开始将物流活动部分外包给专业物流服务提供商，以降低成本，专注于核心业务。

（2）物流整合阶段。从 20 世纪 80 年代起，第三方物流服务提供商开始提供更综合的物流解决方案，涵盖仓储、运输、分销等各个环节，帮助企业实现供应链的整合和优化。

（3）供应链管理阶段。20 世纪 90 年代，随着全球贸易的发展和电子商务的兴起，第三方物流逐渐演变为供应链管理的重要组成部分。第三方物流服务提供商开始为企业提供更高级的服务，如跨境物流、供应链协调和流程优化。

（4）数字化和智能化阶段。21 世纪，随着物联网、大数据分析和人工智能的应用，第三方物流服务提供商的服务能力进一步提升，可以更精确地跟踪货物、优化运输路线、预测需求，并提供更个性化的供应链解决方案。

（5）绿色物流和可持续发展阶段。随着人们环保意识的提高，绿色物流和可持续发展成为第三方物流的重要议题。第三方物流服务提供商致力于减少能源消耗、排放和资源浪费，从而为企业提供更具可持续性的物流解决方案。

第三方物流在不同阶段的发展都与企业对物流效率、成本控制和客户满意度的需求密切相关。从最初的物流外包到现在的数字化供应链管理，第三方物流不断演变，以适应不断变化的商业环境和技术趋势。随着科技的不断进步和全球化的发展，第三方物流将继续扮演重要的角色，助力企业实现更高效、灵活和可持续的供应链管理。

3. 第三方物流服务的种类

第三方物流服务的种类丰富多样，可以满足不同企业的物流和供应链管理需求。我国常见的第三方物流服务种类如下：

（1）运输管理服务。运输管理是第三方物流的核心服务之一。它涵盖了多种运输方式的规划、组织和协调，确保货物能够按时、安全地送达目的地。无论是陆运、海运还是空运，第三方物流企业都能根据客户需求提供定制化的运输方案，同时利用信息技术跟踪货物的实时位置，确保物流流程的可见性和可控性。

（2）仓储和配送服务。仓储和配送服务是电子商务中不可或缺的一部分。第三方物流企业通过建立先进的仓储设施，提供库存管理、包装、分拣等服务，帮助电商企业降低库存成本并提高物流效率。同时，它们还负责商品的配送，将商品准确送达消费者手中，为企业赢得客户信任。

（3）跨境物流服务。随着跨境电商的兴起，跨境物流成为一个重要的领域。第三方物流在这方面发挥着关键作用，为电商企业提供国际货运、报关、清关等一站式服务。面对不同国家的法规和标准，第三方物流企业能够协助电商企业顺利完成跨境物流，实现全球范围内的商品流通。

（4）冷链物流服务。冷链物流服务是针对温度敏感型商品的一项关键服务。食品、药品等需要特定温度条件的商品，在运输和储存过程中需要特殊的管理。第三方物流企业利用设备和专业知识，确保这些商品在整个物流过程中保持适宜的温度，从而保障商品的质量和安全。

（5）供应链管理和附加服务。除了传统的物流服务，第三方物流企业还为企业提供供应链管理和附加服务。它们通过数据分析和信息技术，帮助企业优化供应链流程，降低成本，提高效率。此外，一些第三方物流企业还提供附加服务，如商品定制、包装升级等，为电商企业创造更多的附加价值。

4. 第三方物流在电子商务中的作用

第三方物流在电子商务中扮演着至关重要的角色，其作用涵盖了供应链的各个环节。第三方物流在电子商务中的重要作用体现在以下方面：

（1）提供专业化物流解决方案。第三方物流企业拥有丰富的物流专业知识和经验，能够为电子商务企业提供定制化的物流解决方案。无论是运输、仓储、配送还是跨境物流，它们都能根据客户的需求和特点，提供高效、可靠的物流方案，从而降低电商企业的物流成本并提高效率。

（2）实现物流流程的优化与协调。第三方物流企业协助电子商务企业优化物流流程，从供应链的起点到终端的配送，实现物流环节的无缝衔接。通过信息技术的支持，第三方物流企业能够实时监控货物的状态和位置，及时解决物流中的问题，确保物流流程的高效和可控性。

（3）降低物流成本和风险。电子商务企业往往需要面对复杂的物流网络和运营挑战，处理库存管理、仓储费用、配送成本等方面问题。第三方物流企业通过规模效应和专业管理，能够帮助电子商务企业降低物流成本，同时减少物流风险，确保货物安全和准时交付。

（4）提升客户体验和满意度。第三方物流企业通过高效的配送和准时的交货，为客户提供优质的购物体验。同时，第三方物流企业还能够提供透明的物流信息，让客户随时了解自己的订单状态，增强客户对电商企业的信任感。

（5）构建全球物流网络。对于跨境电子商务而言，全球物流网络至关重要。第三方物流企业通过建立国际合作关系和专业的跨境物流团队，能够为电商企业提供国际货运、报关、清关等一站式服务，实现全球范围内的商品流通，推动电商业务的国际化发展。

5. 第三方物流在电子商务中的应用案例

随着电子商务的迅速发展，第三方物流在电商领域的应用也越发重要。顺丰速运作为中国知名的第三方物流企业，与多家电商企业合作，为电商企业提供高效、可靠的物流解决方案。

（1）顺丰速运的业务范围与特点。顺丰速运广泛涵盖了物流全链条，从仓储管理到末端配送，为电商企业提供了一站式物流解决方案。其特点包括：

1）全面覆盖。顺丰速运构建了广泛的业务网络，不仅覆盖了城市，还延伸至乡村地区，可提供全国性的物流服务。

2）智能化应用。顺丰速运充分利用大数据和人工智能技术，优化物流规划、仓储管理等，提高运营效率和服务质量。

3）定制化服务。为满足不同电商企业的需求，顺丰速运提供多样化的物流方案，从标准快递到特殊商品的运输，都能实现定制化。

4）创新技术应用。顺丰速运引入智能快递柜、无人机等先进设备，提高末端配送的灵活性和便捷性，为消费者提供更好的体验。

（2）顺丰速运对电子商务的推动作用。顺丰速运推动了电商的发展，具体体现在以下方面：

1）物流保障。顺丰速运为电商企业提供高效的仓储、配送等服务，确保商品从线上到线下的流通顺畅，提升了消费者的购物体验。

2）创新驱动。顺丰速运在电商物流领域引入智能化技术，如人工智能、物联网等，从订单处理到末端配送实现高度自动化。通过智能快递柜、无人机等设备的应用，有效提升了物流效率，降低了成本，同时也为电商行业带来了更多创新可能性。

3）国际扩展。顺丰速运不仅在国内积极推动电商物流，还具备强大的跨境物流能力。其全球物流网络和跨国运输经验，为中国电商企业进军国际市场提供了可靠的物流支持。这不仅推动了中国电商在全球范围的业务拓展，也促进了跨境电商的蓬勃发展。

三、物流联盟

1. 物流联盟的定义

物流联盟是以物流为合作基础的企业战略联盟，是指两个或多个企业为了实现自己的物流战略目标，通过各种协议、契约而结成的优势互补、风险共担、利益共享的网络组织。

2. 物流联盟的优势和劣势

物流联盟作为一种合作组织，在共享资源、降低成本、扩展服务范围等方面具有明显的优势。然而，也需要充分认识和处理利益分配、信息安全、协调与管理等风险。企业在考虑加入物流联盟时，需要明智地权衡其中的利弊，制定合适的策略和措施，以确保能够实现预期的收益并降低风险。

（1）物流联盟的优势。其优势主要体现在以下几个方面：

1）有利于资源整合和效率提升。物流联盟允许不同的物流企业共享资源，如运输工具、仓储设施和人员。通过合作，企业可以更好地优化资源利用，避免重复投资，从而提高整体物流效率。

2）有利于成本降低。资源的共享和优化有助于降低运营成本。联盟成员可以共同分担设施维护、人员培训等方面的费用，同时通过合作采购等方式降低采购成本。

3）有利于拓展服务范围。物流联盟可以让不同领域的物流企业合作，共同拥有更广泛的运输网络。这使得企业能够扩展其服务范围，提供更全面的物流解决方案。

4）有利于风险共担。物流业务可能受到天气、交通等多种因素影响，而联盟成员可以在面临挑战时互相支持，分担风险，降低业务运营的不确定性。

（2）物流联盟的劣势。其劣势主要体现在以下几个方面：

1）容易有利益分配不公问题。物流联盟成员之间的利益分配可能成为合作过程中的难题。不同企业可能在投入、资源贡献方面存在差异，需要建立公平合理的利益分配机制，避免合作纷争。

2）容易有信息安全隐患。在物流联盟中，信息共享是提高协同效率的关键，但这也可能带来信息泄露的风险。不同企业的信息安全标准可能不同，需要采取严格的安全措施保护敏感数据。

3）联盟成员间可能会发生冲突。联盟合作涉及多个合作伙伴的协调与管理，可能面临联盟成员之间的冲突，以及协调成员的合作步调等问题。有效的管理机制对于联盟的成功至关重要。

4）有依赖风险。依赖物流联盟可能使企业在联盟解散或合作伙伴退出时陷入困境。因此，企业需要考虑如何减少对联盟的过度依赖，保持自身的灵活性。

3. 物流联盟在电子商务领域的应用案例

在电子商务领域，物流联盟充当着不同物流资源的连接纽带，为电商企业提供高效、灵活的物流解决方案。作为中国领先的智能物流平台，菜鸟网络积极推动物流联盟的发展，为电子商务行业注入了新的活力。

（1）菜鸟网络致力于构建智能物流基础设施，其业务范围包括仓储管理、配送等。菜鸟网络的特点有以下两个：

1）多元化服务。菜鸟网络提供多样化的物流服务，从仓储管理到末端配送，满足了电商企业不同层面的物流需求。

2）数据驱动。菜鸟网络充分利用大数据和物联网技术，通过实时监控和分析数据，优化物流流程，提升运营效率。

（2）菜鸟网络构建了覆盖全国范围的配送网络，涵盖城市与乡村。菜鸟网络配送网络的特点有以下两个：

1）智能派单。菜鸟网络通过智能派单系统，可快速匹配订单与配送人员，提高了配送效率。

2）末端服务创新。菜鸟网络引入智能快递柜等末端服务设备，使得配送更加灵活和便捷。

（3）菜鸟网络对电子商务的推动作用体现在以下几个方面：

1）整合物流资源。菜鸟网络整合了多方物流资源，实现了物流网络的优化和资源的共享，为电商企业提供了更广阔的物流覆盖。

2）降低物流成本。通过联盟的模式，菜鸟网络有效降低了电商企业的物流成本，提升了行业的竞争力。

3）提升服务质量。菜鸟网络借助联盟成员的力量，不断优化物流流程，提升了配送速度和服务质量。

菜鸟网络通过物流联盟模式，为电子商务行业带来了创新。它通过整合物流资源、降低成本、提升服务质量，在电商物流领域发挥着重要的推动作用，为行业的可持续发展作出了积极贡献。

物流模式的选择

1. 任务背景

随着业务规模的不断扩大，物流配送逐渐成为农鲜达公司面临的挑战之一。配送效率的提高、商品品质的保持以及客户满意度的提升成为亟待解决的问题。

为了更好地应对这些挑战，农鲜达公司决定对其电子商务物流进行优化。通过合理的物流策略和技术手段，公司希望能够实现更快速、更可靠的配送服务，同时保持农产品的新鲜和品质。

2. 任务要求

作为农鲜达公司的物流经理，你需要根据公司的特点和需求，选择最适合的物流模式以优化配送效率。在选择过程中，考虑到公司专注于农产品的销售，需要分析自营物流、第三方物流和物流联盟三种模式的优缺点，并为公司提供一个可行的物流模式选择方案。

3. 任务实施

（1）物流模式研究分析：仔细阅读本书关于自营物流、第三方物流等的介绍，了解每种模式的特点、优势和劣势。

（2）公司特点分析：考虑农鲜达公司的业务特点，包括商品性质、配送范围、订单量等。根据这些特点，分析哪种物流模式更适合公司。

（3）提出模式选择方案：结合研究和公司特点，提出物流模式选择方案。解释为什么选择该模式，并列出其优势，以及如何应对可能的挑战。

（4）策略阐述：撰写一份报告，详细说明模式选择方案。在报告中，要分析每种模式的优势和劣势，以及选择的原因和预期效果。

第三节 电子商务物流配送

案例导读

“最后一公里”

近年来，作为乡村振兴的加速器，电商在推动农村发展和城乡一体化方面发挥了重要作用，一些原本“藏在深山无人识”的土特产借助电商走向了城市。但是，从总体上看，与城市的电商普及率相比，电商进村仍然面临诸多难题，尚需打通“最后一公里”。

首先，农村电商规模小而散，面临“导流”难题。农产品具有季节性、区域性等特点，供货不像工业产品那样稳定，加之分散在广大农村，难以形成经济规模，即使在网上开店，也很难迅速找到合适的买家。

其次，农村电商物流成本较高。当前，快递网点在很多地区已经深入布局到了乡镇，但一些偏远的村还没有网点覆盖，导致农村电商即使有订单，也会面临无人运或运费高的难题。

对于电商进村“最后一公里”面临的难点，需要综合施策，政府、企业、农民多方共同行动，加以破解。

思考问题：

1. 城市与乡村电商的物流差异如何影响“最后一公里”配送？
2. 如何利用新型物流信息技术提高电子商务物流的配送效率和服务质量？

一、电子商务物流配送模式

电子商务的蓬勃发展引领了物流领域的创新与变革，各种物流配送模式应运而生。这些模式在满足不同需求的同时，也在提升配送效率和服务质量方面发挥着重要作用。电子商务物流配送模式可以按不同标准分类。

1. 按经营主体划分

（1）以制造商为主体的模式。以制造商为主体的电子商务物流配送模式通常将生产环节与物流配送环节相结合。制造商直接参与产品的制造、包装及配送，从而实现了对整个供应链的高度控制。这种模式能够确保产品的质量，同时也可以降低物流中间环节成本。然而，制造商需要投入更多的物流资源和管理精力，以确保配送的高效性。

（2）以批发商为主体的模式。以批发商为主体的电子商务物流配送模式，强调的是大批量的商品采购和分销。批发商从制造商处采购商品后，负责对商品进行分拣、包装并配送给零售商或终端消费者。这种模式可以实现规模效益，降低成本，并且能够在不同地区实现高效的配送。然而，批发商需要面对库存管理和分销协调的挑战。

（3）以零售商为主体的模式。以零售商为主体的电子商务物流配送模式，侧重于满足终端消费者的个性化需求。零售商负责从制造商或批发商处采购商品，然后根据市场需求进行分销和配送。这种模式强调快速响应市场需求，提供多样化的商品选择。然而，零售商需要建立高效的库存管理系统和配送网络，以满足消费者的需求。

（4）以仓储运输企业为主体的模式。以仓储运输企业为主体的电子商务物流配送模式，专注于提供仓储和物流配送服务。这些企业通常拥有大型的仓储设施和运输网络，为其他经营主体提供仓储、分拣、包装和配送等服务。这种模式可以减轻其他企业的物流压力，使其专注于核心业务，而仓储运输企业需要确保高效的仓储管理和配送能力。

2. 按配送商品的种类及数量划分

（1）小件商品配送模式。小件商品通常是指体积较小、重量较轻的商品，如手机配件、服装、化妆品等。针对小件商品，电子商务企业通常借助快递企业实现快速、准时的配送。此模式强调配送速度和灵活性，以满足消费者对快速送达的需求。然而，由于小件商品订单量大、配送频次高，物流成本可能较高。

（2）大件商品配送模式。大件商品通常是指体积较大、重量较重的商品，如家电、家具等。此模式需要具备专业的物流设备和人力资源，以保证商品能安全送达和正确安装。大件商品的配送需要更复杂的协调和安排。

（3）生鲜商品配送模式。生鲜商品如蔬菜、水果、肉类等，对配送的时效性和保鲜性要求较高。电子商务企业针对生鲜商品通常采取冷链配送，确保商品在配送过程中保持新鲜和安全。此模式需要建立完善的冷链物流网络，配送要求高，物流操作复杂。

（4）批量商品配送模式。批量商品通常是指同一种类大批量配送的商品，如办公用品、日用品等。电子商务企业针对批量商品强调订单的集中处理和高效配送。这种模式可以实现规模效益，降低物流成本。批量商品的配送需要有效的库存管理和分拣能力。

3. 按配送时间及数量划分

（1）即时配送模式。即时配送模式强调订单的实时性和速度，通常适用于消费者对商品送达时间有较高要求的情况，如生鲜商品、紧急用品的配送。电子商务企业通常与快递企业合作，实现订单的实时调度和即时派送。即时配送模式的物流成本较高，需要具备高效的配送网络和较强的实时调度能力。

（2）定时配送模式。定时配送模式适用于消费者对配送时间有明确要求的情况，如晚上送货、周末送货等。电子商务企业根据消费者的需求，预约配送时间，以提高配送的灵活性和消费者满意度。定时配送模式需要精准的调度和协调，避免因时间冲突导致的配送延误。

（3）阶段性配送模式。阶段性配送模式适用于分阶段配送的情况，如预售商品、大型家具等。电子商务企业将商品分为多个阶段配送，以满足商品的特殊要求和市场需求。阶段性配送模式需要精细的计划和协调，以确保不同阶段的配送无缝衔接。

二、电子商务物流配送流程

1. 订单处理阶段

在电子商务物流中，订单处理是整个配送流程的起点。它涉及顾客下单、订单审核、库存检查等一系列关键步骤。

（1）顾客下单。订单处理阶段始于顾客在电子商务平台上下单。顾客通过在线购物平台选购商品，提交订单并提供收货信息和支付方式。订单中包含购买商品的种类、数量、规格等详细信息。

（2）订单审核。电商企业在收到订单后，进行订单审核。这一步骤旨在确认订单的真实性和准确性，以防止虚假订单或错误订单的出现。订单审核包括验证支付信息、检查收货地址等，以确保订单的合法性。

（3）库存检查。在确认订单有效后，电商企业需要进行库存检查。这涉及查看商品库存情况，以确保订单中的商品有足够的库存供应。如果库存不足，可能需要及时通知顾客或调整订单。

（4）订单确认。一旦订单审核和库存检查完成，电商企业将确认订单。确认订单意味着商品已经预留，顾客支付的款项被冻结，订单进入准备配送的状态。此时，顾客通常会收到订单确认的通知。

（5）商品拣选与包装。确认订单后，电商企业需要将商品从仓库中拣选出来，然后进行包装，以确保商品在配送过程中不受损坏。

（6）准备物流信息。这包括生成运单号码、录入商品信息以及准备相关的配送文件。

（7）通知顾客。电商企业通常会通过电子邮件、短信或应用程序通知顾客商品已经准备好，即将进行配送。有时企业会为顾客提供订单状态信息和配送时间的预告。

2. 仓储管理阶段

仓储管理涉及商品的存储、保管以及合理的库存控制，以确保商品能够及时、准确地配送给顾客。在仓储管理阶段，各项任务的协调与执行至关重要。

（1）入库操作。一方面，对来自供应商的商品需要进行验收、检查、清点，以确保商品的质量和数量符合要求。另一方面，对电商企业的自有商品也需要进行分类、标记、登记，以便在后续的出库操作中能够方便地找到商品。

（2）库存管理。电商企业需要实时监控各种商品的库存情况，及时补充库存以满足订货需求，避免因库存不足而影响配送流程。采用现代化的仓储管理系统可以实现库存的自动化监控和管理。

（3）商品分拣与储存。仓库中的商品往往种类繁多，不同种类的商品需要分类储存以便于管理和查找。在商品出库前，通常需要对商品进行分拣，将相同类型的商品放在一起，以便在后续的出库操作中能够高效地找到。

（4）订单拣选与配货。在顾客下单后，电商企业需要从仓库中拣选出相应的商品，并将它们放到一起，准备进行出库。这一步骤需要高度的准确性和效率，以确保顾客收到正确的商品。

（5）出库操作。电商企业将已经拣选好的商品从仓库中取出，打包、标记，并交给配送部门进行配送。

（6）库存更新与记录。每一次出库或入库操作都会对库存产生影响，因此需要及时更新库存数据。电商企业通常会使用仓储管理系统，自动记录库存的变化情况，以确保库存信息的准确性。

3. 运输与配送阶段

运输与配送阶段涉及将已经准备好的商品从仓库运送到顾客手中。这一阶段的工作效果直接影响客户满意度和企业声誉。

在运输与配送阶段，需要考虑以下事项：

（1）运输方式的选择。不同的商品性质、顾客需求及地理条件都会影响运输方式的选择。企业需要综合考虑运输速度、成本、商品性质等因素，选择最适合的运输方式。

（2）路线规划与优化。企业需要通过物流信息系统进行路线规划和优化，考虑交通拥堵、天气等因素，以确保货物能够准时送达。智能化的路线规划可以降低运输成本，提高配送效率。

（3）配送中心与中转站的作用。一些企业会建立配送中心和中转站，将货物集中分拨，以更合理地安排路线，提升配送效率。这些中心可以充当货物的临时存储地点，使得配送更加灵活高效。

（4）运输监控与信息共享。运输过程中，物流信息系统能够提供实时监控和信息共享功能。这使得企业可以随时了解货物的位置、配送进度，同时也能够与顾客共享物流信息，提高透明度。

（5）配送员的专业素养。配送员在运输与配送阶段扮演着重要角色，他们是联系企业与顾客的纽带。因此，配送员的专业素养、服务态度及沟通能力都直接影响客户的满意度和忠诚度。

（6）“最后一公里”的挑战。“最后一公里”是电子商务物流中的难题之一，特指将商品从配送中心送达客户手中的过程。企业需要解决交通拥堵、送货时间不确定等问题。为应对这一挑战，某些企业已开始尝试一些创新的方式如智能快递柜收货、无人机配送等。

在运输与配送阶段，高效的物流管理和信息技术应用是至关重要的。企业需要综合考虑不同的因素，如运输方式、路线规划、配送中心的设置、配送员的培训等，以实现顺畅、准时的配送服务，从而提升客户体验和企业竞争力。

4. 客户签收及售后处理阶段

客户签收及售后处理阶段的工作效果对客户满意度和企业声誉有重要影响。这一阶段，涉及以下关键内容：

（1）货物签收与验收。客户在收到货物后，会进行货物的签收和验收。这一步骤的准确性和及时性对于后续的售后服务至关重要。电子商务企业需要确保货物的准确性和完好性，以避免可能的纠纷。

（2）售后服务。如果客户在收到货物后发现问题，如破损、漏发等，会申请售后服务。电子商务企业需要建立完善的售后处理机制，及时响应客户的问题，提供退换货等服务。这一过程需要高效的沟通和协调。

（3）退换货。退换货流程涉及物流的再次操作。客户需要将有问题的货物返回，而企业则需要进行验收和处理。企业需要明确退换货政策和流程，确保客户的权益得到保障。

（4）数据分析与改进。企业可以通过客户签收及售后处理阶段的数据分析，了解客户投诉、退换货等情况，从而发现问题，进行改进。数据驱动的改进可以提升整个物流配送的质量。

（5）技术支持与沟通。为了更好地支持客户，电子商务企业可以提供在线客服、热线电话等渠道，确保客户在遇到问题时能够及时得到帮助。

客户签收及售后处理阶段的高效运作需要企业具备良好的服务意识和协调能力。企业需要建立健全的售后处理制度，加强内部协作，通过数据分析持续提升售后服务。这将有助于提升客户体验，增强企业竞争力。

电子商务物流配送流程涵盖了从订单处理到客户售后的全过程。每个阶段都与物流效率、客户体验和企业声誉密切相关。电子商务企业需要利用现代信息技术和物流管理系统，不断优化流程，提高配送速度、准确性和客户满意度。

三、电子商务物流配送中心

物流配送中心是保证商品高效送达的关键环节。配送中心作为电商物流体系的重要组成部分，发挥着集中仓储、订单处理、配送等多种功能，对提升物流效率和客户满意度具有重要作用。

1. 物流配送中心的概念

物流配送中心是指从事配送业务的物流场所或组织。物流配送中心应符合下列要求：主要为特定的客户服务；配送功能健全；有完善的信息网络；辐射范围小；多品种，小批量；以配送为主，储存为辅。

2. 电子商务物流配送中心的分类

（1）按功能划分。根据功能不同，电子商务物流配送中心可以分为以下几类：

1）订单处理中心。主要负责接受订单、审核订单、查询库存等工作，起到订单集中处理的作用。

2）分拣中心。负责将不同订单中的商品进行准确分拣，为后续的配送做好准备。

3）包装中心。负责对已分拣的商品进行包装，确保商品在配送过程中不受损坏。

4）配送中心。负责将包装好的商品按照配送路线送达消费者手中。

5）退货处理中心。负责处理客户退货、退款等问题，保障售后服务的顺利进行。

（2）按规模划分。根据规模不同，电子商务物流配送中心可以分为以下几类：

1）大型中心。这类中心通常由大型电商企业自建或合作建设，面积较大，功能完备，能够满足大规模订单处理和大批商品配送需求。

2）中小型中心。这类中心可能是中小型电商企业自建或租用的，规模较小，主要为局部区域的配送提供支持。

（3）按定位划分。根据定位不同，电子商务物流配送中心可以分为以下几类：

1）区域性中心。针对特定的地域进行配送，覆盖范围有限，但配送更加精准和快速。

2）全国性中心。覆盖多个地区，实现全国范围内的集中配送，适用于较大的电商企业。

（4）按服务对象划分。根据服务对象不同，电子商务物流配送中心可以分为以下几类：

1）B2C中心。针对个人消费者进行配送。

2）B2B中心。针对批发商、零售商等企业进行配送。

配送方案设计

1. 任务背景

随着电子商务的兴起，农鲜达公司的业务迅速扩张，但也面临着物流配送方面的挑战。为了提升配送效率和客户满意度，公司决定对物流工作进行优化。

2. 任务要求

（1）实训一：分析身边的快递公司。在电子商务物流中，“最后一公里”的配送是非常关键的环节。作为农鲜达公司的物流团队成员，你需要选择一家身边的快递公司，对其配送模式、流程及配送中心进行调查和分析，以便更好地了解电子商务物流配送的实际情况。

（2）实训二：设计电子商务物流配送方案。作为农鲜达公司的物流团队成员，你需要根据电子商务物流配送的特点，设计一个完整的配送方案，以确保农产品在“最后一公里”的配送环节能够保持新鲜和完整。

3. 任务实施

（1）实训一：分析身边的快递公司

1）选择快递公司。选择一家你熟悉的或经常使用的快递公司作为研究对象。

2）配送模式调查。了解该快递公司的配送模式，包括按经营主体划分、按商品种类及数量划分、按配送时间及数量划分等。收集相关资料或设计调查问卷进行调查，分析其采用的配送模式。

3）配送流程分析。研究该快递公司的配送流程，包括从订单处理到“最后一公里”配送的整个流程。分析其在配送过程中的优化策略和问题应对。

4）配送中心调查。通过实地访问或相关资料，深入了解配送中心在整个物流配送过程中的作用。

（2）实训二：设计电子商务物流配送方案

1）了解产品特性。分析农鲜达公司的产品特性，包括易腐性、重量、体积等。

2）选择配送模式。根据产品特性，选择合适的配送模式。

3）优化配送流程。设计一个从订单处理到产品配送的流程，考虑到产品新鲜度的要求，优化每个环节的操作，确保产品在配送过程中保持高质量。

4）配送中心设置。如果适用，设计一个配送中心的设置方案，包括分类、功能和地理位置等。确保配送中心能够有效支持配送业务。

第六章 电子商务客户服务

学习目标

1. 了解电商售前、售中、售后客户服务的工作内容。
2. 了解常用的售前服务技巧和话术。
3. 了解常见的售后服务问题。
4. 能够根据客户的年龄、性别、消费心理向客户推荐合适的商品。
5. 能够针对不同的售后问题进行恰当处理。

电子商务行业中，由于客户大多不能与商家直接面对面地沟通，所以客户服务的重要性十分突出。本章介绍电子商务（以网店为例）客户服务中售前、售中、售后三个阶段的具体工作内容和工作技巧。

第一节 电子商务售前客户服务

案例导读

电子商务客服人员的职业素养

小王打算找一份电商客服人员的工作，他觉得电子商务客服就是回答客户的问题，处理售后问题，自己肯定能胜任。

小王将自己的想法告诉了正在从事电子商务行业的表哥小李，小李说："你可以先到招聘网站上看看用人企业对电子商务客服人员的要求，也可以跟我们公司资历较深的客服人员请教一下。"

经过多方面的了解，小王总结出电子商务客服人员应该具备一定的职业素养，包括具有灵活的应变力、承受挫折打击的能力等，如图6-1所示。小王认识到，自己要想从事电子商务客服工作，还有很多知识和技能要学习。

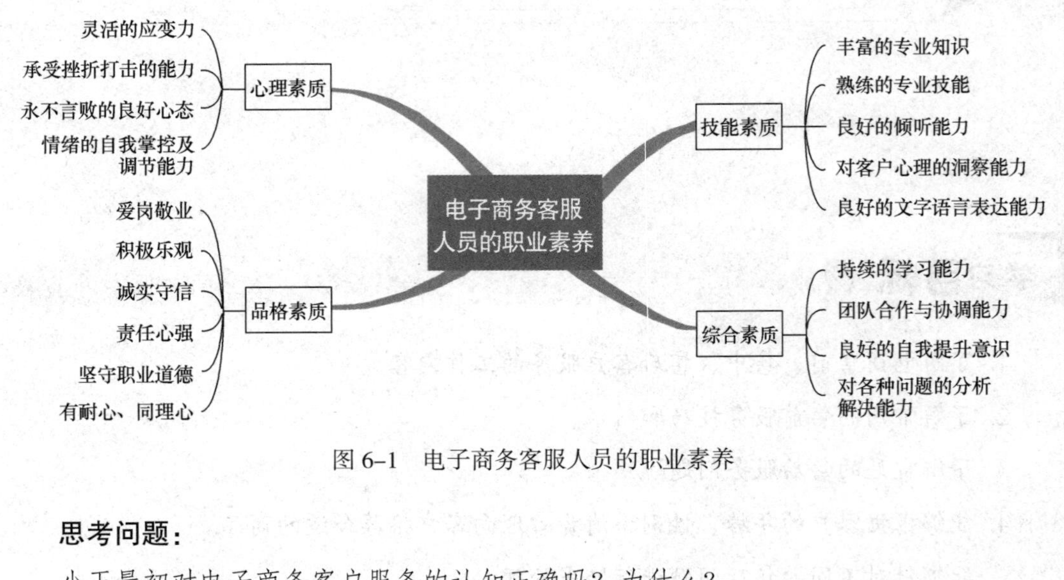

图6-1　电子商务客服人员的职业素养

思考问题：

小王最初对电子商务客户服务的认知正确吗？为什么？

电子商务客户服务也称电商客服、在线客服，是随着网上购物发展而出现的一种基于互联网的客户服务手段。根据服务流程和时间节点不同，电子商务客户服务可分为售前客户服务、售中客户服务和售后客户服务。

一、售前客户服务工作内容

售前客户服务是客户服务人员在客户下单之前开展的一系列提高客户购买意愿的服务工作。为了能够更好地提供服务，售前客户服务人员应该掌握一些售前服务技巧和话术（以下以网店客服为例）。

1. 售前客户服务具体工作内容

从客户进店咨询到拍下商品并付款的整个环节都是售前客户服务人员的工作范畴。具体来讲，售前客户服务人员的工作内容主要包括售前准备、接待客户、解答疑问、推荐商品、确认及核实订单等。

（1）售前准备。售前准备是指熟悉与商品相关的信息和网店近期活动，熟练掌握沟通工具的使用方法，了解平台规则和相关注意事项等。

1）熟悉商品。熟悉商品是客服人员的基本工作。在商品上架前，客服人员要接受相关的商品培训，对所售商品做到了如指掌，这样才能自信、专业地向客户提供准确的信息和建议。商品的相关信息包括商品专业知识（如商品外观、商品基本属性、商品保养与维护方法、商品安装及使用方法、售后保障等）和同类商品相关信息。

2）熟悉网店近期活动。客服人员需要清楚了解店铺近期的促销活动，并熟知自己的权限。这样，在与客户沟通过程中，客服人员可以根据所掌握的信息自行决定是否给予客户一些优惠，避免造成客户流失，并以更高效率推动订单的生成。

3）熟练使用沟通工具。接待客户前，客服人员必须能够熟练使用沟通工具，进行快捷回复与自动回复功能设置、客户信息查找、商品信息查看等。

4）了解平台规则。任何一个电子商务平台都有其运行规则，如发货管理规则、评价规则、争议处理规则等。客服人员应提前了解清楚这些规则，以免违反规则被处罚。

（2）接待客户。接待客户贯穿于整个客户服务工作中，售前客服人员应做好随时接待客户的准备，并时刻保持热情、耐心和周到。另外，售前客服人员的反应要及时，切勿用冰冷的语言回答客户。应尽量使用语气词，辅以聊天表情来调节气氛，留住客户。常见语气词使用示例见表 6–1。

表 6–1　常见语气词使用示例

语气词	示例	作用
呀	您好呀！	在与客户联系时，用“呀”结尾可以传递热情洋溢的欢迎之情
哦	嗯嗯，好的哦！	在回应客户时，结尾加上“哦”可以显得更加友善和耐心
哈	请稍等一下下哈！	在需要查询信息或处理客户请求时，用“哈”结尾可以显得更加贴心和不急躁
啦	嗯呢，我明白您的意思啦！	在客户表达完需求时，用“嗯呢”和“啦”可以显示出自己已认真倾听
呢	亲，您真有眼光呢！这款连衣裙的版型非常优雅，适合各种身材的女士穿着。	使用“呢”可以营造更加亲切和轻松的氛围

（3）解答疑问。客户在选择商品的过程中，可能会对商品的某些信息有疑问，如商品的功能、材质、大小等。面对这些疑问，客服人员要耐心、专业地进行解答。常见的疑问类型见表 6–2。

表 6-2　客户常见的疑问类型

疑问类型	内容	示例
商品问题	商品尺寸、颜色、材质、功能等	这件衣服会掉色吗？ 这个保温杯能保温几个小时？
发货问题	发货时间、快递时效等	今天下单，什么时候发货？ 发什么快递？
操作问题	如何提交订单、使用优惠券等	为什么我提交订单后提示没有库存了？ 为什么我下单的时候不能选择使用优惠券？
服务问题	品牌售后服务、商品售后保障等	这个产品保修期是多久？ 这个产品出现问题后，是寄到品牌方维修吗？

（4）推荐商品。客服人员要主动挖掘用户的需求，向客户推荐合适的商品。售前客服人员在向客户推荐商品时，首先应该根据客户咨询的内容挖掘客户的需求，然后展示商品的卖点以引起客户的购买欲望，最后立足于客户的兴趣点进行关联推荐，协助客户挑选商品并促成交易。

（5）确认及核实订单。在客户下单后，客服人员要与客户进行订单信息的确认和核实，以确保客户填写的信息准确无误，降低订单出错的可能性。订单核实步骤通常由系统自动触发，在客户下单后，系统会自动向客户发送订单信息，要求客户进行确认。

2. 通用售前服务技巧

（1）拉近与客户距离的技巧。不同于实体店导购人员，售前客服人员不能通过微笑和行动来体现自己的热情，而只能通过文字和在线表情让客户感受到自己的真诚服务。

1）恰当称呼。客服人员在与买家沟通时，要创造一种亲切感，而这种亲切感首先来源于称呼。客服人员在沟通的过程中要善于使用“您”“咱们”“我们”，少用“我”“你”，以缩短与客户之间的距离，让客户感觉到既亲切又受尊重。例如，在介绍产品时，可以这样说：“咱们这款产品采用的是小包装设计，特别适合您出差使用。”

2）保持礼貌。亲切的礼貌用语可以快速拉近售前客服人员与客户之间的关系，让客户感受到服务人员的热情与真挚。常用的礼貌用语有请、您、谢谢、对不起、请原谅、很抱歉、麻烦、请多包涵等。客服人员在回复时还有一些禁用语。客服人员常用礼貌用语和禁用语见表 6-3。

表 6-3　客服人员常用礼貌用语和禁用语

礼貌用语	禁用语
您好！请问有什么可以帮助您的？	我不知道……
很高兴为您服务！	没得解释，就是这么规定的
对不起，让您久等了！	刚才不是已经告诉你了吗？

续表

礼貌用语	禁用语
很抱歉给您带来了不便。	不属于我的范围，我不管
您的订单已经在配送途中，请您注意查收。	极限词，如最高水平、最好的、唯一的、顶级的、最便宜的……
咱们的商品全部是正品行货，假一罚十，请您放心购买。	夸大词，如零副作用、彻底消除、永不反弹、根除……

3）巧用聊天表情。在线沟通的最大局限是客户看不到客服人员的面部表情和肢体动作，单靠文字很难让客户感受到客服人员的热情。客服人员可多利用聊天表情弥补这一缺陷。

（2）快速回复技巧。客服人员的响应速度与客户的购物体验有直接关系，如果不能及时回复客户，很有可能导致客户流失，因此客服人员必须掌握快速回复的技巧。以下措施可以帮助客服人员快速回复。

1）经常练习打字。客服人员应该至少熟悉一种输入法，并且达到每分钟 80 ~ 120 字的打字速度。

2）设置自动回复、快捷回复功能。自动回复和快捷回复可以提高客服人员的回复效率。设置自动回复后，当客户进入消息窗时，系统会自动发送欢迎语和热门问题统一回复。如图 6-2 所示，店铺设置了“物流配送”关键词的自动回复，当客户发送该关键词时，系统会自动给出回复。将常用的一些内容（话术文件）设置成快捷短语，可以减少客服人员重复打字，客服人员可以将内容（话术文件）存储到快捷回复平台的知识库中，便于一键发送。图 6-3 所示为某客服团队在千牛工作台后台设置的一些快捷短语。

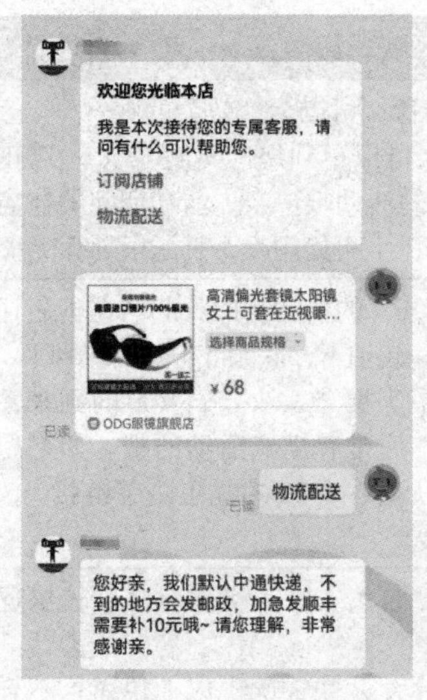

图 6-2　自动回复示例

图 6-3　千牛工作台快捷短语设置示例

3）使用智能客服机器人。在客户咨询量较大的时候或者人工客服离线时，客服人员可使用智能客服机器人分担一部分咨询回复工作。例如，阿里的店小蜜、京东的京小智等都是智能客服机器人，它们可以精准地理解客户意图、高效解决客户常见的问题，提升买家的使用与购物体验。图 6–4 是阿里店小蜜的功能介绍和实际应用示例。

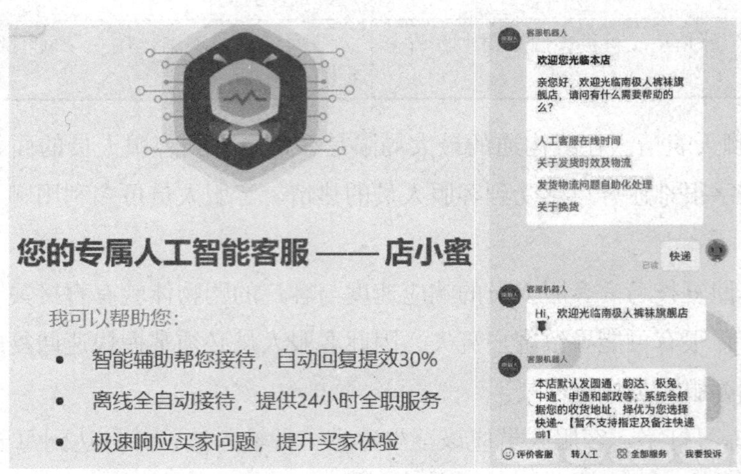

图 6–4　阿里店小蜜的功能介绍和实际应用示例

3. 常用售前服务话术

在售前服务中，客户关心、咨询的问题有很多。为了减少工作量，客服人员应总结和提炼一些常用的回复话术，以降低工作难度，提高回复效率。表 6–4 是一些售前客服常用话术。

表 6–4　售前客服常用话术

话术类型	常用话术示例
问候语	①基础问候：亲，您好，非常高兴为您服务，有什么可以为您效劳的呢？ ②欢迎类问候：亲，欢迎您的光临！请问有什么可以帮到您？我们 ××× 店正在参加大促，店内全部商品都参加满 ××× 减 ×× 的活动哦！亲，活动期间关注店铺还可以领取 ×× 元店铺优惠券，可以在折扣价的基础上再使用哦，真的很划算呢！
推荐商品	①活动推荐：亲，现在我们店铺正在举行“×××”的活动，即日起，在本店任意购买两件商品即可包邮。亲，选好您要的东东后，一起拍下，联系我修改邮费哦！ ②搭配推荐：亲，您好！欢迎您的光临哦！为了庆祝“三八”妇女节的到来，本店的连衣裙是有特惠的哦。您看中的这款宝贝，本店是有满减活动的哦。如果您再和以下任意一款宝贝一起购买的话，就可以享受满 200 减 20 的优惠哦（链接），祝您购物愉快！
物流	①到货时间：快递一般 2 ~ 3 天到达。节假日、自然灾害、交通意外、较偏远地区等，有可能导致到货时间延迟哦！ ②快递选择：亲，咱家店铺默认是 ××、××、×× 快递呢。以上快递都不到的地区，我们会安排 EMS，但是 EMS 是不包邮的哦，需要您补 10 元邮费呢！

续表

话术类型	常用话术示例
售后服务	①正品保证：本店所有的宝贝保证正品哦，质量没有问题，而且小店已加入“假一赔三”“七日无条件退换”等服务，所以亲爱的尽可放心购买！ ②退换货：亲，自您收到宝贝的7天之内，只要您对我们的产品有任何的不满意，您都可以申请退款，但如果没有质量问题，邮费需要您自己承担哦！
下单支付	①打消疑虑：亲，考虑得怎么样啦？有不清楚的地方可以咨询我们哦。本店所售产品都经过 ××××× 认证，100% 正品保证，亲可放心购买哦！现在的活动力度真的超大呢！有需要可再次联系我们哈，祝您生活愉快哦！ ②催促下单：亲，如果您今天拍下，今天就可以发货，您就可以早些看到您喜爱的宝贝了！

信守承诺

售前客服人员在与客户沟通的过程中，要做到信守承诺，因此做出承诺时要有 100% 的把握能够兑现，不确定的事项不能承诺。例如，当客户问：“快递今天能发出吗？”如果不确定，则不能给予客户“今天会发货”的承诺。一旦事实与承诺不符，容易引发客户的不满。

二、针对客户购买心理推荐商品

在售前客服的工作中，推荐商品是一项既有难度又很重要的工作。所谓“知己知彼，百战不殆”，客户服务人员必须明白客户想什么、要什么，才能做好推荐商品的工作，提高交易成功的概率。虽然每个消费者的具体购买心理会有差异，但总有一些规律可循。通常来说，可以从年龄、性别、消费心理等方面推测客户的购买心理。

1. 按客户年龄推荐商品

客户的购买心理在很大程度上会受到年龄的制约，不同年龄段的客户，购买心理差别较大。可将客户的年龄段分为少年（5 ~ 18 岁）、青少年（19 ~ 34 岁）、中年（35 ~ 64 岁）、老年（65 岁及以上），不同年龄段客户的特征和售前客服的推荐策略见表 6–5。

2. 按客户性别推荐商品

由于生理和心理特点的差异，不同性别的客户在购物时展现出不同的消费倾向。电子商务客服人员需理解这些差异并据此制定推荐策略。

表 6-5　不同年龄段客户的特征和售前客服的推荐策略

年龄段	特征	推荐策略
少年	缺少独立的经济能力，自主决定权十分有限，需要购买的商品一般由家长决定，由家长代为购买，特点是目标明确、购买迅速	客服人员要掌握家长舍得为子女投资的心理，重点介绍产品在开发智力、促进身体发育和成长方面的功效，强调产品的安全性
青少年	思想前卫，自我意识较强，经济独立，消费观念开放，喜欢购买新颖、时髦的商品，购物冲动性强，易受周围环境的影响，价格敏感度低	客服人员要善于激发客户的购买欲望，对自己的产品要有信心，多介绍产品的美观性、新颖性、时尚性、畅销度。介绍过程中应简洁明了，避免啰唆
中年	工作稳定，收入有保障，思想成熟，购物理智。购买商品讲究经济实用	客服人员不要夸夸其谈，要体现出真诚和对客户的尊重，强调产品的实用性
老年	收入以养老金为主，相对稳定，但消费观念相对保守，网购比例较低。对于已经接受网购的群体来说，购买习惯稳定，不太愿意为新兴产品买单	客服人员需要表现出极大的耐心，抓住老年人追求实惠的特点。可以强调产品的性价比，并提供类似于“七天无理由退换货”的售后保障服务，以减轻客户的担忧和疑虑

（1）女性客户

1）购买目标模糊而灵动。当女性客户在平台上“闲逛”时，客服人员可以主动推荐与她们浏览历史相关的商品，或者根据流行趋势和热门搜索来推荐商品，从而引导她们发现新的购买目标。

2）情绪化消费。客服人员应敏锐地察觉女性客户的情绪变化，并在适当时候推荐能够带来愉悦感或缓解情绪的商品，如美妆产品、甜品零食等。同时，通过温馨的话语和关怀的态度，增强与她们的情感连接。

3）喜欢对比。当女性客户对某类商品感兴趣时，客服人员可以提供详细的产品对比信息，如价格、评价、销量等，并引导她们关注产品的独特卖点或优势，帮助她们快速做出购买决策。

4）易受商品价格变动影响。客服人员应及时向女性客户传达促销活动和降价信息，强调商品的性价比和限时优惠，激发她们的购买欲望。同时，可以推荐一些与促销活动相关的搭配商品。

5）看重商品细节。在推荐商品时，客服人员应特别强调商品的质量、外观和工艺等优势，并提供清晰的图片或视频展示。对于女性客户提出的关于商品的疑问，客服人员应耐心解答并提供专业建议。

（2）男性客户

1）求新求异的竞争心态。针对男性客户对新奇和独特产品的追求，客服人员可以推荐一些创新性强、技术领先的产品，强调其独特性和优势。同时，可以关注行业内的最新动态和趋势，为男性客户带来前沿的购物体验。

2）目标明确，决策果断、迅速。当男性客户明确表达购买需求时，客服人员应迅速提供符合要求的商品选项，并简洁明了地介绍产品的核心功能和特点。应避免过多的冗余信息干扰他们的决策过程，让他们能够快速做出购买决定。

3）注重产品整体效果。在推荐商品时，客服人员应突出产品的整体性能和效果，强调其在解决实际问题或满足需求方面的能力。对于男性客户提出的专业性问题，客服人员应提供专业的解答和技术支持。

4）追求方便和快捷。针对男性客户在购物过程中追求方便和快捷的特点，客服人员可以提供快速的购物流程和简便的支付方式。

3. 按消费心理推荐商品

客户在购买过程中会产生一系列复杂、微妙的心理活动，他们的这些心理活动对成交有至关重要的影响。客户消费心理特征及客服人员的对策见表 6–6。

表 6–6　客户消费心理特征及客服人员的对策

消费心理	心理特征	应对措施
求实心理	以追求商品的使用价值为主要倾向，在乎实用、实惠。有这种心理的消费者更注重产品的性价比，讲求朴实大方、经久耐用，不过分强调外形的新颖、美观、色调，以及商品的“个性”特点。他们根据自身的需要选择商品，具有理智的消费行为	售前客服人员要体现出自己的专业性，以真诚、专业、求实、耐心的态度获得客户的好感
求美心理	有求美心理的人，喜欢追求商品的欣赏价值和艺术价值。他们在挑选商品时特别注重商品本身的造型美、色彩美，注重商品对人体的美化作用、对环境的装饰作用，以便达到艺术欣赏和精神享受的目的	售前客服人员要注意倾听客户对于自己所需商品的描述，如果客户多次提到“好看”“漂亮”“时尚”等字眼，那么客服人员在推荐商品时要尽可能展示商品的外在优势，对客户多一些夸奖和肯定
求利心理	这是一种“少花钱多办事”的心理动机，希望用最少的付出取得最大的回报，追求物美价廉。这类客户在选购商品时，往往要对同类商品之间的价格差异进行仔细的比较，对价格比较敏感，还喜欢选购折价或处理商品。例如，当看到一个店铺规定达到多少金额就可以减免费用、买多少送多少等活动时，往往会凑足活动金额	售前客服人员应热情接待，利用更多的优惠办法或礼品留住客户，重点介绍特价商品或优惠力度较大的商品，甚至附加赠送一份小礼品，同时强调商品的品质与服务不会因为优惠而打折扣，让客户感到“超值”
求名心理	此类客户在购买产品时喜欢购买名牌产品、有知名度的商品。这类客户通常购买能力和品牌意识强，虚荣心和自尊心也非常强，注重面子	售前客服人员可重点介绍品牌的历史、品牌的内涵，以及品牌在行业内的知名度，在推荐商品时学会顺势而为，即顺着客户的意愿促成购买

续表

消费心理	心理特征	应对措施
求速心理	求速心理即以追求快速、方便为主要购买因素，注重购买的时间或效率。该类客户的时间意识比较强，性格爽快，但性子急，希望以最短的时间、最简单的方式买到优质的商品。此类客户以男性居多，价格敏感度较低	售前客服人员在沟通过程中要简明扼要，确保真正理解客户的问题，并给予准确、有针对性的回答，尽快促成交易
求众心理（从众心理）	这类客户在对产品的认识和行为上不由自主地趋向于同多数人保持一致。例如，在进行品牌选择时，偏向那些市场占有率高的品牌；当看到他人的评价，尤其是一些名人的使用评价，如 ××× 推荐、××× 同款时，也会不自觉地想拥有这件商品	售前客服人员可主推畅销款，强调已有很多客户购买，且非常满意，让销量和评价说话，巧妙利用客户的从众心理，让客户在心理上得到依靠和安全感
求惯心理	求惯心理是倾向于保持原有消费习惯和偏好的购买心理。客户往往注重自己偏爱的品牌和款式，在选择商品时有特定的购物习惯。这类客户通常性格保守、执着，不容易接受新的事物，对品牌和网店的忠诚度较高	售前客服人员应及时查看客户以往的购买记录，了解客户的偏好，推荐他们偏爱的商品。另外，客服人员可利用客户的消费积分、会员权益等，促使客户再次购买
求安心理	求安心理以追求安全、健康、舒适为购买目的，客户注重商品的安全性、舒适性，其自我呵护和健康意识很强	售前客服人员需要利用专业知识向客户介绍商品材料、配件的安全性与环保性，借助第三方权威证明为商品背书。此外，客服人员可主动介绍商品的使用注意事项，专业地普及商品知识

引导客户下单

1. 任务背景

王某是某饰品店（网店）新来的售前客服人员，刚刚接受了公司的客服专项培训。为了测试她培训是否合格，能否上岗，主管李经理决定以一个客户的身份对其进行考核。

李经理在网店中浏览了图 6-5 所示的耳钉，然后向小王发起了在线咨询。

图 6-5　耳钉展示图

商品具体信息如下：

（1）材质：耳钉材质是S925银，具有亲肤的特点；锆石采用奥地利进口合成立方氧化锆，精致璀璨。

（2）尺寸及重量：整体大小为7.56 mm×7.38 mm，主锆折射率为4.25，重量约为1.2 g。

（3）造型寓意：三叶草形状经典，简于形，美于心，代表着对美好生活和爱情的向往与追求，能够体现佩戴者的知性与优雅。

（4）可搭配产品：三叶草手链、三叶草项链。

（5）增值服务：代写贺卡、365天同款免费换新、定制刻字。

（6）商品注意事项如图6-6所示。

佩戴时避免用力
拉扯变形或碰撞。

避免睡觉、洗澡、
游泳和运动时佩戴。

不佩戴时，置于
密封袋中保存。

避免接触化妆品、香水
和沐浴露等化学物品。

镀K金产品不可用
洗银水清洁，否则易磨损镀金层。

如银饰出现氧化现象，可使用
擦银布擦拭，恢复光泽。

图6-6　商品注意事项

2. 任务要求

两人一组，分别扮演王某和主管李经理（模仿客户），就上述耳钉商品完成接待客户、解答疑问、推荐商品等售前服务工作。重点练习挖掘客户需求，根据客户的心理向客户推荐商品，说服客户下单。

第二节　电子商务售中和售后客户服务

案例导读

售后人员的不同处理方式对网店的影响

售后服务在经营电子商务的过程中是非常重要的一环。售后服务做得好，客户满意度高，回头客就多。相反，售后服务做得不好，不仅很难有回头客，甚至会受到投诉。

下面是客服A处理某差评问题的聊天记录。

客服A：亲，在吗？看到您给我们店铺打了一个差评，我们有什么问题吗？

客户：你们快递太差了，到我这里之后几天都不给我送货。我催了几次才给我送，气死我了。

客服A：是这样啊，但快递不是我们店的啊，这不能怪我们啊。您给我们差评不合适吧？

客户：我买个东西只希望快点收到，这快递是不是你家的关我什么事？

客服A：您怎么不讲理呢？

客户：你才不讲理呢，我要投诉你！

再来看客服B处理类似问题的聊天记录。

客服B：在吗？小仙女，看到您给我们店铺打了一个差评，我们有什么做得不好的，请小仙女指教。

客户：你们快递太差了，到我这里之后几天都不给我送货。我催了几次才给我送，气死我了。

客服B：实在对不起，惹小仙女生气了，我也觉得这次的快递太过分了。不过也要请您理解一下，我们把快递发出后，快递公司如何运输、派送就不是我们能控制的了，我们也只能多催促。您因为这个原因给我们打差评，我们有点无辜呢（哭的表情）……

客户：那快递也是你们选的啊。

客服B：和您说实话，我们在签约快递公司的时候也是很谨慎的，选择的都是国内一线快递，服务质量都是差不多的。这次出现延误，我们也觉得很意外。后面我把这个情况反映上去，让领导考虑一下后期还要不要跟这家快递公司合作。

客户：嗯，如果经常这样延误的话，确实应该换快递了。

客服B：嗯嗯，给您带来不便真的不好意思，我这边跟您申请5元红包做补偿吧，真的对不起！

客户：好吧，你们也是受害者，我就把差评删了吧。

客服B：谢谢您的理解。

思考问题：

你认为谁的沟通方法更值得借鉴？为什么？

一、电子商务售中客户服务工作内容

电子商务售中客服人员的工作集中在客户付款到订单签收的整个时间段。售中客服人员主要负责处理与物流相关的工作，具体工作内容包括装配商品并打包、发货并跟踪物流、提醒客户及时收货、查单查件。

1. 装配商品并打包

售中客服人员核对订单后拣货，选择合适的包装并打包，为发货做好准备。售中客服人员在打包时要仔细检查商品与包装，避免发错货或漏发商品，并注意商品是否有瑕疵或包装不完整等问题。此外，还要细心核对订单信息与快递信息，特别是订单的备注信息或者客户留言中提出的要求。

视野拓展

客服人员应掌握的打包技巧

快递打包也是客服人员应掌握的技能之一。从客服的角度出发，在打包时，需要做到以下几点：

一是选择合适的包装材料。应该根据不同的快递物品选择合适的包装材料。例如，对于易碎物品，应该选用泡沫、气泡膜等材料进行包装。

二是注意包装的紧密度。在包装过程中，应将物品尽可能填满整个包裹，减少物品在包裹内的摇晃、碰撞。若物品与包裹大小不匹配，可用泡沫或气泡膜填充包裹。

三是尽量减少包裹体积。包裹体积越小，运费越便宜。

四是标注清晰的收发信息。标注清晰的收发信息有助于识别，不易出错。

五是注意包裹的安全性。应在包裹上固定好胶带或绑带，防止包裹在运输过程中打开或脱落。

2. 发货并跟踪物流

售中客服人员做好商品打包工作后，要及时通知快递公司揽件，并在系统中对订单进行发货处理，然后告知客户已经成功发货。发货后，售中客服人员还需要根据需要随时跟踪商品的物流状态。

3. 提醒客户及时收货

当货物运输到客户所在地区并完成配送后，售中客服人员可以通过短信等方式提醒客户及时收货，防止货物丢失，如图 6-7 所示。

图 6-7　收货提醒

4. 查单查件

客服人员应接受客户查询快递的要求，为客户查询快递信息并跟进处理。除此之外，客户可能会要求修改地址或者取消订单，客服人员要按流程进行相应处理。相关流程如图 6–8 所示。

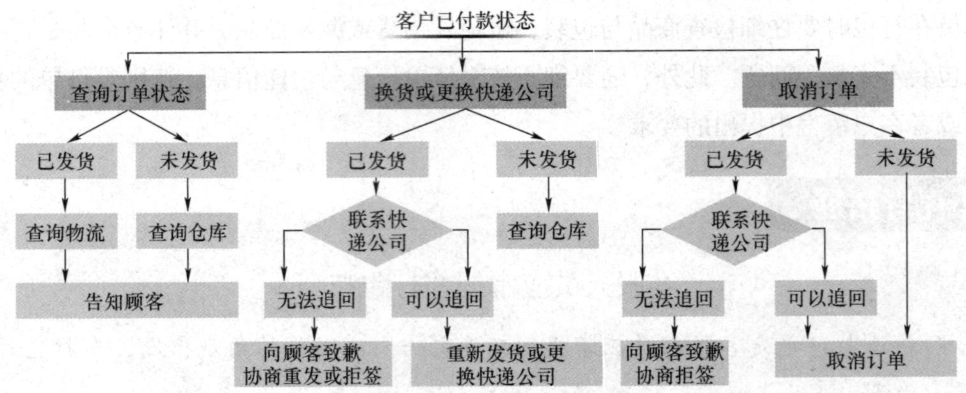

图 6–8　查单查件相关流程

客户要求查询快递信息通常是因为他们未收到货物，而未收到货可能是由于某些特殊原因。这些特殊原因及处理措施见表 6–7。

表 6–7　客户未收到货的特殊原因及处理措施

特殊情况描述	原因	处理措施
系统显示货物已发出但无物流信息或物流信息长时间不更新	仓库未发货	咨询仓库为何没有发货。如果是因为缺货，需要问清楚什么时候可以到货，安抚客户等待 1 ~ 2 个工作日再查询物流信息
	由于促销力度较大，网购商品增多，可能导致快递压力增加，甚至爆仓，从而出现派送延迟	告知客户情况，向客户致歉，安抚客户，承诺限时给出解决方案
系统显示货物已签收，但客户未收到货	快递员将货物投递到了代收点（如商店、收发室等）	先咨询客户的收货地址是家庭住址还是办公地址，是否已由朋友、同事、家人或是小区的保安签收，再查询快递公司，告知客户结果
	因投递时限考核，快递员提前录入了妥投信息	
疑难件无法派送	因客户所留电话无法联系、地址不正确等原因暂时联系不上客户，导致无法送达	通过电话、平台软件留言联系客户更改信息。若 3 天内仍无法联系到客户，通知当地快递公司一周内将件退回，等客户主动联系，确认正确的联系方式及收货地址后重新安排发送
	因快递公司发错地址、爆仓、非客户本人签收等原因，货物无法及时送达客户	查明原因后，向客户表示歉意，以“不影响客户体验”为前提，协助客户主动进行催件，及时告知客户跟进情况，并跟进至货送到客户手中。若快递公司长时间无法安排送货，及时安排给客户重发，并跟踪原件退回

续表

特殊情况描述	原因	处理措施
系统显示超区件	因客户指定快递公司，仓库发货安排不当或快递公司送货区域变更导致无法安排送达	电话联系客户是否可以自提，若不能自提则联系快递公司将原件退回，换其他快递公司重发。若客户要求转其他快递公司，条件允许的情况下先告知费用，确定费用后再协调
货物丢失	不可抗力因素如地震、洪水、火灾等所致	与客户协商解决方案，可以考虑补发或退款
	人为因素导致，例如，配送途中无法得知货物去向，且与快递公司核实，确认在某时间段内无法找回	与快递公司核实确认，第一时间通知客户有关情况，向客户表示歉意，马上安排补发，跟进至客户顺利收到货物。同时，及时录入丢件信息，向快递公司索赔

二、电子商务售后客户服务工作内容

电子商务售后客户服务主要针对客户签收后的售后问题进行跟进和处理。售后服务质量是衡量网店服务质量的重要方面，好的售后服务不仅可以提升网店的形象，还能留住更多客户，提升客户的复购率。售后客服人员的主要工作内容包括正常退换货处理、退款处理、客户反馈问题处理、评价处理、纠纷投诉处理和客户回访等。以下介绍其中部分内容。

1. 客户反馈问题处理

客户收到商品后，在使用过程中可能会遇到某些问题，此时用户一般会找到售后客服人员进行反馈。客服人员一定要认真对待，根据实际情况进行处理，尽量优先考虑客户的利益。图 6–9 所示为某客户就商品质量问题与售后客服人员的对话。该售后客服人员了解问题后，立刻提出了适当的解决方案。

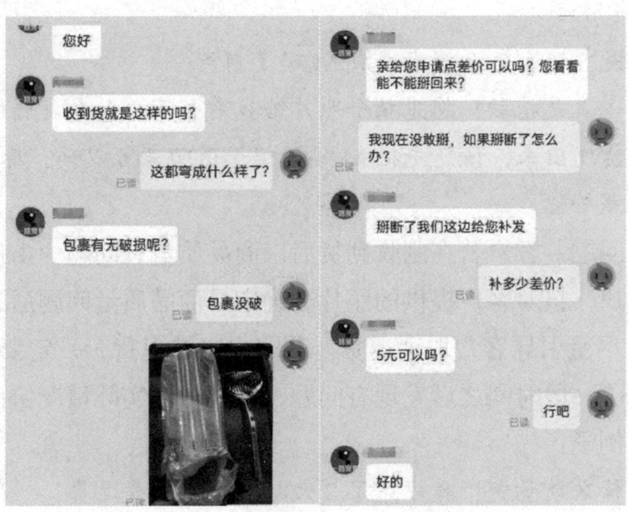

图 6–9　某客户与售后客服人员的对话

2. 评价处理

客户在收到商品后通常会对交易作出评价，售后客服人员也需要对客户进行评价。客户的评价一般分为好评和中差评，尽管有些平台不区分好评和中差评，但星级评价也起着同样的作用。如果客户给出了好评，客服人员可以回复感谢客户的评价；如果客户给出了中差评，那么客服人员需要与客户联系，了解客户不满的原因，并竭力解决问题，以期让客户自愿将中差评改为好评。如果沟通无效，客服人员应该在客户的评价下给出解释性的回复，尽可能地降低对店铺的负面影响。

3. 客户回访

交易完成后，售后客服人员需要定期或不定期地对客户进行回访。回访内容主要包括询问客户对商品质量是否满意，使用中是否遇到问题，是否对相关商品有兴趣，以及告知客户最新的店铺活动、优惠信息等。客户回访可以增强客户对网店的黏性，加深客户对网店的印象，提升网店在客户心中的存在感，为客户再次光顾提供良好的基础。

三、常见的售后服务问题及处理技巧

1. 正常退换货处理

当客户提出退换货申请时，售后客服人员首先要了解客户退换货的原因。不同的原因，处理方式有所不同。

（1）卖家发错商品。售后客服人员应第一时间与客户进行沟通，并核对情况是否属实，请客户拍照确认。核实后要以安抚客户的口吻和道歉的口吻与客户进行沟通，争取客户的好感，并请客户在系统中发起退换货申请，给予解决。发错商品的售后处理例子如下：

客户：我要的是S码，怎么给我发成M码了啊？

客服人员：亲，真是抱歉！您先拍个照片给我看一下，如果发错的话，我这边马上安排今天把S码的货发出来，请您先把M码的裙子退回来可以吗？麻烦您了！

客户：我先拍照给你。

（2）商品质量问题。客户若在刚收到货后以商品质量有问题为由提出退换货，售后客服人员应安抚客户，核对客户提供的照片。确定是商品质量问题后，表达歉意，提出恰当的解决方案，尽量引导客户取消退货。若客户坚持退货，一定要满足客户的需求。如果客户已经使用了一段时间之后发现有问题，则应根据实际情况协商解决。下面是一个相关的售后处理例子：

客户：这衣服什么质量啊！我才穿了2天就破了，我要退货！

客服人员：亲，麻烦您提供下照片方便我核实哦！可能是缝制时不太精细。您看这样行吗？您自己缝制或者去当地裁缝店里缝制，我这边给您补偿。

客户：那行吧！

（3）买家原因退换货。现在大部分店铺都支持7天无理由退换货，很多买家收到货后会因尺码不合适或不喜欢等原因申请7天无理由退换货。售后客服人员接到买家的退换货申请后，可以尝试说服买家撤销申请。但如果买家执意要退，那么也要干脆地处理，不要让买家产生退货困难的感觉。

视野拓展

退换货运费由谁承担？

如果是卖家原因（如商家发错货或商品质量有问题）导致的退换货，则退换货运费由卖家承担。如果是买家原因（如尺码不合适、颜色不喜欢）需要退换货，则要看商品是否包邮。若是包邮商品，则买家承担退货运费，卖家承担发货运费；若非包邮商品，则所有退换货运费均由买家承担。

2. 退款处理

电商平台中，订单状态为待发货、待收货、交易成功状态时，用户均可以发起退款操作。当订单为待发货状态时，由于货物还未发出，可直接退款，取消订单。当订单为待收货状态时，需要立刻进行快递拦截。若拦截成功，则进入退款流程，否则，可驳回客户申请，并请客户拒收，将商品退回后退款。交易成功后客户提出退款申请的情况比较复杂，具体情况及处理办法可参考表6–8。

表6–8　交易成功后的退款问题及处理办法

常见问题	售后客服人员处理办法	后续改进措施
商品破损、少件等问题	①联系客户提供实物照片确认商品情况 ②向物流公司核实是谁签收的包裹 ③如果非本人签收，且客户没有授权，可以直接给客户退款，并联系物流公司协商索赔，避免与客户之间的误会	①发货前严格检查商品质量 ②选择服务品质高，尤其是对签收操作有严格规范的物流公司 ③提前约定送货过程中发生的商品破损、丢件等损失由谁承担
质量问题	①联系客户提供实物图片，确认问题是否属实 ②核实进货时商品质量是否合格 ③如果确认商品存在质量问题或无法说明商品是否合格，可直接与客户协商解决，如退货退款	①重新选择优质的进货来源 ②进货后保留好相关的进货凭证

续表

常见问题	售后客服人员处理办法	后续改进措施
商品与描述不符	①核实商品详情页的描述是否有歧义或者容易让客户误解的信息 ②核实是否发错商品 ③如果描述有误或者是发错商品，可以与客户协商解决，如换货、退货、退款等，避免与客户发生误会	①确保商品描述内容通俗易懂，不让人产生歧义 ②确保发出的每一件商品与客户购买的商品一致
收到假货	①核实供货商家是否具备相应资质 ②如无法确认商家资质，可直接联系客户协商退货退款	①选择有品牌经营权的供应商 ②进货后保留好相关的进货凭证或授权书
退运费	①核实发货单上填写的运费是否少于订单中客户所支付的运费 ②如果有误，将超出部分的金额退还给客户	邮费模板要及时更新。如果有特殊情况，应及时通知客户

视野拓展

无实物回库

无实物回库是指售后的商品由于损坏严重或运输成本过高等原因不值得再返回仓库。对于商家或者平台来说，无实物回库商品属于损失，因此需要生成一个商品报损出库单，单据类型为无实物，以便财务进行账务处理。这种情况在生鲜食品销售中比较常见，例如，海鲜或水果都有保质期，运回仓库就坏了，也无法销售，回库只会增加成本。

3. 评价处理

很多客户在购买商品时会参考其他客户的评价，因此客户的评价对于网店来说具有重要意义。当一笔订单完成后，客服人员需要主动邀请客户对商品给出好评。在邀请客户时，应避免使用过于直白或强制性的语言，而是应该先感谢客户的支持，并以恳切的语气请求客户给予好评，如图 6–10 所示。

（1）好评处理。如果商家提供优质的产品和用心的服务，客户收货后对产品和服务都满意时一般都会给商家好评。对于商家来说，收获好评并不意味着工作结束。其他客户除能看到这条评价外，还能看到商家的回评。因此对于好评，客服人员也可以作出合适而有亲和力的回评，这对于客户的复购和店铺形象的传播都非常重要。图 6–11 所示为某店铺对好评的回评。

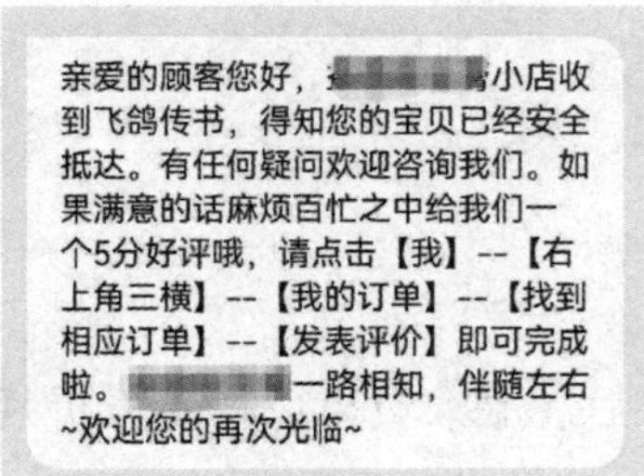

亲爱的顾客您好，[redacted]小店收到飞鸽传书，得知您的宝贝已经安全抵达。有任何疑问欢迎咨询我们。如果满意的话麻烦百忙之中给我们一个5分好评哦，请点击【我】--【右上角三横】--【我的订单】--【找到相应订单】--【发表评价】即可完成啦。[redacted]一路相知，伴随左右~欢迎您的再次光临~

图 6–10　请求客户给予好评示例

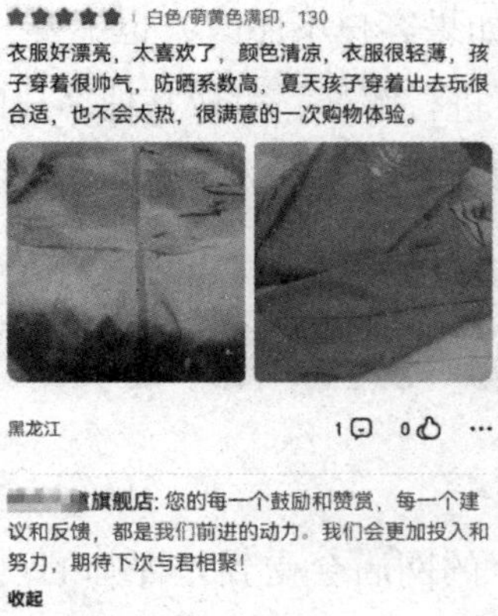

白色/萌黄色满印，130
衣服好漂亮，太喜欢了，颜色清凉，衣服很轻薄，孩子穿着很帅气，防晒系数高，夏天孩子穿着出去玩很合适，也不会太热，很满意的一次购物体验。
黑龙江
1
0
[redacted]旗舰店：您的每一个鼓励和赞赏，每一个建议和反馈，都是我们前进的动力。我们会更加投入和努力，期待下次与君相聚！
收起

图 6–11　某店铺对好评的回评

（2）中差评处理。在销售过程中，让商家比较头疼的就是客户的中差评。中差评不仅影响产品的销售，还会直接影响店铺的口碑，甚至是品牌的声誉。客服人员遇到中差评或者投诉时一定要保持冷静，分析原因，尽力给客户一个满意的答复，做到双赢。中差评的处理流程如图 6–12 所示。

收到中差评
了解客户相关信息，分析原因
及时与客户沟通
不接受修改
接受修改
暂时没有修改
提供补偿措施
感谢顾客
做好备注，二次跟踪

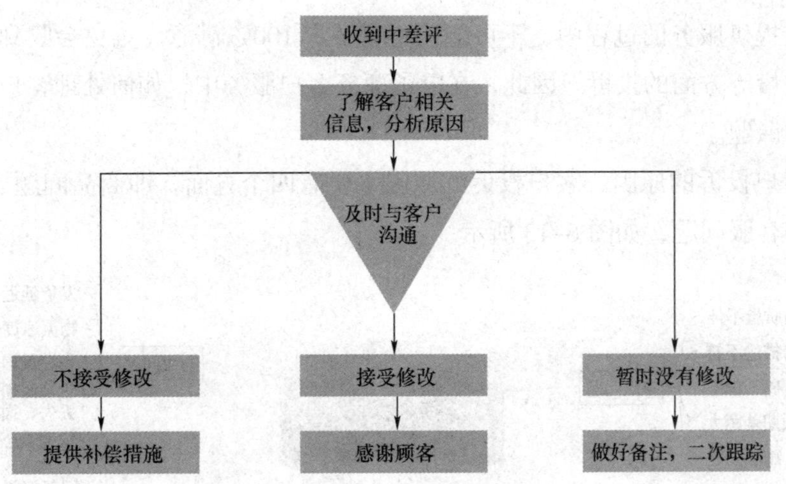

图 6–12　中差评的处理流程

对中差评可以采用以下三种方法应对：

1）收到客户给的中差评后，售后客服人员应第一时间与客户联系，优先使用平台自带聊天工具。若联系不到，可电话联系，解释说明，语气要诚恳，要问清缘由，承认错误，必要时承担所有费用。要耐心倾听客户的不满，站在客户的角度思考商家该如何做。最后，要给客户一个专业的解释，尽量说服客户修改评价。

2）给予客户适当补偿，如赠送店铺优惠券、下次包邮权、店铺会员权益或礼品等，让客户修改评价。

3）如果客户不愿改，也不要气馁，要利用评价回复功能体现店铺的服务态度，在中差评下进行解释，争取其他客户的理解与同情。处理中差评的态度就是对待客户的态度，也体现客服人员的素质和店铺的形象。

识别差评师

有的网店会受到差评师的攻击，在沟通时售后客服人员可以初步分析判断买家是不是差评师，他们的特征一般有：①账号信用级别不高，“仅退款”频率太高；②好评率低于 80%；③注册时间短于 1 个月；④昵称异常，使用比较长的字母数字；⑤收货人姓名、收货地址模糊，有的使用明星姓名。客服人员可收集相关证据，提交平台或警方。

4. 投诉处理

网店在提供服务的过程中，不可能让所有客户 100% 满意，难免会收到关于服务质量、商品质量等方面的投诉。因此，在电子商务客户服务中，如何处理客户投诉是一个不可避免的课题。

（1）客户投诉的原因。客户投诉的原因主要有四个方面，即商品问题、价格问题、物流问题和客服问题，如图 6-13 所示。

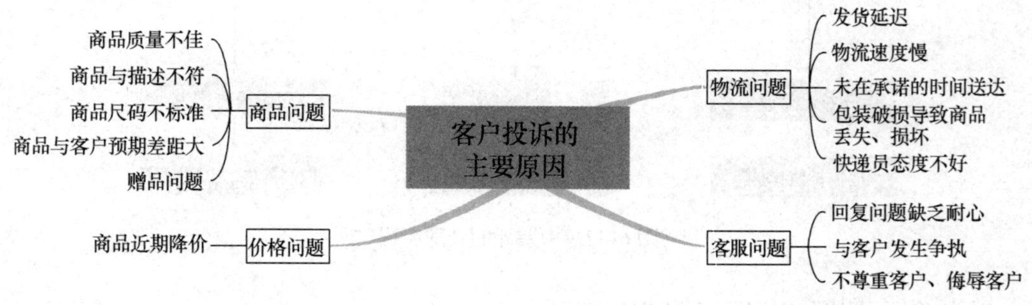

图 6-13　客户投诉的主要原因

（2）投诉处理的原则。不管是何种原因引起的投诉，售后客服人员都应避免与客户发生争吵。首先要了解客户不满的原因，并初步给予客户关于处理方法的答复和承诺，让客户放心。然后查询投诉处理标准，立即制定处理方案，并及时向客户反馈处理意见。投诉处理的整体原则如下：

1）正确认识客户投诉。客服人员应该认识到，客户投诉是不可避免的。有不满情绪并投诉的客户实际上是对网店有期望的客户，他们的反馈有助于网店不断改进产品和服务。

2）保持心态平和，先处理感情后处理事情。客户在投诉时可能会情绪激动、愤怒，这实际上是一种发泄，并不是对客服人员个人不满。在这种情况下，客服人员需要尽力安抚客户，引导他们平静下来。例如：

客户："你们根本是不负责任，不负责任才导致了今天的烂摊子！"

客服人员："我能理解您的心情，请问您什么时候开始感到我们的服务没能及时解决这个问题？"

在上述对话中，客服人员没有与客户争吵，而是将客户引导回事情本身。

3）认真倾听，分析投诉发生的真正原因。当客户投诉商品有问题时，不要急于辩解，而是耐心倾听问题，并记录客户的用户名和购买的商品，以便回忆当时的情形。与客户一起分析问题的根源，才能有针对性地找到解决问题的办法。

4）诚恳道歉。道歉并不一定表示客服人员或网店有错，主要是表明对客户不愉快经历的遗憾与同情。因此，无论是何种原因导致客户不满，都要诚恳地向客户道歉，这有助于将客户的情绪引向解决方案。

5）提出补救措施。针对客户的不满，要及时提出补救方案，并明确告知客户，让他们感到客服人员在为他们考虑、为他们弥补，并且重视他们的感受。一个及时有效的补救措施往往能将客户的不满转化为感谢和满意。

6）及时总结客户的投诉。在解决客户投诉后，一定要及时反思并改进工作，避免类似问题再次出现。

发错货的处理

1. 任务背景

小丽是某品牌真皮手套网店的售后客服人员。某天，客户小帅气呼呼地来兴师问罪。事情起因是这样的，考虑到天气转冷，小帅决定买一副手套，经过对比，他最终在小丽所在的店里进行了购买。然而，当他满怀欣喜地打开包裹时，却发现收到的两只手套都是左手的，愤怒的情绪瞬间取代了他的喜悦。

2. 任务要求

两人一组，分别扮演售后客服人员小丽和客户小帅，模拟完成发错货的售后处理，让客户感到满意。

第七章 电子商务安全和法律

学习目标

1. 了解网络安全的基本概念和重要性。
2. 理解电子商务面临的网络技术安全问题。
3. 熟悉电子商务的网络安全对策。
4. 掌握电子商务交易中的其他安全问题。
5. 了解我国电子商务重要法律法规。

电子商务虽然极大地提升了消费者的购物体验和效率，然而，也带来了一些安全和法律问题。

本章主要介绍电子商务网络安全的基础知识、电子商务交易中的安全问题及我国电子商务法律法规。

第一节 电子商务网络安全

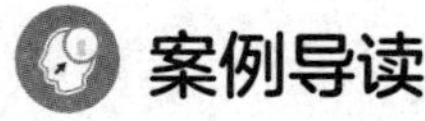

案例导读

假冒淘宝客服人员专骗淘宝新卖家

方某今年 24 岁，不久前在淘宝上开了一家网店。一天，有顾客购买了方某网店里的某品牌球鞋。随后，该顾客向方某发来截图，称无法完成支付。一名自称淘宝客服人员的人员通过阿里旺旺账号主动联系了方某，称"顾客无法支付是因为新店系统不完善，需交纳 1 000 元保证金才能完善系统"，并承诺事后返还。

急于做成生意的方某相信了这位淘宝客服人员，扫描了对方发来的付款二维码，向对方支付了 1 000 元保证金。可购买球鞋的顾客再次向方某反映，仍然无法完成支付。

于是，方某再次联系这位淘宝客服人员，对方告诉方某激活失败，原因是其店内没有"假一赔三"和"七天包退换"服务，需再交纳 7 000 元保证金。于是方某又交了 7 000 元保证金。之后方某发现自己被该客服人员拉入了黑名单，他这才意识到遇到了骗子，遂向派出所报案。

思考问题：

1. 对于初次涉足电商平台的个体商家，有哪些方法可以确保其交易的安全性？

2. 为规避类似诈骗风险，电商平台应如何加强支付安全？商家应如何建立风险防范机制？

一、网络安全基础

1. 网络安全的基本概念

网络安全是指保护计算机网络不受未经授权的访问、窃听、窜改、破坏或泄露信息的威胁。它是一个多学科交叉的领域，涉及计算机科学、信息技术和通信技术等方面的知识。

在网络安全领域，计算机软硬件的安全性都至关重要。软件安全包括开发和使用安全的操作系统、应用程序和数据库，以及及时更新和修补已知的安全漏洞。硬件安全包括保护网络设备和服务器免受物理攻击，如安装防火墙、入侵检测系统和访问控制设备等。

网络空间并非法外之地，每位公民都要明确自己在网络上的权利和义务，不侵犯他人的权利，同时了解网络安全知识，增强网络安全意识和能力。

2. 网络安全的重要性和影响

（1）维护国家安全和稳定。网络安全不仅关系到个人，也关系到国家的安全和稳定。随着信息化程度的不断提高，国家的重要信息和基础设施越来越依赖于网络。许多重要的文件、数据、信息都在网络上进行传输和存储。如果网络安全得不到保障，就会给国家的安全和稳定带来严重的威胁。

（2）保护个人隐私和财产安全。在互联网上，个人的隐私和财产安全面临着很大的威胁。黑客攻击、网络诈骗、恶意软件攻击等问题屡屡发生，给人们带来了巨大的困扰。因此，保护个人隐私和财产安全是网络安全的重要目标之一。

（3）促进经济发展和社会进步。目前，网络已经成为经济发展和社会进步的重要驱动力。如果网络安全得不到保障，就会给经济发展和社会进步带来严重的阻碍。

3. 网络安全威胁的类型和来源

网络安全面临着多种类型的威胁，这些威胁来源广泛，可能来自个人、组织等。常见的网络安全威胁类型及其来源主要是：

（1）恶意软件。计算机病毒等恶意软件是网络安全的常见威胁。它们可以通过电子邮件附件、感染的外部设备等途径传播。这些恶意软件可能由黑客、犯罪分子或恶意组织制作和传播。

（2）网络钓鱼。网络钓鱼是一种通过仿冒合法机构的方式，欺骗用户输入敏感信息（如用户名、密码、信用卡号码等）的攻击手段。钓鱼网站通常伪装成银行、电子商务平台或社交媒体等常见网站。攻击者通常通过电子邮件、社交媒体消息或恶意链接引诱用户进入钓鱼网站。

（3）身份盗窃。身份盗窃是指盗取他人身份信息用于非法目的，如盗取银行账户信息、信用卡信息或个人身份证件信息等。这些信息可以被用于金融欺诈、非法交易或其他违法活动。身份盗窃可能通过恶意软件、网络钓鱼、数据泄露或黑市交易等途径实施。

（4）拒绝服务攻击。拒绝服务攻击是指使目标服务器、网络或系统过载，从而无法正常运行或对用户提供服务的攻击。这些攻击通常通过向目标发送大量的无效请求或占用网络带宽来实施。攻击者可以利用僵尸网络或分布式拒绝服务攻击工具发动攻击。

（5）黑客攻击。黑客攻击是指非法入侵计算机系统、网络或应用程序，以获取敏感信息、破坏系统功能或进行其他恶意活动的行为。黑客可以利用漏洞、弱密码等方式入侵系统，他们可能是个人黑客、黑客组织或国家级黑客。

（6）数据泄露。数据泄露是指未经授权地泄露敏感信息，如用户个人信息、企业机密数据、客户数据库等。数据泄露可能源自内部员工的疏忽、网络攻击、系统漏洞或第三方供应商的数据泄露等。这些泄露可能导致个人隐私泄露、财务损失、声誉损害等。

（7）物联网威胁。随着物联网设备的普及，物联网威胁也越来越突出。攻击者可以利用不安全的物联网设备入侵网络、窃取数据、追踪用户活动或对物理设备进行干扰。不安全的默认密码、弱安全措施和缺乏安全更新是物联网威胁的主要来源。

（8）内部威胁。内部威胁是指来自组织内部人员的威胁，包括员工、供应商或合作伙伴。内部威胁可能是故意的（如雇员窃取数据或实施恶意行为），也可能是无意的（如员工疏忽或对安全设施的不当操作）。

课堂讨论

哪些因素会导致网络安全威胁的增加？

二、电子商务面临的网络技术安全问题

1. 数据安全与隐私保护

在电子商务领域，数据安全与隐私保护至关重要。随着电子商务的快速发展，大量的个人数据和商业数据在网络上进行传输和存储，其中包括用户的个人信息、交易记录、支付信息等敏感数据。相应地，就会存在用户信息泄露、身份盗用、金融欺诈等风险，从而严重影响电子商务的可持续发展。因此，建立有效的数据安全与隐私保护机制至关重要。

在电子商务数据安全方面，黑客攻击、恶意软件攻击、数据泄露等都是常见的威胁，它们可能导致数据被窃取、篡改或破坏。此外，还存在内部人员的不当行为等威胁，这些都需要得到有效的防范和控制。

首先，数据分类与等级保护是一种有效的措施，即将数据按照敏感程度进行分类，并采取不同级别的安全措施进行保护。其次，访问控制和身份验证是数据安全的基础。通过限制访问权限和确保用户身份的真实性，可以防止未经授权的访问和数据泄露。此外，数据加密和安全传输技术也是重要的保护手段。通过对数据进行加密保护和使用安全传输协议，可以防止数据在传输过程中被窃取或篡改。

视野拓展

近年来，人工智能（AI）发展迅速，“AI 换脸”已从最初的个人娱乐向网络直播等多个应用场景扩展。虚拟世界不是法外之地。我国法律规定，任何组织或者个人不得以丑化、污损，或者利用信息技术手段伪造等方式侵害他人的肖像权。未经肖像权人同意，不得制作、使用、公开肖像权人的肖像，但是法律另有规定的除外。针对人工智能生成内容识别难、侵权问题多发等特点，2023 年，国家互联网信息办公室等部门联合发布《生成式人工智能服务管理暂行办法》，要求在提供此类服务时要遵守法律、行政法规，尊重社会公德和伦理道德。

2. 电子支付安全

采取有效的安全措施和技术、加强支付平台和系统的安全性、进行用户身份验证和支付授权、使用加密技术以及提升用户安全意识，都是确保电子支付安全的关键要素。只有打造安全可靠的电子支付环境，才能保护用户的资金安全，提升用户信任，促进电子商务的可持续发展。

电子支付安全是指在电子商务交易中保障支付过程的安全性和可靠性。随着电子商务的普及和发展，电子支付成为现代交易的主要方式之一。然而，电子支付也面临着一系列的安全风险和挑战。数据泄露、支付信息被盗用、支付平台被攻击等问题可能导致用户财产损失和信任危机。因此，打造安全可靠的电子支付环境是保护用户利益和促进电子商务发展的重要任务。

保障电子支付安全的关键在于采取有效的安全措施，提供技术保障。首先，支付平台和支付系统的安全性至关重要。采用安全的支付平台和系统，包括使用可靠的支付渠道、安全的支付网关以及建立强大的防护机制，能够防范黑客攻击和数据泄露。其次，用户身份验证和支付授权也是必不可少的。使用多因素身份验证、短信验证码、指纹识别等技术，可以确保只有合法用户进行支付操作，并减少支付风险。

加密技术在电子支付安全中发挥着重要作用。采用强大的加密算法对支付数据进行加密，能够有效防止支付信息在传输和存储过程中被窃取或窜改。同时，定期更新和升级支付系统的安全补丁，加强系统的防护能力，也是确保电子支付安全的重要环节。此外，用户教育和安全意识的提升也是不可忽视的，用户应注意保护个人隐私信息，定期检查账户和支付记录，并及时报告异常情况。

3. 网络平台安全

网络平台安全是指保护在线服务平台免受未经授权的访问、攻击和数据泄露等威胁的综合措施。随着互联网的快速发展，各种网络平台如社交媒体、电子商务平台、网络银行等为人们提供了便捷的服务和交流渠道。然而，网络平台也面临着安全风险，包括黑客攻击等问题。

通过采取全面的安全措施和策略，包括身份验证、访问控制、数据加密和隐私保护等，可以有效应对各种网络威胁，并保护用户隐私和信息安全。只有确保网络平台的安全性，才能提供可靠的服务，获得用户的信任，促进网络平台的可持续发展。

实现网络平台安全的关键在于采取全面的安全措施和策略。首先，平台需要建立强大的身份验证和访问控制机制。使用多因素身份验证、安全登录、权限管理等技术手段，可以确保只有合法用户能够访问平台，并限制未经授权的访问行为。其次，网络平台需要采用先进的防护措施，包括防火墙、入侵检测系统、反病毒软件等，并及时修补安全漏洞，提高平台的抵御能力。

数据加密和隐私保护也是网络平台安全的重要方面。通过对用户数据进行加密存储和传输，可以有效防止数据泄露。平台应建立隐私保护政策，并遵守相关法律法规，保护用户的个人信息安全。同时，定期进行安全漏洞扫描和渗透测试，加强对用户数据的保护。

三、电子商务网络安全对策

为了保护用户信息，维护企业声誉，电子商务企业需要采取一系列的网络安全对策。

1. 安全策略和政策制定

制定健全的安全策略和政策是保障网络安全的基础。企业首先应制定明确的网络安全政策，明确规定员工在使用企业网络和系统时的行为规范，包括密码管理、权限控制、数据备份等方面的规范。同时要建立网络安全风险评估和管理体系，定期评估网络安全风险，并制定相应的风险应对策略。与此同时，加强与合作伙伴的安全合作，明确双方的责任和义务，共同维护网络安全。

2. 安全培训

安全培训是提升员工对网络安全重要性的认识和相关技能的关键。电子商务企业应定期组织网络安全培训，向员工传授网络安全知识和技能，提高他们的安全意识和威胁应对能力。培训内容包括社交工程攻击、网络钓鱼等常见的安全威胁以及应对措施。同时，企业应建立有效的内部沟通渠道，鼓励员工报告安全事件和漏洞，以便及时采取措施解决问题。

3. 安全监测和响应

安全监测和响应是及时发现和应对网络安全威胁的重要手段。电子商务企业应建立安全监测系统，实时监控网络流量、异常行为和入侵攻击等，及早发现安全漏洞和风险。同时，制订应急响应计划，明确安全事件的处理流程和责任分工，以便在出现安全事件时能够迅速响应和应对。此外，应建立与安全服务提供商和执法机构的合作关系，获取实时的安全情报和专业支持，提高应对网络安全威胁的能力。

计算机防火墙设置和安全软件的使用

1. 任务背景

农鲜达公司为了保护其计算机和网络免受潜在的威胁，准备培训学员，使其掌握设置防火墙和使用安全软件维护计算机的基本技能，以提升电子商务网络安全保护能力。

2. 任务要求

（1）实训一：设置防火墙。了解防火墙规则和策略的设置方法，根据网络环境和需求设置适当的防火墙规则。

（2）实训二：使用 360 安全卫士软件维护计算机。掌握病毒查杀、木马清除、漏洞修复和安全选项设置的操作方法。

3. 任务实施

（1）实训一：设置防火墙（以 Windows 10 系统为例）。在 Windows 10 系统中可以通过多种途径完成设置防火墙。

1）方法 1：通过“控制面板”设置。

①在开始菜单中搜索“控制面板”并打开。

②在“控制面板”窗口中，点击“系统和安全”。

③找到“Windows Defender 防火墙”并点击。

④可以通过左侧的菜单项来启用或关闭防火墙，并允许指定应用通过防火墙。

2）方法 2：通过“Windows 安全中心”设置。

①点击开始菜单，选择“设置”，然后在“更新和安全”下面点击“Windows 安全中心”。

②点击“防火墙和网络保护”。

③在“防火墙和网络保护”页面中有不同网络类型（如域网络、专用网络、公共网络）的防火墙状态。点击想要配置的网络类型，然后启用或关闭防火墙，以及管理允许通过防火墙的应用。

（2）实训二：使用 360 安全卫士软件维护计算机。

1）下载和安装 360 安全卫士。具体步骤略。

2）进行病毒查杀和木马清除。

①在 360 安全卫士软件中点击“全盘查杀”或“快速查杀”等按钮，让软件对整个计算机或指定区域进行病毒扫描。

②扫描完成后，软件将显示扫描结果。如果发现病毒或木马文件，根据软件提供的操作选项进行清除或隔离处理。

3）进行漏洞修复。

①在 360 安全卫士软件中点击“漏洞修复”等按钮，让软件检查计算机中存在的漏洞。

②软件将列出存在漏洞的应用程序和系统组件，并提供修复选项。

③根据软件的指引进行自动修复或手动修复。

4）设置安全选项。

①在 360 安全卫士软件中点击“设置”按钮。

②根据个人需要调整漏洞修复、木马查杀等选项。

5）定期更新和扫描。

① 360 安全卫士会自动检查更新，应确保使用的是最新的病毒库和软件版本。

②定期进行全盘扫描或快速扫描，以确保计算机的安全性。

第二节 电子商务交易中的安全问题

案例导读

网购二手摩托车异地“被”签收

海南的王某在网上买了一辆二手的摩托车。让他没有想到的是，几天后，物流信息显示摩托车在广东被签收了。

原来，王某在网上购买了一辆 8 成新的摩托车，并通过微信支付了 3 350 元。其中，3 000 元是购买摩托车的费用，350 元是运费。王某付款的当天，平台软件就显示，位于广东揭阳的卖家已经通过某快递发货，页面上还留有一个快递单号。王某本以为，过不了两天就能收到车，谁知 3 天后物流信息显示摩托车在广东被签收了。

看到这种情况后，王某立即申请退款。但卖家拒绝了他的申请。

根据王某提供的申请记录，卖家承认自己发的快递单号是假的。而卖家之所以拒绝退款申请，是因为他自称已通过另外一家快递发货，并且一口咬定王某已收到车，要退钱的话，王某必须退回车。对此，王某不止一次电话联系卖家协商，但是卖家的电话无法打通。

于是，王某申请平台客服人员介入，但 3 天过去了，货款还是没有退回来。根据客服人员的提醒，王某对卖家进行了举报，并再次申请客服人员退款。3 天后，王某终于收到了 3 350 元的退款。

思考问题：

1．案例中的这种虚假发货和虚假签收问题可能存在哪些安全漏洞？

2．卖家通过提供虚假的快递单号和错误的签收信息欺骗王某，王某可以采取哪些措施来避免受到欺诈？

一、信用风险

电子商务交易中存在一些潜在的安全风险，其中之一就是信用风险。

1. 信用风险的定义与范围

信用风险是指买家或卖家在电子商务交易中未能履行合同义务或采取欺诈行为的潜在风险。它涉及各种交易行为，如买家未支付货款、卖家未发货、虚假描述商品和未按约定交付商品等。

讲究诚信是中华民族的传统美德。在市场经济中，诚信是维系市场秩序和信任关系的基石。诚实守信是每个人应该遵循的道德准则，无论是在线交易还是实体交易，都应该强调诚信的重要性。

2. 信用风险的影响

信用风险对买家、卖家和电子商务平台都有不利影响。对于买家而言，遭遇欺诈行为可能导致资金损失、个人信息泄露和购物体验恶化，降低对电子商务的信任度。对于卖家而言，遭遇恶意退货、虚假纠纷等问题可能导致利润损失、声誉受损和业务受阻，影响企业的长期发展。对于电子商务平台而言，信用风险会降低消费者对平台的信任度，减少交易量和市场活力。

3. 信用风险的形成因素

信用风险的形成与多个因素相关，主要有以下几个方面：

（1）信用记录和评价。买家和卖家的信用记录和评价是评估其信用水平的重要依据。如果一个买家或卖家有不良的信用记录或负面评价，可能表明其在过去的交易中存在问题，从而增加了未来交易中的信用风险。

（2）交易历史。买家和卖家的交易历史可以反映其过去的行为和偏好。如果一个人或企业的交易历史中存在违约行为或争议，可能会对其信用水平产生负面影响，增加信用风险。

（3）市场环境和行业规范。市场环境的变化和行业规范的制定对交易中的信用风险有直接影响。市场环境变化快，行业规范缺失可能导致信用风险增加。

（4）法律法规和监管政策。法律法规和监管政策的制定和实施可以规范市场行为，保护交易参与者的权益，减少欺诈和不当行为的发生。如果监管政策不够健全或执行力不足，可能会增加交易中的信用风险。

因此，买家和卖家的信用记录、交易历史、评价和评级等因素反映了其在交易中的信用水平，而市场环境、行业规范、法律法规和监管政策等则影响了整体交易环境的信用风险水平。这些因素之间相互作用，共同导致了信用风险的产生。

课堂讨论

商家在电子商务中如何提高自己的信用度?

二、常见的电商骗局

了解和识别常见的电商骗局对于保护消费者权益和维护良好的电商环境至关重要。

1. 假冒网站和虚假广告

假冒网站和虚假广告是一种常见的电商骗局，骗子通常会创建与知名电商网站相似的假冒网站，通过虚假广告吸引用户前往购买商品或提供个人信息。这些假冒网站通常会模仿正规网站的界面和标识，使用户很难分辨真伪。一旦用户在假冒网站上购买或提供了个人敏感信息，骗子就可以利用这些信息进行欺诈，如盗取账户资金或滥用个人身份信息。

为了防范假冒网站和虚假广告，消费者应保持警惕。首先，要确保访问的网站是正规的，可以通过检查网站的网址是否正确、是否有安全标志等方式进行验证。此外，对于可疑的广告，要审慎对待，避免轻信虚假宣传。如果遇到可疑情况，可以通过第三方平台的举报渠道进行投诉。

2. 欺诈交易和身份盗用

在这种骗局中，骗子通过虚假商品、虚假交易或其他手段欺骗消费者，从而非法获得财物或个人敏感信息。他们可能以低价诱惑消费者购买假冒品牌商品或劣质商品，或者通过冒充他人身份进行交易，以获取金钱或其他利益。

为了防范欺诈交易和身份盗用的风险，消费者应提高安全意识并采取预防措施。首先，要选择可靠的电商平台和商家进行交易，尽量避免在不明来源的平台上购物。其次，要保护个人信息的安全，不轻易泄露身份证号、银行账户等敏感信息，尤其是在不可信的网站或链接中。此外，尽量在购买商品之前进行充分的调查和比较，了解商品的市场价格和商家的信用度，以避免受到虚假宣传的欺骗。

电商平台和相关机构也扮演着重要的角色，应加强安全措施来防范骗局。电商平台可以通过建立严格的商家准入制度、加强商品质量监管、设立用户评价系统等方式保障消费者的权益。此外，平台也应加强安全技术的应用，包括加密通信、交易风险评估、欺诈检测等，以识别和阻止潜在的欺诈行为。

视野拓展

《中华人民共和国反不正当竞争法》第八条规定，经营者不得对其商品的性能、功能、质量、销售状况、用户评价、曾获荣誉等作虚假或者引人误解的商业宣传，欺骗、误导消费者。经营者不得通过组织虚假交易等方式，帮助其他经营者进行虚假或者引人误解的商业宣传。

商家信誉度分析

1. 任务背景

电子商务交易中存在着许多安全风险，对于消费者来说，选择可靠的商家是确保交易安全和商品质量的关键。本任务利用企查查网站（见图 7-1）对商家的信誉度进行分析，以帮助消费者回避风险。

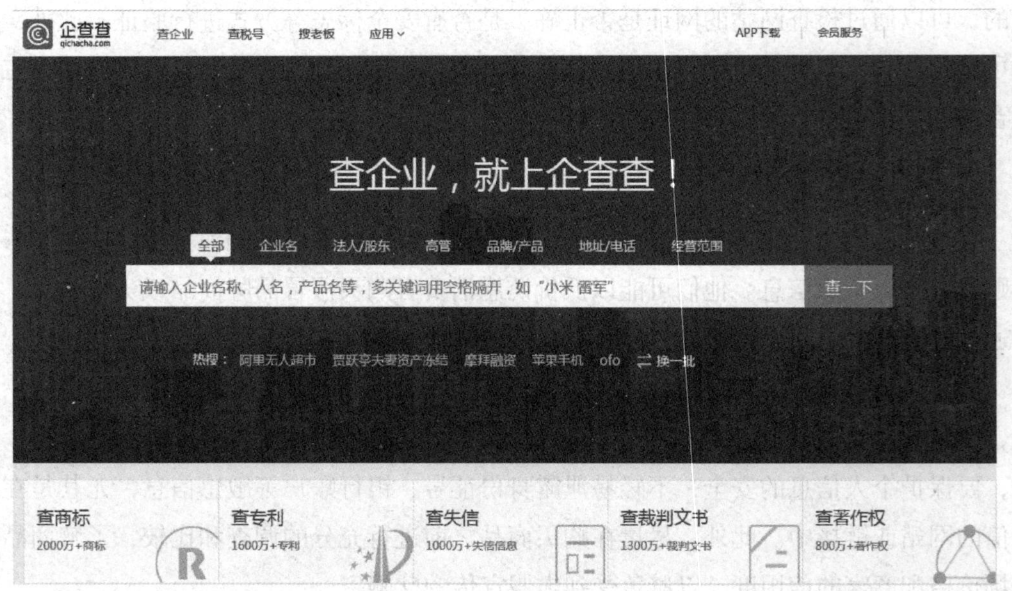

图 7-1　企查查网站主页

2. 任务要求

利用企查查网站查询企业信息。

整理获取的商家信息和信用评估数据，确保信息结构清晰，易于阅读和理解。

3. 任务实施

（1）在企查查网站上搜索目标商家的名称或注册号，获取该商家的基本信息和信用评估数据。这些信息包括企业背景、注册资本、经营范围、经营状态等。

（2）基于企查查网站提供的数据，对商家的信誉度进行分析。

1）注册资本。较多的注册资本可能表明商家具有较强的实力和较好的稳定性。

2）经营状态。关注商家的经营状态，如是否正常经营、是否有欠税等情况。

3）信用评级。根据信用评级评估商家的信用状况。

（3）根据获取的商家信息和信用评估数据，整理和组织材料。可以按照以下结构进行组织：

1）商家基本信息。包括商家名称、注册资本、经营状态等。

2）信用评估数据。列出商家的信用评级和相关指标。

3）分析和评价。根据上述信息，对商家的信誉度进行分析和评价。

第三节　我国电子商务法律法规

案例导读

手机短信是否能作为证据？

韩某通过手机短信向杨某先后借款 1 万元。后杨某向韩某催要欠款但一直未果，于是起诉至法院。

法院认为，依据《中华人民共和国电子签名法》中的规定，数据电文可以作为证据使用，而手机短信符合数据电文的形式。同时短信能够有效地表现所载内容并可供随时调取查用，即能够识别数据电文的发件人、收件人以及发送、接收的时间。

思考问题：

1. 在电子商务交易中，手机短信是否能够作为有效的证据？

2. 在电子商务交易中使用手机短信进行沟通和交流时，如何确保短信的真实性和完整性，以防止被窜改或伪造？

在电子商务领域，电子商务相关法律法规的制定和实施起到了重要的引导和规范作用。例如，《中华人民共和国电子商务法》和其他相关法律法规，为电子商务提供了明确的法律依据和规范，保障了消费者的权益，促进了电子商务的健康发展。

一、《中华人民共和国电子商务法》

电子商务的快速发展给商业活动带来了巨大的便利和机遇，但也伴随着一系列的挑战和问题。为了应对这些问题，我国制定了《中华人民共和国电子商务法》（以下简称《电子商务法》）来管理和规范电子商务活动。该法于 2019 年 1 月 1 日正式实施。

《电子商务法》旨在规范电子商务活动，促进电子商务健康发展，维护市场秩序和有关主体的合法权益。

1. 涉及消费者权益的规定

（1）保障商品和服务质量的措施。《电子商务法》规定，电子商务经营者销售的商品或者提供的服务应当符合保障人身、财产安全的要求和环境保护要求，不得销售或者提供法律、行政法规禁止交易的商品或者服务。

《电子商务法》还规定，电子商务平台经营者知道或者应当知道平台内经营者销售的商品或者提供的服务不符合保障人身、财产安全的要求，或者有其他侵害消费者合法权益行为，未采取必要措施的，依法与该平台内经营者承担连带责任。

（2）商品或服务信息的公示。《电子商务法》规定，电子商务经营者应当全面、真实、准确、及时地披露商品或者服务信息，保障消费者的知情权和选择权。电子商务经营者不得以虚构交易、编造用户评价等方式进行虚假或者引人误解的商业宣传，欺骗、误导消费者。

《电子商务法》还规定，电子商务平台经营者应当根据商品或者服务的价格、销量、信用等以多种方式向消费者显示商品或者服务的搜索结果；对于竞价排名的商品或者服务，应当显著标明“广告”。

以上规定旨在保护消费者的知情权、选择权和权益，促进公平竞争和消费者权益的维护。

（3）搭售商品（或服务）提示。《电子商务法》规定，电子商务经营者搭售商品或者服务，应当以显著方式提请消费者注意，不得将搭售商品或者服务作为默认同意的选项。

这一规定有助于保护消费者的选择权和知情权，促进公平交易和消费者权益的维护。

（4）交易纠纷的解决。《电子商务法》规定，电子商务经营者应当建立便捷、有效的投诉、举报机制，公开投诉、举报方式等信息，及时受理并处理投诉、举报。

《电子商务法》还规定，消费者在电子商务平台购买商品或者接受服务，与平台内经营者发生争议时，电子商务平台经营者应当积极协助消费者维护合法权益。

以上规定明确了电子商务经营者和电子商务平台经营者在保护消费者权益方面的责任和义务，有助于增强消费者对电子商务的信任和满意度。

（5）个人信息的收集与使用。《电子商务法》规定，电子商务经营者收集、使用其用户的个人信息，应当遵守法律、行政法规有关个人信息保护的规定。电子商务经营者应当明示用户信息查询、更正、删除以及用户注销的方式、程序，不得对用户信息查询、更正、删除以及用户注销设置不合理条件。电子商务经营者收到用户信息查询或者更正、删除的申请的，应当在核实身份后及时提供查询或者更正、删除用户信息。用户注销的，电子商务经营者应当立即删除该用户的信息；依照法律、行政法规的规定或者双方约定保存的，依照其规定。

以上规定明确了电子商务经营者在个人信息保护和用户个人信息管理方面的义务和责任，有助于保护用户的个人信息安全和权益，加强电子商务行业的合规性和可信度。

视野拓展

《中华人民共和国个人信息保护法》规定，个人信息处理者在处理个人信息前，应当以显著方式、清晰易懂的语言真实、准确、完整地向个人告知下列事项：

（一）个人信息处理者的名称或者姓名和联系方式；

（二）个人信息的处理目的、处理方式，处理的个人信息种类、保存期限；

（三）个人行使本法规定权利的方式和程序；

（四）法律、行政法规规定应当告知的其他事项。

2. 涉及电子支付的规定

（1）电子支付服务提供者的责任和义务。根据《电子商务法》的规定，电子支付服务提供者为电子商务提供电子支付服务，应当遵守国家规定，告知用户电子支付服务的功能、使用方法、注意事项、相关风险和收费标准等事项，不得附加不合理交易条件。电子支付服务提供者应当确保电子支付指令的完整性、一致性、可跟踪稽核和不可篡改。电子支付服务提供者应当向用户免费提供对账服务以及最近三年的交易记录。电子支付服务提供者提供电子支付服务不符合国家有关支付安全管理要求，造成用户损失的，应当承担赔偿责任。

支付指令发生错误的，电子支付服务提供者应当及时查找原因，并采取相关措施予以纠正。造成用户损失的，电子支付服务提供者应当承担赔偿责任，但能够证明支付错误非自身原因造成的除外。

电子支付服务提供者完成电子支付后，应当及时准确地向用户提供符合约定方式的确认支付的信息。

未经授权的支付造成的损失，由电子支付服务提供者承担；电子支付服务提供者能够证明未经授权的支付是因用户的过错造成的，不承担责任。

电子支付服务提供者发现支付指令未经授权，或者收到用户支付指令未经授权的通知时，应当立即采取措施防止损失扩大。电子支付服务提供者未及时采取措施导致损失扩大的，对损失扩大部分承担责任。

（2）用户的责任和义务。根据《电子商务法》的规定，用户在发出支付指令前，应当核对支付指令所包含的金额、收款人等完整信息。

用户应当妥善保管交易密码、电子签名数据等安全工具。用户发现安全工具遗失、被盗用或者未经授权的支付的，应当及时通知电子支付服务提供者。

3. 涉及电子合同的规定

《电子商务法》规定，电子商务当事人使用自动信息系统订立或者履行合同的行为对使用该系统的当事人具有法律效力。在电子商务中推定当事人具有相应的民事行为能力。但是，有相反证据足以推翻的除外。

《电子商务法》还规定，电子商务经营者发布的商品或者服务信息符合要约条件的，用户选择该商品或者服务并提交订单成功，合同成立。当事人另有约定的，从其约定。电子商务经营者不得以格式条款等方式约定消费者支付价款后合同不成立；格式条款等含有该内容的，其内容无效。

以上规定明确了电子商务中合同的成立和效力原则，保护了当事人的权益，防止不合理的格式条款损害消费者权益，并确保电子商务交易的合法性和合规性。

4. 涉及不正当竞争的规定

《电子商务法》规定，电子商务平台经营者不得利用服务协议、交易规则以及技术等手段，对平台内经营者在平台内的交易、交易价格以及与其他经营者的交易等进行不合理限制或者附加不合理条件，或者向平台内经营者收取不合理费用。

该规定旨在保护平台内经营者的权益，促进公平竞争和自由贸易。同时，该法还限制平台经营者收取不合理费用，以保护经营者的利益，并防止平台经营者滥用权力对经营者施加不当的经济压力。

5. 涉及税收的规定

《电子商务法》规定，电子商务经营者应当依法履行纳税义务，并依法享受税收优惠。不需要办理市场主体登记的电子商务经营者在首次纳税义务发生后，应当依照税收征收管理法律、行政法规的规定申请办理税务登记，并如实申报纳税。

《电子商务法》还规定，电子商务经营者销售商品或者提供服务应当依法出具纸质发票或者电子发票等购货凭证或者服务单据。电子发票与纸质发票具有同等法律效力。

以上规定旨在确保电子商务经营者按法律规定履行纳税义务，并提供合法的购货凭证或服务单据。这有助于维护税收秩序和打击偷税漏税行为，同时保障消费者和经营者的合法权益。

6. 涉及知识产权的规定

《电子商务法》规定，电子商务平台经营者应当建立知识产权保护规则，与知识产权权利人加强合作，依法保护知识产权。

知识产权权利人认为其知识产权受到侵害的，有权通知电子商务平台经营者采取删除、屏蔽、断开链接、终止交易和服务等必要措施。通知应当包括构成侵权的初步证据。

电子商务平台经营者接到通知后，应当及时采取必要措施，并将该通知转送平台内经营者；未及时采取必要措施的，对损害的扩大部分与平台内经营者承担连带责任。

因通知错误造成平台内经营者损害的，依法承担民事责任。恶意发出错误通知，造成平台内经营者损失的，加倍承担赔偿责任。

平台内经营者接到转送的通知后，可以向电子商务平台经营者提交不存在侵权行为的声明。声明应当包括不存在侵权行为的初步证据。电子商务平台经营者接到声明后，应当将该声明转送发出通知的知识产权权利人，并告知其可以向有关主管部门投诉或者向人民法院起诉。电子商务平台经营者在转送声明到达知识产权权利人后十五日内，未收到权利人已经投诉或者起诉通知的，应当及时终止所采取的措施。

电子商务平台经营者应当及时公示收到的相关通知、声明及处理结果。

电子商务平台经营者知道或者应当知道平台内经营者侵犯知识产权的，应当采取删除、屏蔽、断开链接、终止交易和服务等必要措施；未采取必要措施的，与侵权人承担连带责任。

以上规定有助于维护知识产权权利人的合法权益，促进公平竞争，保障良好的电子商务环境。

课堂讨论

《电子商务法》如何保护消费者权益并促进公平竞争？

二、《中华人民共和国电子签名法》

《中华人民共和国电子签名法》（以下简称《电子签名法》）于2005年4月1日施

行。该法律的出台旨在确保电子签名的合法性和安全性，使其在电子商务和信息社会中发挥重要作用。

1. 主要内容

该法规定了电子签名的法律效力、数据电文的形式与要求、电子签名的认证和电子认证服务提供者的管理，规定电子签名人应当提供真实、完整和准确的信息，电子签名制作数据应与电子签名人可靠地联系起来。同时，该法明确规定了电子签名认证证书的使用，以证实电子签名人与电子签名制作数据之间的关联。

2. 意义和作用

（1）规范了电子签名行为。《电子签名法》在法律上对电子签名提出了明确的要求，规定了电子签名的定义、电子签名的法律效力、可靠电子签名的条件等。该法推进了网络身份确定的规范化，有助于减少虚假身份和信息被窜改的风险，增强了电子商务交易的可靠性和安全性。

（2）确立了电子签名的法律效力。《电子签名法》明确了可靠的电子签名与传统的手写签名、盖章具有同等的法律效力。这一规定使得电子签名在法律上得到认可和保护。

（3）维护了各方的合法权益。《电子签名法》能够避免电子商务交易中不必要的纠纷，对于维护电子商务交易各方的权益具有重要作用。通过电子签名的使用，交易各方的权益得到保护，争议和纠纷的发生与解决变得更加有效和便捷。

《电子签名法》为电子商务的发展提供了稳定和可靠的法律环境，推动了电子商务的健康发展。此外，该法还推动了我国电子商务与国际电子商务的接轨，提升了我国在跨境电商领域的竞争力。

3. 适用范围

（1）电子商务交易。包括在线购物、在线支付、电子合同等。

（2）电子政务活动。电子政务是指政府机构利用信息技术和电子手段提供公共服务的形式。

（3）其他民事活动。相关的民事活动包括签订合同、处理文书、出具证明材料等各种法律事务。当事人可以约定使用电子签名和数据电文进行相关文书的签署。该法保证了电子签名在民事活动中的合法性和可靠性。

三、《互联网域名管理办法》

域名又称网域，是由一串用点分隔的名字组成的互联网上某一台计算机或计算机组的名称，与计算机的互联网协议地址相对应，用于识别和访问网站、提供电子邮件服务和其他网络资源。

域名在电子商务行业的作用主要包括识别和定位、品牌建设、商业推广、影响用户体验、搜索引擎优化、维护信息安全等。

有效的域名管理对于电子商务行业的健康运行至关重要。它不仅能够帮助用户准确定位和访问所需的网络资源，还能够促进品牌建设和推广，提升用户体验和便利性，增强搜索引擎优化效果。

《互联网域名管理办法》自 2017 年 11 月 1 日起施行，其主要内容如下：

1. 域名管理

《互联网域名管理办法》规定，在境内设立域名根服务器及域名根服务器运行机构、域名注册管理机构和域名注册服务机构的，应当依据本办法取得电信管理机构的相应许可。

《互联网域名管理办法》明确了申请设立域名根服务器及域名根服务器运行机构、域名注册管理机构、域名注册服务机构的条件。例如，申请设立域名根服务器及域名根服务器运行机构的，应当具有保障域名根服务器安全可靠运行的场地、资金、环境、专业人员和技术能力以及符合电信管理机构要求的信息管理系统，具有健全的网络与信息安全保障措施，包括管理人员、网络与信息安全管理制度、应急处置预案和相关技术、管理措施等。

《互联网域名管理办法》规定，域名根服务器运行机构、域名注册管理机构、域名注册服务机构应当在其网站首页和经营场所显著位置标明其许可相关信息。域名注册管理机构还应当标明与其合作的域名注册服务机构名单。域名注册代理机构应当在其网站首页和经营场所显著位置标明其代理的域名注册服务机构名称。

2. 域名服务

（1）服务要求。域名根服务器运行机构、域名注册管理机构和域名注册服务机构应提供安全、方便、稳定的服务。

（2）注册服务渠道。域名注册管理机构应当通过电信管理机构许可的域名注册服务机构开展域名注册服务。域名注册服务机构应当按照电信管理机构许可的域名注册服务项目提供服务。

（3）注册原则。域名注册原则上实行“先申请先注册”。

（4）注册保留字制度。为维护国家利益和社会公众利益，建立域名注册保留字制度。

（5）禁止内容。明确了域名中不得含有的 9 项内容，要求域名注册管理机构和服务机构不得为含有禁止内容的域名提供服务。

（6）注册信息真实性。域名注册服务机构应要求域名注册申请者提供真实、准确、完整的域名注册信息。域名注册管理机构和服务机构应当对域名注册信息的真实性、完整性进行核验，信息不准确、不完整、不真实的，相关机构不得为其提供域名注册服务。

（7）服务公开。域名注册服务机构应公布服务内容、时限、费用，并提供域名注册信息的公共查询服务。

（8）个人信息保护。域名注册管理机构和服务机构应当依法存储、保护用户个人信息。除特殊规定外，未经用户同意，不得将其个人信息提供给他人。

（9）注册信息变更与域名转让。域名持有者信息变更后应及时办理信息变更手续。域名可转让，受让人应当遵守域名注册的相关要求。

（10）域名解析服务。提供域名解析服务，应当遵守有关法律、法规、标准，具备相应的技术、服务和网络与信息安全保障能力，落实网络与信息安全保障措施，依法记录并留存有关信息，保障解析服务质量和解析系统安全；不得擅自篡改解析信息，不得恶意将域名解析指向他人的 IP 地址，不得为含有禁止内容的域名提供域名跳转。

（11）互联网信息服务。从事互联网信息服务的，其使用域名应当符合法律法规和电信管理机构的有关规定，不得将域名用于实施违法行为。

（12）域名注销。在特定情形下，域名注册服务机构应当将已注册的域名注销，并通知域名持有者。

3. 监督检查

《互联网域名管理办法》规定，电信管理机构应当加强对域名服务的监督检查。域名根服务器运行机构、域名注册管理机构、域名注册服务机构应当接受、配合电信管理机构的监督检查。

电信管理机构实施监督检查时，应当对域名根服务器运行机构、域名注册管理机构和域名注册服务机构报送的材料进行审核，并对其执行法律法规和电信管理机构有关规定的情况进行检查。

电信管理机构应当建立域名根服务器运行机构、域名注册管理机构和域名注册服务机构的信用记录制度，将其违反本办法并受到行政处罚的行为记入信用档案。

案例分析

沉睡的域名也能惹出祸端？

2021 年 3 月，某女士小美进入母婴电商行业创业，注册了域名，并进行了备案登记。2023 年年初，该域名到期，小美因忙于照顾孩子无暇经营网站，就没有对域名进行续费，也没有特意注销。

2023 年 10 月，小美收到了法院一纸传票。北京某公司以小美经营的“梦幻影院”网站非法传播其独占信息网络传播权的影片为由将小美诉至法院，要求小美停止侵权，赔偿经济损失 5 万元。

法院调查发现，双方争议的焦点在于传播侵权影片网站的域名使用者到底是不是小美。北京某公司作为原告，首先应对小美实施的侵权行为且存在过错承担举证责任。而本案中原告提供的域名备案信息仅能证明小美系该域名的备案主体，进而推定小美实施了侵权行为并主张其承担侵权损失赔偿等责任，与法律规定明显相悖。

同时，小美持有的域名于 2022 年 12 月 19 日到期后未续费，相关域名注册服务机构已于 2023 年 3 月 27 日停止服务。而原告取证的时间为 2023 年 5 月，那时小美登记的域名早因过期未续费而无法使用。同时，法院也调查到涉案域名在发生诉讼时的注册持有者为境外公司，可以确定侵权行为发生时，小美并非涉案域名的使用者。最终，法院驳回了原告的诉讼请求。

第八章 电子商务应用新趋势

学习目标

1. 了解移动电商、跨境电商、直播电商、社交电商、农村电商等新兴电子商务应用的基本特点。

2. 了解移动电商、跨境电商、直播电商、社交电商、农村电商的常见平台。

近年来，随着移动通信、物联网、云计算等信息技术的发展，以及社会大众使用移动终端和智能设备购物的消费习惯逐渐养成，以移动电商、跨境电商、直播电商、社交电商、农村电商为代表的新兴电子商务应用在我国迅速崛起。本章主要介绍这些新兴电子商务应用的概念、特点和发展历程，以及常见应用平台。

第一节 移动电商

案例导读

移动电商引领茶饮新潮流

在移动互联网的浪潮中，某知名茶饮企业凭借一款移动电商小程序，得到了众多消费者的青睐。

小程序提供了多种茶饮品种。用户可以自行设定饮品的风味、冰量、甜度以及添加配料，实现个性化定制。程序还可以记录用户的选择偏好，以便未来快速重复购买。

这款小程序还包含社交互动特性。用户可以通过程序分享自己的饮品照片，并参与在线社区讨论，与其他爱好者交流心得。

企业通过这款小程序推出多样化的营销活动，为消费者带来各种福利，包括限时折扣、会员专享优惠以及节日特别饮品等。这不仅提高了消费者的忠诚度，也提高了品牌的知名度和市场竞争力。

思考问题：

在竞争激烈的饮品市场中，这款小程序是怎么帮助茶饮企业突围的？

一、移动电商概述

1. 移动电商的定义

移动电商是指通过智能手机等移动通信设备，基于互联网和移动通信技术进行商品展示和交易的商务活动。

2. 移动电商的特点

与传统电商相比，移动电商利用移动通信设备和移动通信技术进行商务活动，在便捷性、个性化、实时性等方面更有优势。移动电商的特点主要表现为以下几点：

（1）便利性。移动电商不受时间和地点限制，随时随地可以进行购物。这一点对于忙碌的现代消费者来说尤为重要。消费者不再需要特别安排时间前往实体店购物，也无须坐在计算机前等待网页加载完成，因为所有商品都可以随时随地通过移动设备查看、比较、选择和购买。

（2）个性化。移动电商可以利用移动设备的位置信息，为用户提供本地化的服务和信息，如根据用户所在地提供特定的更为个性化的商品推荐和促销活动。这种个性化服务可以帮助消费者更快地找到自己喜欢的商品，提高购物效率。

（3）实时性。移动电商具有更高的即时性，可以随时更新商品信息、订单状态和物流信息等，提供更快捷的服务。同时，消费者也可以随时随地查询订单状态和物流信息，了解商品发货和运送状态。

（4）跨屏互通。移动电商应用程序与计算机程序可以实现数据同步，让用户可以随时切换不同设备进行购物，获得一致的购物体验。

（5）社交化。移动电商具有社交化的特点，通过社交媒体、社群等渠道，可以加强用户之间的互动和分享，增强用户黏性。例如，消费者可以通过微信、微博等社交媒体分享自己购买的商品或服务，让朋友们了解到更多的信息。

（6）多元支付。移动电商使得支付方式更加多元化，支付场景更加细分化。移动支付不局限于线上购物，还扩展到了线下消费、公共服务交费等多个场景，满足了用户在不同情境下的支付需求。

（7）轻量级应用。移动电商应用程序所占存储空间相对较小，启动速度较快，操作界面简洁明了，可以给用户带来更好的使用体验。这使得用户可以更加轻松地使用移动电商应用程序。

3. 移动电商的发展历程

从 2007 年至今，移动电商经历了从试水到快速发展再到多元化发展的过程，未来仍将继续朝着智能化、场景化和融合化方向发展。移动电商的发展历程可以分为以下几个阶段：

（1）初期阶段（2007 年至 2010 年）。在这个阶段，移动设备的普及率较低，3G 网络还未普及，移动电商仅体现为短信营销等形式的电商活动。此时，移动电商面临着很多问题，如支付安全、物流配送等。

（2）起步阶段（2011 年至 2013 年）。随着 3G 网络和 4G 网络的普及和移动支付技术的发展，移动电商进入了快速发展期。大型电商平台如淘宝、京东等推出移动端应用程序，便捷的购物体验吸引了越来越多的消费者。同时，移动广告也得到了发展，企业可以通过投放移动广告提高品牌知名度和产品曝光度。

（3）高速发展阶段（2014 年至 2016 年）。在这个阶段，使用移动设备的用户数量急剧增长，移动电商开始从单纯的商品售卖向服务扩展，社交电商、互联网金融等新型业务模式得到了发展。越来越多的企业涉足移动电商领域，各家电商平台争相推出各种促销、优惠活动来吸引用户。

（4）成熟阶段（2017 年至今）。如今，移动电商已成为整个电商行业的重要组成部分。在某些领域中，移动端的销售额和用户数量已经超过计算机端，占据着主导地位。同时，消费者对个性化服务、支付安全等方面提出了更高的要求。

随着科技的进步和消费者需求的变化，移动电商的未来前景依然广阔，但是也需要不断创新，才能满足消费者需求，拓展市场空间。

我国一直非常重视新兴电子商务应用的发展，出台过多种政策措施促进新兴电子商务应用的快速发展，主要体现在以下几个方面：

“互联网 +”行动计划：我国提出了“互联网 +”行动计划，旨在推动传统产业与互联网的深度融合，促进新兴电子商务应用的发展。该计划涵盖了多个领域和行业，如农业、制造业、服务业等。

支持创新创业：我国积极推进创新创业，为新兴电子商务创业企业提供资金、场地、技术等多方面的支持。

人才引进：为了支持新兴电子商务应用的发展，我国积极引进海外优秀人才和技术，鼓励国内高校加强新兴电子商务应用相关学科的建设。

基础设施建设：我国大力推进新兴电子商务应用的基础设施建设，加强网络建设、数据中心建设等方面的投资和支持。

二、常见的移动电商平台

目前我国比较常见的移动电商平台有淘宝（移动端）、拼多多、美团、苏宁易购、大润发优鲜等。

1. 淘宝（移动端）

淘宝（移动端）是基于淘宝电子商务平台计算机端转型而来的移动综合电子商务平台。除了常规的网络购物外，它还具有搜索比价、订单查询等功能，可为用户带来方便快捷的手机购物体验。

2. 拼多多

拼多多的前身是名为“拼好货”的网上商城，早期通过组织用户发起和朋友、家人、邻居等的拼团，以更低的价格从原产地团购水果蔬菜等生鲜产品。这样的一个团购平台奠定了拼多多拼团拉人模式的基础。

3. 苏宁易购

苏宁易购是一家综合型电商平台，主要采用 B2C 自营模式。此外，苏宁易购还通过线上线下融合的方式拓展了 O2O 模式，实现了全方位覆盖的线上购物、线下体验和线下服务。

4. 美团

美团是一家基于地理位置服务的移动电商平台。用户可以在美团上搜索附近的餐厅和其他类型店铺，在线支付后等待送餐，也可以在美团上查找周边的优惠活动，如团购或打折券等，享受更实惠的价格。此外，用户还可以在美团上预订酒店、购买电影票或旅游度假产品等。

同类平台有饿了么、熊猫外卖等。

5. 大润发优鲜

大润发优鲜是大润发超市推出的在线购物平台，主要提供生鲜食品、日用品和家居用品等商品的订购服务。用户可以通过大润发优鲜 App 浏览和购买商品，并享受快速送货上门的服务。

大润发优鲜由于有线下门店支持，所以商品种类非常丰富。平台会根据市场需求定期推出各种促销活动和优惠券。

同类平台有永辉生活、盒马、朴朴超市等。

移动电子商务平台的快速发展给人们的生活带来了很大的便利，但同时也带来了一些问题。近年来，工业和信息化部陆续通报了多起移动电商平台侵害用户权益的问题，所涉问题包括违规使用个人信息、违规收集个人信息、欺骗误导用户下载 App、App 强制频繁过度索取权限、强制用户使用定向推送功能等。

那么，用户应该如何保护自己的账户和交易安全呢?

第一，要确认网站和商家的真实性，避免在未知或不可信的网站上进行交易，以免遭受欺诈或安全威胁。

第二，要保护好个人隐私，特别是个人信息和密码等敏感信息，避免被不法分子利用。

第三，为了防止账户被攻击，建议定期更新自己的密码，并使用复杂且独特的密码，避免使用容易猜测的密码。

第四，不要轻易点击链接或下载附件，以免遭受网络钓鱼或恶意软件的攻击。

第五，使用安全的支付方式。这些支付方式通常具有多重安全保障措施，可以保护用户的资金安全。

在移动电子商务交易过程中，要时刻关注自己的账户安全。如果发现异常情况，如未经授权的交易或密码被修改等，应立即联系相关机构进行处理。同时，也要注意应用分发平台上的 App 信息明示是否到位等。

三、移动电商的具体应用

1. 在线购物

通过各类移动电子商务平台，用户可在移动终端上进行在线购物，或者在网上购买，线下享受服务。

2. 旅游出行

用户可以通过移动终端预订机票、车票和船票等。用户可以随时查询票务信息，方便快捷地支付、更改航班或车次。在出现票价优惠或航班车次取消时，用户也能及时得到通知。

3. 娱乐

用户可以从移动终端上收听音乐、看电影，还能订购、下载特定的节目，在网上与他人玩交互式游戏等。

4. 在线医疗

患者可以使用移动终端向医生咨询病情，医生可以对患者的情况进行评估和诊断，并给出相应的治疗建议。患者可以通过移动终端预约挂号、就诊，避免了排队等候的麻烦。患者还可以通过移动终端建立个人健康档案，随时了解自己的健康状况，并得到医生的健康管理建议。

5. 在线教育

学校或教育机构可以通过网络平台发布各类课程，如在线视频课程、网络直播课程等，学生可以使用移动终端学习远程教育课程，参加各种类型的考试，如在线笔试、在线面试等，方便快捷。学生还可以通过移动终端与教师和其他学生进行互动式学习，如在线讨论、在线辅导等，提高学习效率。这种新型的教育模式可以为学生提供更加灵活、便捷的学习方式，同时也可以为教师提供更多的教学资源和教学机会。

6. 金融服务

用户可以利用移动终端进行个人财务管理，核查个人账户，支付账单，办理转账和接收付款通知等。移动设备可用于实时接收包括财经新闻在内的各种信息，还可以安全地进行股票交易活动。

微信小程序的使用

1. 任务背景

小乐是一名学生，计划暑假去某城市旅游。他打算通过移动终端预订机票、车票，方便自己的旅游出行。

2. 任务实施

（1）打开微信 App，点击右下方“我”，跳转至相关页面后点击“服务”，如图 8-1 所示。

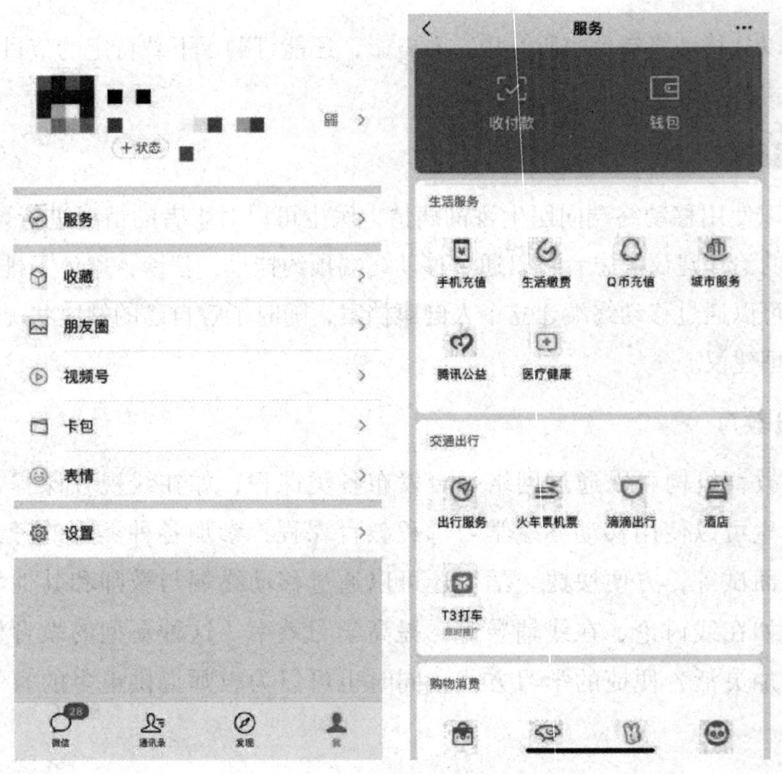

图 8–1　微信“服务”界面

（2）“服务”页面有“生活服务”“交通出行”“购物消费”三个类别，每项都有很多服务选项，可以点击直接跳转至各微信小程序，包括在线购物、旅游出行、休闲娱乐等方面，选好后可以直接使用微信支付，非常便捷，如图 8-2 所示。

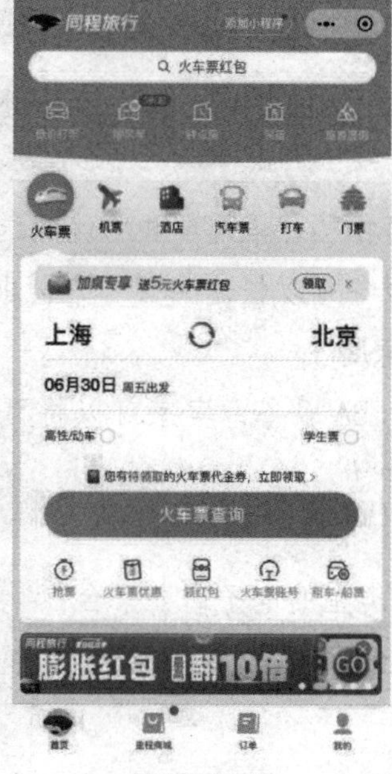
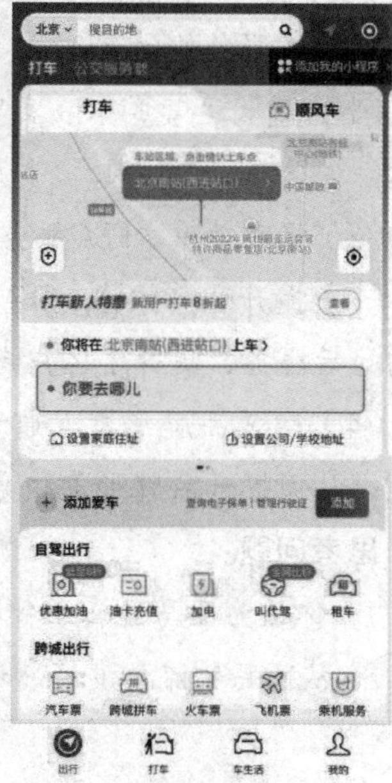

图 8-2 微信服务

第二节 跨境电商

案例导读

亚马逊的 FBA（fulfillment by Amazon）服务是一项物流解决方案，它允许卖家将商品存储在亚马逊的仓库中，由亚马逊负责处理订单和发货。

1. FBA 服务的主要内容

（1）仓储管理。亚马逊提供全球范围内的仓储设施，卖家可以将商品存储在这些仓库中，由亚马逊负责管理库存和处理订单。这使得卖家可以专注于自己的产品开发和销售，而不必担心库存和物流问题。

（2）订单处理。当客户下单时，亚马逊会自动从卖家的库存中取出商品并进行包装和发货。这使得卖家可以快速响应客户需求，提高订单处理效率。

（3）物流配送。亚马逊提供多种物流配送选项。卖家可以根据自己的需求选择不同的配送方式，以满足不同地区客户的需求。

（4）退货处理。如果客户对商品不满意或要求退货，亚马逊会负责处理退货事宜，包括退款、换货等。这减轻了卖家的售后压力，提高了客户满意度。

2. FBA 服务的优点

（1）降低运营成本。卖家可以将商品存储在亚马逊的仓库中，从而降低了运营成本。

（2）提高效率。FBA 服务简化了订单处理和物流配送流程，提高了效率。

（3）提升客户体验。FBA 服务可以快速响应客户需求，提供便捷的购物体验和高效的售后服务，提升了客户满意度。

（4）增强品牌形象。通过 FBA 服务，卖家可以将更多的精力放在产品开发和销售上，从而提升品牌形象和竞争力。

思考问题：

1. 你认为亚马逊属于什么类型的电子商务平台？

2. 从商品物流角度谈一谈亚马逊成功的原因有哪些。

一、跨境电商概述

1. 跨境电商的定义

跨境电商是指通过互联网实现跨国贸易的电子商务活动。随着经济全球化和互联网技术的不断发展，跨境电商已经成为企业拓展国际市场、增强竞争力的重要手段之一。

2. 跨境电商的特点

跨境电商通过网络连接全球市场，提供多元化商品选择和便捷的购物体验，同时创造更高效的国际贸易。跨境电商的优势主要表现在以下几点：

（1）扩大市场。消费者可以在跨境电商平台上购买来自其他国家或地区的商品或服务，大大拓展了市场范围。

（2）降低成本。跨境电商通过直接与海外供应商合作，可以减少中间环节的费用和汇兑损失，降低采购成本和物流成本。同时，利用跨境电商平台提供的服务和资源，企业可以减少自身的运营成本和风险。

（3）提供多元化商品。跨境电商可以销售来自不同国家和地区的商品，因此商品种类非常丰富。根据各个国家和地区的文化、消费习惯等特点，生产商可以推出符合当地需求的商品和服务，实现个性化定制，满足消费者的个性化需求。

3. 跨境电商的发展历程

我国跨境电商的快速发展得益于我国巨大的市场需求、电商基础设施的完善、政策的鼓励、互联网技术的快速发展以及国内创新创业氛围浓厚等因素的综合作用。以下是我国跨境电商发展的主要历程：

（1）初期起步阶段（2005 年至 2010 年）。在这个阶段，我国的跨境电商主要依靠 eBay、亚马逊等国际电商平台开展进口业务。由于政策限制和物流配送问题，跨境电商的发展受到了一定的限制。

（2）快速发展阶段（2011 年至 2015 年）。随着我国跨境电商政策的调整，以及物流技术的发展，跨境电商实现了快速发展。这个阶段，我国的跨境电商主要以个人购物为主。同时，也出现了一些跨境电商平台，如网易考拉、蜜芽宝贝等。

（3）规模化发展阶段（2016 年至 2018 年）。在这个阶段，我国开始加大对跨境电商的支持力度，包括降低税收、优化报关流程等。同时，跨境电商企业也开始加强品牌建设和线下渠道拓展。在此期间，天猫的子频道天猫国际和京东的子频道京东全球购，通过深化与国际品牌的合作，引入了更多优质商品。这些平台积极探索线下体验店、跨境 O2O 等新型业态，为消费者提供了更加直观且便捷的购物体验。

（4）高质量发展阶段（2019 年至今）。在这个阶段，我国进一步加大了对跨境电商的支持力度，包括优化税收政策、提高通关效率等。同时，跨境电商企业也开始注重海外市场的拓展，通过并购、合作等方式扩大海外业务。此外，跨境电商企业开始关注绿色发展、社会责任等方面的问题，推动跨境电商行业的可持续发展。

在全球化和互联网技术的推动下，我国跨境电商仍有很大发展空间，并有望成为全球贸易新的增长点。未来，跨境电商将呈现出更加多元、智能和便捷的趋势。

二、常见的跨境电商平台

跨境电商构建了一个供应链协同、跨越国界的新型商业模式，各类跨境电商平台不仅拓宽了企业进入国际市场的途径，同时也方便了各类消费者获取境外商品。

目前比较主流的 B2B 跨境电商平台有阿里巴巴国际站、敦煌网、环球资源网等，B2C 跨境电商平台有亚马逊、速卖通、Wish 等，C2C 跨境电商平台有淘宝全球购、洋码头等。

1. 阿里巴巴国际站

阿里巴巴国际站（见图 8–3）是阿里巴巴旗下的 B2B 跨境电商平台，专门为全球中小企业提供采购和贸易服务。阿里巴巴国际站通过网络连接全球市场，为买家和卖家提供了一系列的在线交易工具和服务，包括在线询盘、订单管理、支付和物流等。同时，平台还拥有丰富的商品资源和采购需求信息，可帮助买家和卖家快速找到合适的合作伙伴，开展国际贸易。

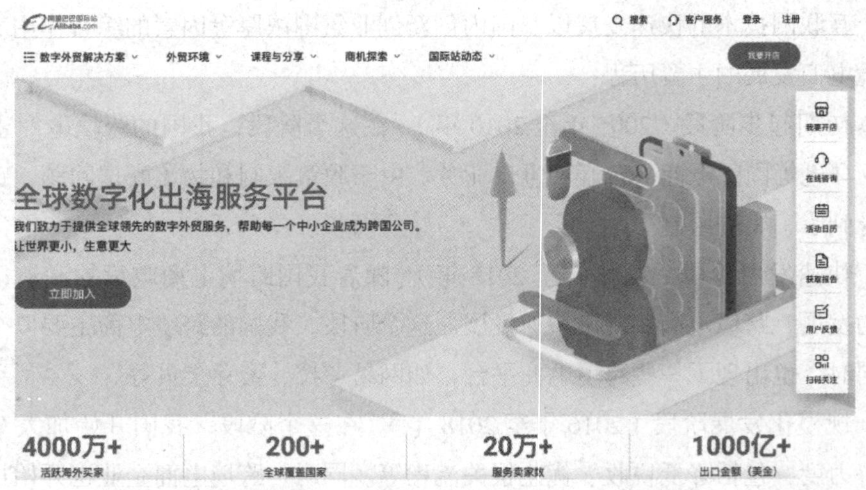

图 8–3　阿里巴巴国际站

2. 敦煌网

敦煌网（见图 8–4）是中国比较领先的 B2B 跨境电商平台之一，成立于 2004 年。敦煌网以数字化平台为基础，整合全球优质供应链资源和买卖双方需求，提供在线询盘、订单管理、支付和物流等一系列服务，实现快速、安全和高效的全球商品交易。同时，平台还提供全面的支持服务，包括供应链金融服务、品牌推广、客户服务等，帮助中小企业在国际市场上实现快速发展。

图 8–4　敦煌网

3. 环球资源网

环球资源网（见图 8–5）由环球资源公司创办。该公司于 1995 年率先推出全球首个 B2B 在线电子商务跨境贸易站点，其主要业务包括举办展会、搭建在线市场等。

通过线上线下联动举办展会，环球资源网为全球买家和供应商提供了一个面对面的交流平台，帮助买家和供应商建立信任关系，开展更加高效和精准的商业活动。同时，环球资源网还提供了多种服务，为买家和供应商提供了广泛的产品信息和采购需求，整合全球优质供应链资源和买卖双方信息，帮助中小企业开展国际贸易。

图 8-5　环球资源网

4. 亚马逊

亚马逊是全球跨境电商企业巨头之一，总部位于美国。亚马逊提供多种商品和服务，面向全球消费者开展业务，并提供灵活的支付方式和快速的物流配送服务。

5. 速卖通

速卖通是阿里巴巴旗下的 B2C 跨境电商平台（见图 8-6），总部位于杭州。平台主要面向全球消费者，提供了来自世界各国的商品和服务。通过连接全球市场，速卖通为消费者提供多元化商品选择和优质的购物体验。平台还提供了安全、便捷的支付方式和高效的物流配送服务，并且支持多语言和多币种交易。相比其他跨境电商平台，速卖通的主要特点在于其更加注重消费者体验和品牌建设。平台鼓励卖家进行品牌宣传和推广，提供多样化的营销手段，保证用户体验和交易安全性。

6. Wish

Wish 是一家来自美国的 B2C 跨境电商平台（见图 8-7）。Wish 在全球范围内拥有大量用户，尤其在欧美市场非常受欢迎。它的商业模式和营销策略都具有创新性和差异性，是跨境电商行业中的一股新力量。Wish 的业务主要依赖第三方卖家，这些卖家通常是小型企业或独立创业者，他们在平台上开设店铺，销售商品。

图 8–6　速卖通

与其他电商平台不同的是，Wish 采用了社交化的营销策略，通过个性化推荐算法、社区互动等手段，增强用户黏性，提高转化率。

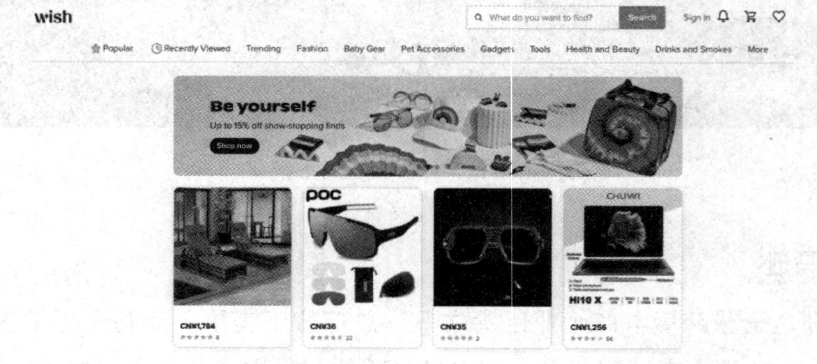

图 8–7　Wish

7. 淘宝全球购

淘宝全球购是阿里巴巴旗下的跨境电商平台。淘宝全球购采用海外直邮的方式，即消费者在淘宝全球购上购买商品后，商品将直接从海外发货到中国，避免了中间环节的转运和存储，保证了商品的质量和新鲜度。此外，淘宝全球购还提供了多种支付方式和物流配送方式，方便消费者选择。

淘宝全球购在跨境贸易领域拥有丰富的经验和资源，与全球多个知名品牌和供应商建立了合作关系，保证了商品的品质和价格优势。同时，淘宝全球购也注重用户体验和服务，拥有专业的客服团队，为消费者提供了全方位的支持和服务。

8. 洋码头

洋码头（见图 8–8）是中国领先的跨境电商平台之一，总部位于上海。该平台主要面向全球消费者，提供来自各国的商品和服务，涵盖服装、鞋子、箱包、家居用品等多个品类。

洋码头以数字化平台为基础，通过整合全球优质供应链资源和买卖双方需求，为消费者提供多元化商品选择和优质的购物体验。平台支持多语言和多币种交易，并提供安全、便捷的支付方式和高效的物流配送服务，保证交易安全性和用户体验。

图 8-8　洋码头

三、跨境电商的物流和支付

与传统电子商务不同，跨境电商需要跨越边境运输商品和支付资金，物流和支付是跨境电商中两个非常重要的环节。

1. 跨境物流

由于涉及国际贸易和不同国家之间的法律、税收等问题，跨境物流相对传统物流更加复杂，需要更多的时间、精力和成本。因此，跨境电商企业需要选择合适的物流服务提供商，建立稳定的物流体系，以确保商品能够按时、安全地送达消费者手中。

跨境电商企业会根据商品种类、数量、价值及时效等因素，选择合适的运输方式。跨境电商常用的物流方式包括以下几种：

（1）邮政小包。邮政小包是一种经济实惠的国际物流方式，适用于轻小物品的运输。邮政小包通常由各国邮政机构运送，速度较快，但配送范围有限。

（2）国际快递。DHL、UPS、FedEx（见图 8-9）等企业可以提供全球范围内的物流服务。这一方式适用于中等大小和重量的物品。这些快递企业

图 8-9　部分国际快递企业

通常提供门到门的服务，速度较快，但价格相对较高。

（3）海运专线。海运是跨境电商中使用极为广泛的物流方式之一，适用于大批量货物的运输。海运时间较长，但费用较低，适合对成本有要求的卖家。

（4）空运专线。空运是速度最快的物流方式，但费用较高，适合对时间敏感的买家。

（5）海外仓储。海外仓储是指在目标国家或地区建立的仓库，可以为卖家提供储存、包装、发货等一系列服务，如图 8-10 所示。海外仓储可以缩短订单处理和配送时间，提高客户满意度。

图 8-10　海外仓储

2. 跨境支付

在跨境电商中，支付的安全性、便捷性和可靠性直接关系到消费者对平台和商品的信任度，同时也是影响跨境电商企业和卖家的竞争力的重要因素。跨境电商企业需要支持多种货币结算，与国际银行和支付机构合作，提供安全的支付系统和防欺诈措施等，保障跨境电商交易的安全和便捷。跨境电商常用的支付方式包括以下几种：

（1）PayPal。PayPal 是一个全球性的在线支付平台，支持多种货币结算和跨境支付。它提供了安全、便捷、快速的支付服务，被广泛用于跨境电商交易。

（2）支付宝。支付宝是中国的在线支付平台，也逐渐在国际市场上得到应用。它支持多种货币结算和跨境支付，并提供了安全、便捷的支付服务。

（3）银行转账。银行转账是一种传统的跨境支付方式，需要通过银行进行资金转移。虽然速度较慢，但它相对安全可靠，适合大额交易。

（4）信用卡支付。信用卡支付是一种常见的跨境支付方式，可以支持多种货币结算。它的优点是方便快捷，但需要注意安全问题。

（5）第三方支付平台。第三方支付平台如 Stripe、Square 等提供了比较灵活和便捷的跨境支付方式。它们支持多种货币结算和跨境支付，并提供了强大的风控和结算服务。

体验亚马逊平台购物

1. 任务背景

亚马逊是全球大型跨境电商企业之一，提供了丰富的商品。

2. 任务要求

注册亚马逊账号并进行跨境购物。

3. 任务实施

（1）在浏览器中输入亚马逊网址 www.amazon.cn，跳转至网站首页。

（2）在右上角“我的账户”下拉箭头下点击“免费注册”，输入信息，注册账户，如图 8-11 所示。

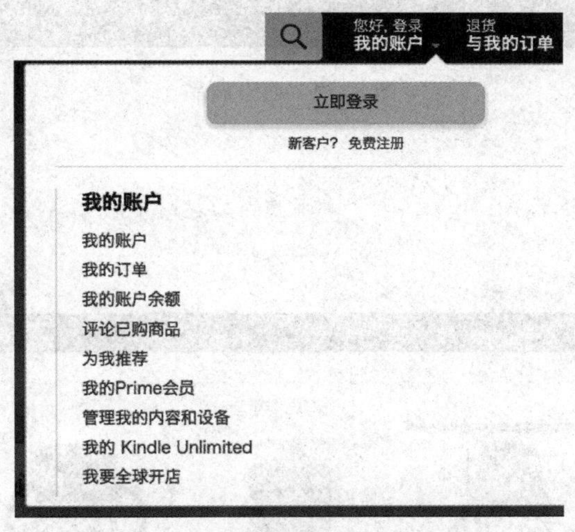

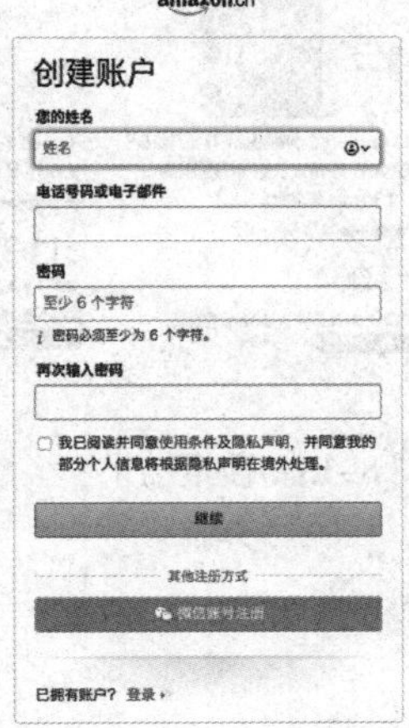

图 8-11　注册账户

（3）注册完成后跳转至首页登录，在搜索栏输入商品关键词，如图 8-12 所示。搜索结果如图 8-13 所示。

图 8-12　搜索商品

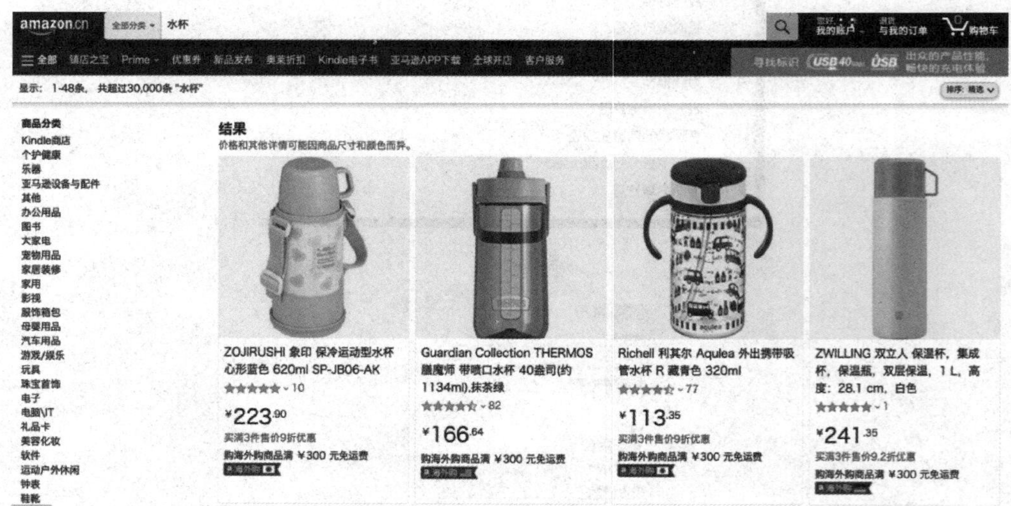

图 8-13　搜索结果

（4）选择心仪商品并点击查看详细信息，如图 8-14 所示。

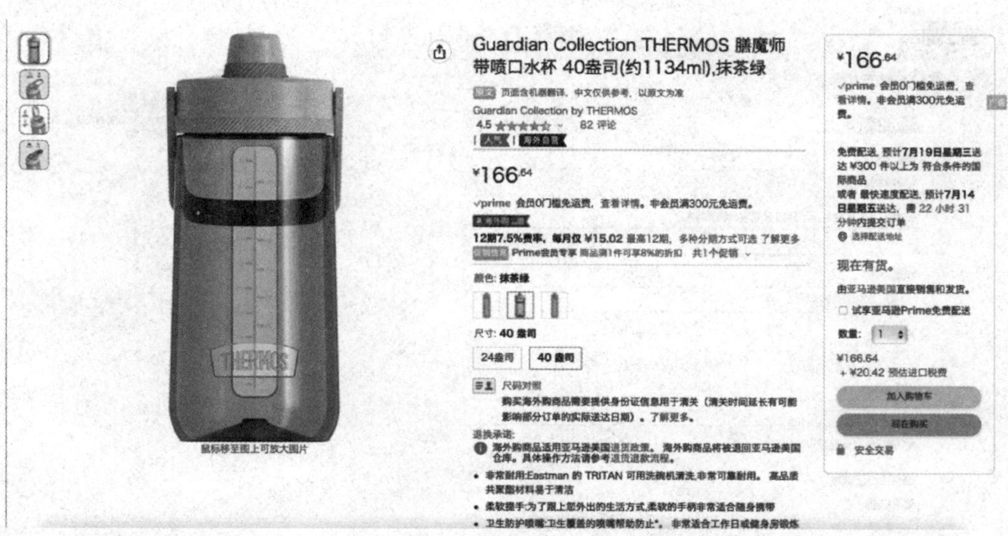

图 8-14　查看商品详细信息

（5）选好后可点击“加入购物车”，如图 8-15 所示，继续搜索其他商品，或者点击“现在购买”。

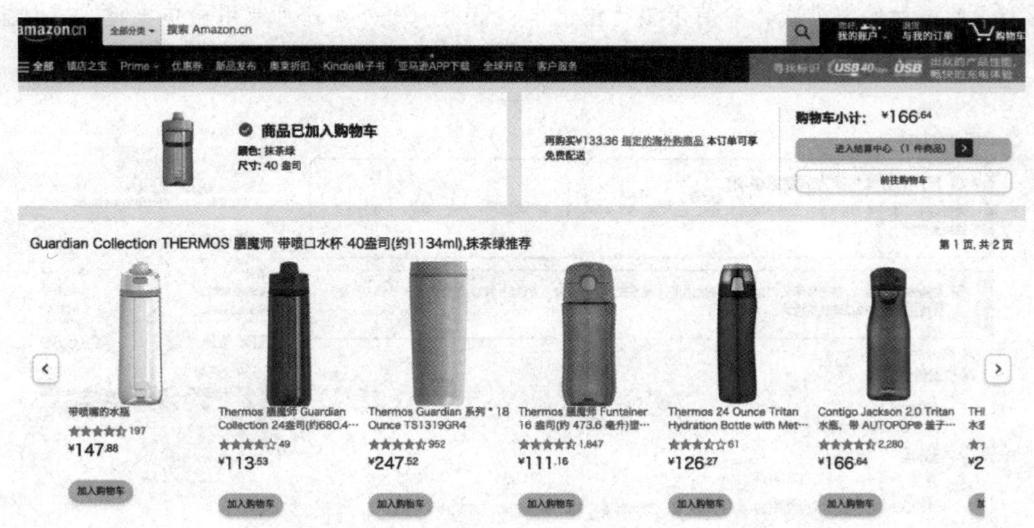

图 8-15　加入购物车

首次购买时需要进行海外购物授权。

（6）输入配送地址，如图 8-16 所示。

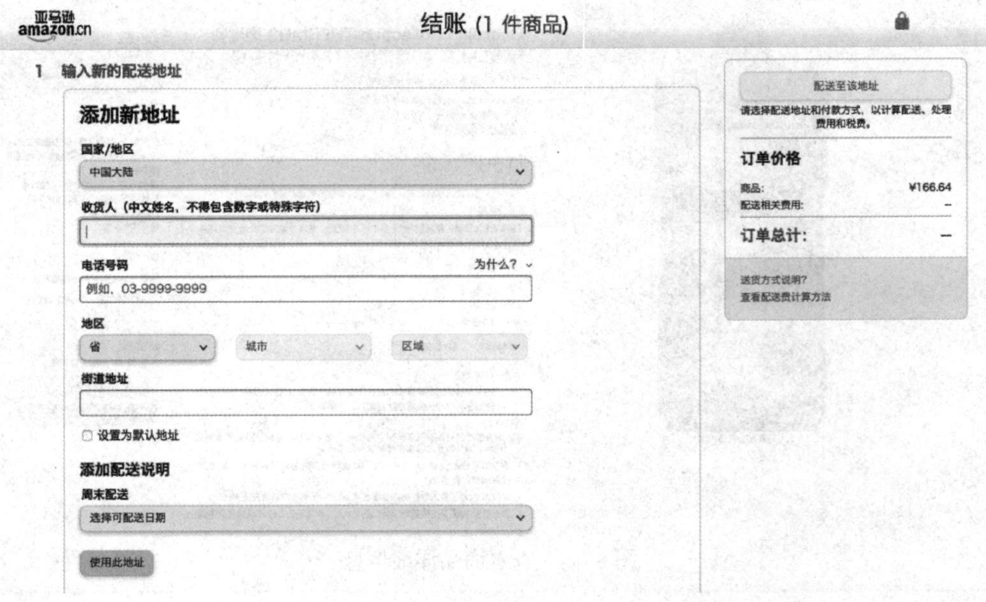

图 8-16　输入配送地址

（7）添加付款方式，除使用银行借记卡、信用卡之外，还可使用微信支付、支付宝和花呗分期付款，如图 8-17 所示。

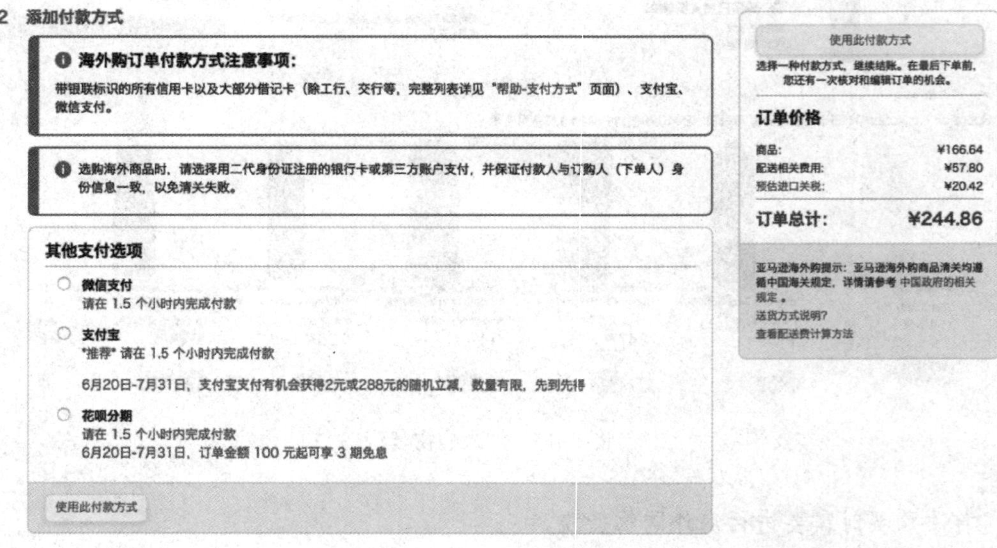

图 8-17　添加付款方式

（8）依据我国政策，购买跨境商品需提交订购人身份证信息进行清关申报及实名验证，如图 8-18 所示。

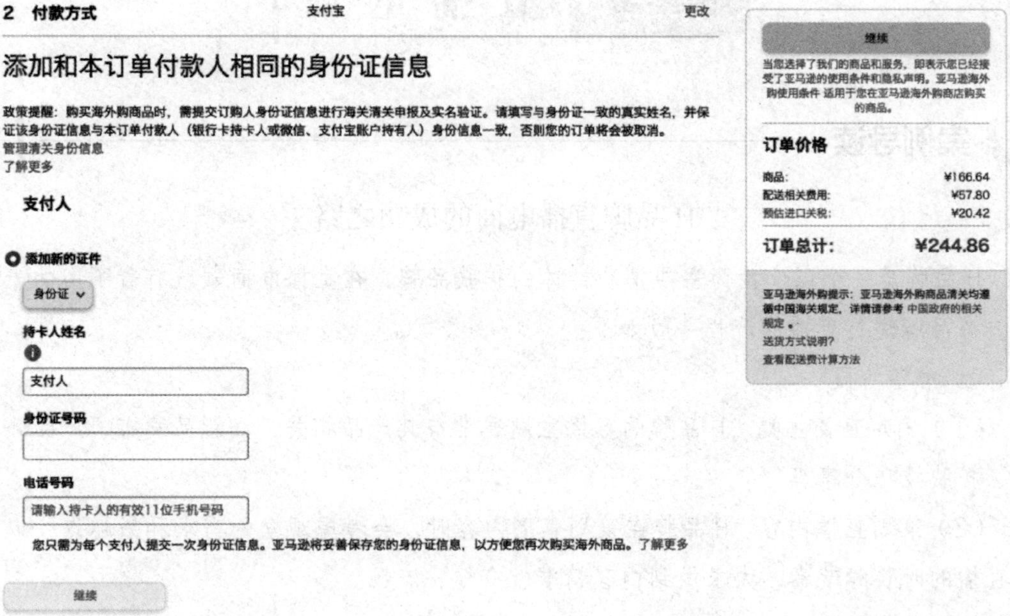

2 付款方式
支付宝
更改
添加和本订单付款人相同的身份证信息
政策提醒：购买海外购商品时，需提交订购人身份证信息进行海关清关申报及实名验证。请填写与身份证一致的真实姓名，并保证该身份证信息与本订单付款人（银行卡持卡人或微信、支付宝账户持有人）身份信息一致，否则您的订单将会被取消。
管理清关身份信息
了解更多
支付人
添加新的证件
身份证
持卡人姓名
支付人
身份证号码
电话号码
请输入持卡人的有效11位手机号码
您只需为每个支付人提交一次身份证信息。亚马逊将妥善保存您的身份证信息，以方便您再次购买海外商品。了解更多
继续
继续
当您选择了我们的商品和服务，即表示您已经接受了亚马逊的使用条件和隐私声明。亚马逊海外购使用条件 适用于您在亚马逊海外购商店购买的商品。
订单价格
商品：¥166.64
配送相关费用：¥57.80
预估进口关税：¥20.42
订单总计：¥244.86
亚马逊海外购提示：亚马逊海外购商品清关均遵循中国海关规定，详情请参考 中国政府的相关规定 。
送货方式说明？
查看配送费计算方法

图 8-18　提交订购人身份证信息并实名验证

（9）核实商品和配送信息，确认无误后提交订单，如图 8-19 所示。

请使用与二代身份证一致的真实姓名，并保证订购人与支付人身份信息一致。亚马逊海外购商品由亚马逊海外实体销售及发货，受亚马逊海外购使用条件及境外管辖地法律约束。
3 核实商品和配送信息
设置默认地址及支付方式
将当前地址及支付方式设为默认。
预计送达时间：20[redacted]年[redacted]月[redacted]日
商品来自 亚马逊美国
Guardian Collection THERMOS 膳魔师带吸口水杯 40盎司(约1134ml),抹茶绿
¥166.64
卖家：Amazon Export Sales LLC
选择送货方式：
免费配送（免费试享 amazonprime）
海外购标准配送 ¥57.80 预计7月19日，星期三送达
海外购加速配送 ¥95.27 预计7月14日，星期五送达
提交订单
订单总计：¥244.86
当您选择了我们的商品和服务，即表示您已经接受了亚马逊的使用条件和隐私声明。亚马逊海外购使用条件 适用于您在亚马逊海外购商店购买的商品。
提交订单
当您选择了我们的商品和服务，即表示您已经接受了亚马逊的使用条件和隐私声明。亚马逊海外购使用条件 适用于您在亚马逊海外购商店购买的商品。
订单价格
商品：¥166.64
配送相关费用：¥57.80
预估进口关税：¥20.42
订单总计：¥244.86
亚马逊海外购提示：亚马逊海外购商品清关均遵循中国海关规定，详情请参考 中国政府的相关规定 。
送货方式说明？
查看配送费计算方法
我为什么无法享受免费配送？

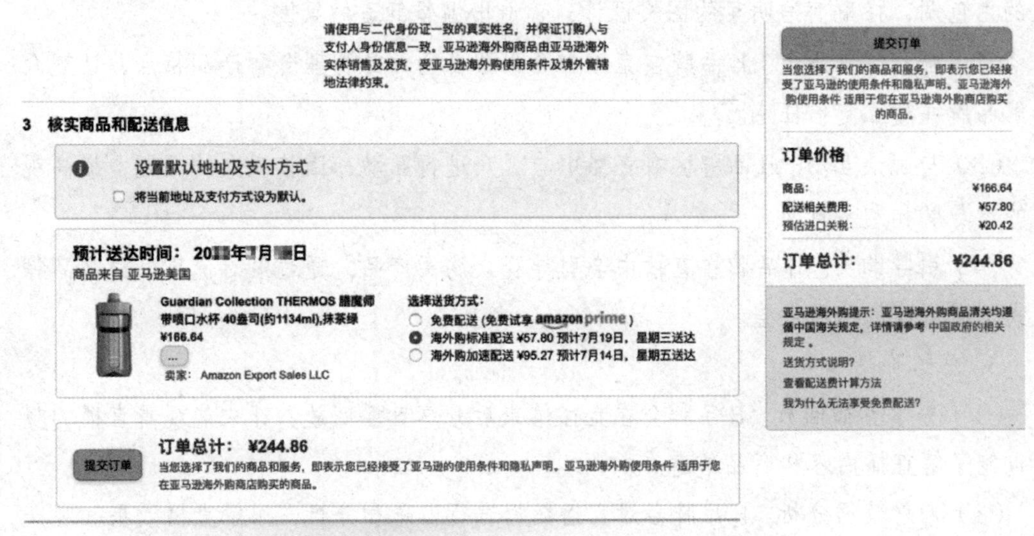

图 8-19　提交订单

（10）系统跳转至支付页面，支付完成后即可点击页面右上角“退货与我的订单”查询订单相关信息。

第三节 直播电商

案例导读

H 品牌直播电商的成功之路

H 品牌是一个以女性为主要消费群体的护肤品牌，在直播电商领域有着不俗的表现。该品牌进行直播的流程一般如下：

1. 准备阶段

（1）确定直播主题。H 品牌的直播主题通常与其产品相关，如新品发布、产品介绍、护肤技巧分享等。

（2）策划直播内容。H 品牌在策划直播内容时，会考虑观众的需求和兴趣点，以及直播的时长和节奏，力求做到内容精准、有趣、流畅。

（3）确定直播时间。H 品牌通常会在周末或节假日进行直播，以吸引更多观众。

2. 直播阶段

（1）打造视觉效果。H 品牌会在直播间打造出品牌的独特风格，如使用粉色和白色的主色调，搭配简洁明了的图文设计，营造出温馨舒适的氛围。

（2）强化品牌形象。H 品牌在直播中会强调自己的品牌理念和产品特点，让观众了解品牌并建立起信任感。

（3）与观众互动。H 品牌会在直播中与观众进行互动，回答观众的问题，提高观众的参与度和购买意愿。

（4）引导购买。H 品牌在直播中会引导观众购买产品，通过限时优惠、送赠品等方式刺激观众的购买欲望。

3. 总结阶段

（1）分享直播回放。H 品牌会在直播结束后分享直播回放，让未能观看直播的观众也能了解直播内容和商品信息。

（2）汇总数据分析。H 品牌会对直播数据进行汇总和分析，了解直播效果和观众反馈，以便对下一次直播作出调整和优化。

H 品牌在直播电商中的成功离不开其严谨的策划和执行，以及对观众需求和购买心理的深刻理解。同时，H 品牌在直播中强调品牌形象和产品特点，让观众建立起信任感并产生购买欲望，从而取得了良好的营销效果。

思考问题：

1. H品牌的直播有哪些可取之处？

2. H品牌在直播电商中取得成功的原因是什么？

一、直播电商概述

1. 直播电商的定义

直播电商是指通过视频直播技术，将商品和购物体验实时展示给观众，利用主播的影响力，促进商品销售和推广的电子商务模式。

2. 直播电商的特点

在直播电商中，主播通过在直播平台展示产品、介绍产品特点、演示使用效果等方式，吸引观众的注意力，并且及时回答观众的问题，增强用户购买的信心。同时，观众也可以通过实时评论、点赞等互动方式与主播进行交流和反馈，形成互动式购物的氛围。直播电商的优势主要表现在以下方面：

（1）实时互动性强。通过直播平台，消费者可以直接与主播进行互动，提出问题，交流意见，增强了互动性和参与感。

（2）产品展示直观生动。主播可以通过演示和展示产品的特点、功能和使用方法等方式，使消费者更加直观地了解产品，提高购买意愿。

（3）营销效果好。通过直播带货，可以快速吸引大量观众，扩大品牌影响力和知名度。同时，主播可以通过个人魅力和口碑效应促进销售增长。

（4）可以实现个性化推荐。通过直播平台收集的用户数据和行为分析，商家可以为消费者提供更加个性化的商品推荐和服务，提高用户满意度和忠诚度。

（5）可以降低营销成本。相比传统的广告投放方式，直播电商可以大大降低营销成本，同时也可以获得更高的转化率。

3. 直播电商的发展历程

（1）初期尝试阶段。2012年，有一些网络平台开始尝试将语音直播与商品销售相结合，但由于技术和用户认知等问题，没有得到广泛关注。

（2）起步阶段。后来，一些独立的直播平台开始涉足电商领域，如斗鱼直播、YY直播等。这些平台主要以美女、才艺等内容为卖点，在直播中穿插产品推荐，提供购买链接。此时的直播电商仍处于起步阶段，但已经吸引了不少消费者关注。

（3）高速发展阶段。2016年，直播电商开始迅速发展，许多电商平台开始使用直播手段推销商品，如淘宝、京东、拼多多等。在这个阶段，直播电商开始涵盖更多的商品类别，如化妆品、服装、家电等。

（4）推陈出新阶段。2020 年，直播电商经历了爆发式增长，成为电商行业的重要组成部分。此时，直播电商的形态和内容更加丰富多样，品牌直播、专业直播等模式相继出现，而直播带货也逐渐成为新的流量入口。

目前，直播电商已经发展成为我国电商发展的一个重要方向，它在消费品领域，以及教育、医疗、旅游等多个领域全面开花。未来，随着直播技术和消费者需求的不断变化，直播电商将会进一步发展和创新。

二、常见的直播电商平台

1. 点淘

点淘的前身是淘宝直播，它的目标用户主要是女性消费者，涵盖了服装、美妆、母婴、家居等多个领域。

在点淘上，主播可以通过短视频和直播的形式展示商品，并进行介绍和推广。观众可以在直播过程中与主播互动，包括点赞、评论、送礼物等，还可以在直播结束后购买商品。点淘提供了一些特色功能，如“边看边买”“小店通”，方便主播进行商品管理和销售。点淘发展迅速，截至目前已经拥有了大量的主播和消费者。同时，点淘也积极探索新的商业模式和技术手段，如 AI 推荐、AR 试衣间等，以提升用户体验和销售额。

2. 抖音直播

抖音是一款基于短视频分享的社交媒体应用程序，抖音直播是抖音提供的一项功能或者说一个平台。抖音直播允许用户与其他用户互动交流，包括点赞、评论、送礼物等，增强了用户的参与感和互动性。同时，抖音直播也提供了产品推广的功能，主播可以在直播中介绍和销售产品，观众可以直接购买。很多明星也积极参与抖音直播，以此来吸引粉丝和提高知名度。

抖音直播上线后发展迅速并取得了不少成果，在直播电商平台排名靠前。抖音直播主要涵盖美妆、服饰、食品等多个领域。

3. 快手直播

快手是一个短视频平台。快手直播是快手旗下的直播电商平台，它将互联网直播技术和电子商务相结合，提供商品选择、下单、支付等全流程服务，让消费者可以通过在线直播的方式购买心仪的商品。

快手直播已经成为国内较为热门的直播电商平台之一。在快手直播中，主播或明星可以介绍产品，同时展示产品的特点和使用方法，并引导观众进行购买。快手直播支持品牌直播、达人直播、专业直播等多种形式，涵盖了多个商品领域，如美妆护肤、家居家装、服饰箱包等。此外，快手直播还提供了专项服务，如精准招商、数据分析、售后服务等，以帮助品牌商和主播更好地开展直播电商业务。

除以上热门的电商平台之外，许多大型的电子商务平台也在官方网页或者移动端App首页内嵌了直播功能，如唯品会、小红书、拼多多、京东等。这些平台都有着各自的特色，而且已经形成了相对成熟的直播电商生态系统，消费者可以根据自己的需求和偏好选择适合自己的平台。

需要注意的是，个人消费者在使用直播电商平台消费时，要仔细了解商品信息，选择可信的商家和品牌，避免受骗。同时，也要注意个人信息和支付安全，保护自己的权益。

三、直播电商的实施流程

开展直播电商时，主播或商家需要注重产品质量、服务质量和用户体验，同时遵守相关法律法规和平台规定。

1. 策划准备阶段

商家或品牌方需要根据目标用户群体、产品特点等因素，制定直播策略，包括直播时间、产品搭配、主播选择等内容，并与直播平台协商合作事宜。在这个阶段，商家还需要准备好供应链、库存等基础工作。

2. 直播预热阶段

在直播前，商家或品牌方需要通过社交媒体等渠道进行预热宣传，吸引用户关注。此外，商家还可以开展预热活动，如抽奖、赠送优惠券等，以增加用户互动，提高用户参与度。

3. 直播实施阶段

在直播中，主播对产品进行介绍、试用和评价，并通过多种方式吸引用户观看和参与，例如演示产品使用效果，分享使用心得，回答用户问题等。同时，主播还会借助直播间的特色工具和方法，如弹幕、送礼等，与用户保持良好互动。商家也可以通过直播间的数据了解用户反馈和购买行为，进一步优化直播内容和策略。

4. 购买阶段

在直播中，主播会为产品提供专属购买链接或二维码，在直播结束后进行销售总结，并进行销售数据的公示。消费者可以通过直播平台或商家提供的链接或二维码进行购买。

5. 售后服务阶段

商家还需要对直播效果进行跟踪分析，不断优化和改进方案，提高销售额和用户满意度。同时，商家需要对用户的售后问题进行及时处理，根据客户反馈进行产品升级和优化，树立用户口碑，提高忠诚度。

总之，直播电商是一种以主播为核心的购物模式，通过与直播平台和品牌方合作，打造一种更加生动有趣、互动性强、购物体验好的购物方式。商家需要充分利用社交网络和数字技术，提供个性化服务和精准推荐，使用户享受到更安全、便捷、愉悦的购物体验。

主流直播电商平台对比

1. 任务背景

小王学习了直播电商之后，也想尝试开一场直播，但他对在哪个平台上开直播犹豫不决，他决定先认真研究一下主流直播电商平台的定位、优势和客户群体。

2. 任务要求

请你帮小王挑选5个主流直播电商平台，并进行对比。

3. 任务实施

（1）挑选5个主流直播电商平台。

（2）通过浏览直播电商平台或者网上搜索的方式，研究平台的定位、优势和主要客户，填写表8-1。

表8-1 直播电商平台对比

平台名称	定位	优势	主要客户

第四节 社交电商

案例导读

乍甸乳业与小红书的百万商品交易额奇迹

在云南，有一个拥有七十多年历史的乳品品牌——乍甸。该品牌在地方市场上家喻户晓，却长期未能突破地域的局限。

2023年，乍甸乳业公司决定进驻小红书平台。为此，公司组建了一支由年轻有为的内容创作者组成的团队，旨在提升品牌形象，吸引年轻消费者的目光。

乍甸在小红书上的营销策略展现出极高的精准度。首先，他们通过精准的人群定位，唤起了云南人对童年记忆的怀旧情感，激发了大量用户生成内容，让新老用户共同回味乍甸牛奶那不变的熟悉味道。随后，他们又将目标人群扩大至对健康成分和营养有严格要求的育婴群体，以及对养生和身材管理有独特见解的消费者。这一跨越不仅实现了品牌的广泛传播，更在平台上创造了令人瞩目的销售业绩。

乍甸乳业的成功充分展现了小红书作为社交电商平台的独特价值。在这里，品牌能够找到最适合自己的目标人群并与其进行深度互动，同时借助用户的真诚分享不断优化产品和服务。借助小红书的力量，乍甸乳业成功地从一个局限于特定地域的老品牌转变为一个活跃在全国消费者视野中的现代品牌。

思考问题：

你认为乍甸乳业是如何利用小红书的社交电商属性，以小预算实现老品牌大翻身的？

一、社交电商概述

1. 社交电商的定义

社交电商是指利用社交媒体平台进行商品销售和推广的商业模式。它将传统的电子商务与社交媒体相结合，通过社交媒体平台上的用户关系网络和社交互动，实现商品的销售和推广。

2. 社交电商的特点

在社交电商中，商家可以通过社交媒体平台发布商品信息、促销活动信息等，吸引用户关注和参与。同时，用户可以在社交媒体上分享商品信息、评价商品等，从而提高商品的曝光度和销售量。此外，社交电商还可以通过社交媒体平台上的社群、话题等，建立用户社区，增强用户黏性和忠诚度。社交电商的主要特点表现在以下方面：

（1）社交元素。社交电商平台以社交网络为依托，通过用户分享、点评等社交互动方式增强购物的趣味性和参与感。因此，在社交电商中，用户不仅可以进行商品浏览和购买，还可以与他人分享购物体验、评价商品、参与各种活动等。

（2）个性化服务。社交电商平台基于用户数据和行为分析，提供个性化推荐和定制服务，让用户能更快地找到符合自己需求的产品，从而提升用户黏性和满意度。

（3）移动端优势。随着移动设备的普及，越来越多的消费者通过移动端进行购物，社交电商平台则成为消费者在移动端完成购物的首选渠道。对于品牌方和商家而言，开发适配移动端的应用程序或小程序也成为必须考虑的问题。

（4）年轻用户。社交电商平台主要面向年轻人群，这些消费者更注重时尚、新奇和个性化，同时对社交网络和数字技术的使用也更为熟练。因此，在社交电商中，品牌和商家需要更好地理解年轻用户的需求和消费特点，从而更好地进行产品设计、定价和营销。

3. 社交电商的发展历程

（1）初期探索阶段（2010 年以前）。在这个阶段，社交电商主要以微博、微信等社交媒体平台为载体，通过朋友圈分享、转发等方式进行商品推广和销售。此时的社交电商还处于起步阶段，用户规模较小，商业模式也比较单一。

（2）快速发展阶段（2010 年至 2015 年）。在这个阶段，随着移动互联网的普及和社交媒体平台的兴起，社交电商开始迅速发展。大量的社交电商平台涌现出来，如微店、拼多多等，商业模式也逐渐多样化，包括拼团等多种形式。同时，社交电商的用户规模也在不断扩大。

（3）转型升级阶段（2016 年至 2018 年）。在这个阶段，社交电商开始向品质化、品牌化方向转型。一些大型社交电商平台开始加强品牌建设，提高商品质量和服务水平，同时也开始注重用户数据的安全和隐私保护。此外，社交电商也开始探索新的商业模式，如直播电商、小程序电商等。

（4）成熟发展阶段（2018 年至今）。在这个阶段，社交电商已经成为中国电商市场的重要组成部分。一些大型社交电商平台已经成为国内知名的电商品牌，如拼多多、小红书等。同时，社交电商也开始向海外市场拓展，成为中国电商企业出海的重要途径之一。

目前，我国社交电商市场规模不断扩大，用户数量不断增加，服务内容也日益丰富，已成为电商的一个重要分支。未来，随着新技术的不断应用和消费者需求的变化，社交电商将会有更广阔的发展空间。

二、常见的社交电商平台

1. 小红书

小红书是国内知名的社交电商平台，成立于2013年。它最初是一个基于用户生成内容的社区，用户可以在其中分享购物心得、生活经验、旅行攻略等内容。随着用户的增加和内容质量的提升，小红书逐渐转型为一个社交电商平台，用户可以在平台上购买商品、分享购物心得并获得佣金。

小红书的用户群体主要是年轻女性，其中以“90后”和“00后”为主。这些用户对时尚、美妆、旅游、美食等领域有浓厚的兴趣，并且愿意通过分享个人经验来获取更多的信息和灵感。

小红书的内容形式丰富多样，包括文字、图片、视频等，涵盖了商品评测、使用心得、购物攻略、生活方式等。小红书还提供了社区功能，用户可以关注其他用户、点赞评论、私信交流等。小红书在短时间内迅速获得了用户的广泛认可，成为中国社交电商领域的佼佼者。

2. 微信小程序

微信小程序是微信内嵌的应用程序，用户可以在微信中直接打开使用，不需要下载和安装。微信小程序具有更强的社交属性，用户可以通过其中的微信分享、微信支付等功能进行社交互动和购物。

微信小程序提供了一个交互式平台，使用户可以方便地搜索、发现、购买甚至推广商品。很多品牌都开始将微信小程序作为社交电商的重要渠道之一，如京东小店、拼多多微店等。同时，也有很多个人和企业借助微信小程序搭建自己的社交电商平台，实现线上销售和社交营销。

3. 微博

微博是中国较大的社交媒体平台之一。以微博为载体开展的电商就是微博电商。商家可以在微博上展示自己的产品和服务，与用户进行互动。微博电商的优势在于其巨大的用户群体和社交属性。通过微博平台，商家可以与用户进行直接互动和交流，提高用户的参与度和忠诚度。此外，微博还提供了丰富的数据分析工具，帮助商家了解用户需求和行为，优化营销策略，提高销售额。

商家可以通过微博直播的形式展示自己的产品、服务和品牌形象，吸引用户的关注，提高其购买欲望。此外，商家还可以在微博上开设自己的小店，展示和销售自己的产品，用户可以直接在小店中购买。同时，商家可以通过微博上的广告投放、明星代言、话题营销等方式进行推广，吸引更多的用户关注和购买。

总的来说，社交电商已经成为重要的电商发展方向。品牌和商家需要认真思考如何在社交电商平台上树立自己的品牌形象，提供独特的购物体验和提高消费者忠诚度。同时，消费者也需要深入了解社交电商的特点，提高防范风险的意识。

开设微店

1. 任务背景

王某开了一家童装实体店，最近生意不佳，计划开设一家网店来销售店里的童装。他了解到口袋微店开设门槛不高，而且在日常生活中比较常见。

2. 任务要求

体验开设一家微店。

3. 任务实施

（1）下载并注册微店 App。在手机应用商城中搜索“微店”，找到微店 App 进行下载安装。安装完成后，打开微店 App，点击“0 元极速开店”。阅读服务协议和隐私政策，然后点击“本机号码一键登录”。

（2）创建店铺，完成店铺名称、店铺标识、店铺类型设置。当程序提示“开店成功”，代表已经成功开店。根据实际情况选择是否有线下店，如图 8-20 所示。

图 8-20　创建店铺

（3）选择店铺经营类目和运营模式，如图 8-21 所示。店铺运营模式包括“自己有货自己卖”“开拓卖货渠道”“帮人卖货”。

（4）店铺设置。进入微店 App 首页左下角的“我的店”，点击右上角的“设置”按钮，然后点击“店铺设置”，对店铺信息进行设置，包括店铺资料、店铺主体认证、店铺资质认证、变更店铺负责人、店铺注销，如图 8-22 所示。

（5）商品管理。在微店 App 首页“我的店”中点击“商品管理”，可以选择“直接复制行业优秀商品案例”或“无需案例，自己创建商品”，上传相应的商品图片，输入标题、价格和库存等相关信息，如图 8-23 所示，点击“创建”即可成功上传商品。

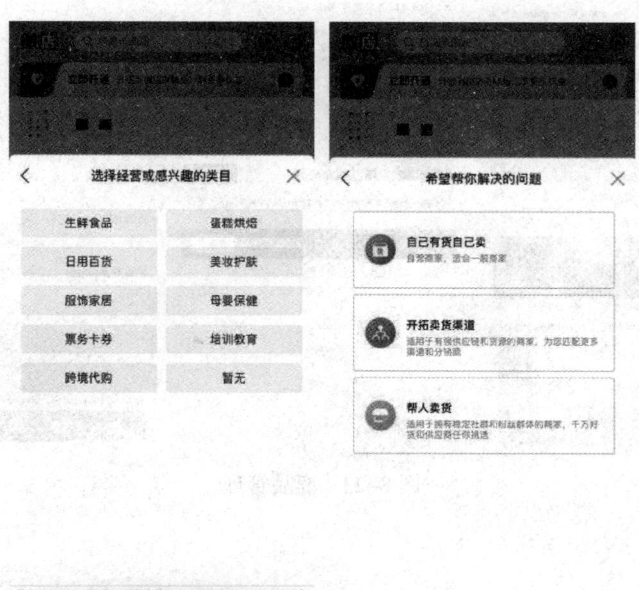

图 8-21　选择店铺经营类目和运营模式

图 8-22　店铺设置

图 8-23　商品管理

第五节　农村电商

案例导读

深耕农村电子商务，助推农民增收致富

当电子商务和农业碰撞，会产生怎样的火花？

甲公司是一家由大学生返乡创业人员创立的集品种引进、生产、加工、配送、产品开发于一体的现代农业电商企业。通过天猫、淘宝、京东、微信等电商平台，甲公司全年稳定供应蔬菜、水果、禽蛋、杂粮等优质农产品。

甲公司通过对电商平台终端用户数据进行深度分析与挖掘，了解消费者的需求、消费趋势和偏好。在此基础上，筛选优质新品种进行试种。试种成功并获得消费者认可后，组织合作社和基地按照统一生产标准生产，实现了由"种什么卖什么"向"要什么种什么"的转变，引导农户调整种植结构，助力农业供给侧结构性改革。

甲公司还与科研机构开展广泛合作，建立农产品试验推广基地。根据当地自然环境和消费者喜好，遴选适合的新兴品种在实验推广基地试种，并通过销售平台进行新产品测试，获得认可后向种植户进行推广。

甲公司通过线上线下融合，不断提升品牌影响力。一是通过线上直播形式，二是通过特色农产品试验示范推广基地进行“土地认领”“线下体验”等活动，让消费者在品尝特色农产品的同时还能体验农耕的乐趣，拉近与消费者距离，提高消费者的品牌认可度和消费者黏性，从而推动公司可持续发展。

甲公司联合合作社和农户实行订单式生产，严把质量关，为消费者提供安全、放心、新鲜的农产品，实现农产品优质优价。合作社和农户严格按照公司要求进行标准化种植，不用担心销路和价格。

为助力低收入村发展，促进低收入户增收，甲公司还从产业、销售、人才等方面进行精准帮扶。

思考问题：

1. 你认为农村电商的发展需要哪些技术？
2. 农村电商的发展对于我国农村发展有哪些深远的意义？

一、农村电商概述

1. 农村电商的定义

农村电商是指利用互联网技术和电子商务模式，将农产品、农副产品等农村特色商品销售给消费者的一种商业模式。

2. 农村电商的特点

农村电商平台提供了一种便捷的购物渠道，帮助农民将产品直接销售给消费者，同时也为城市居民提供了更加新鲜、优质的农产品。相较于传统的农产品销售模式，农村电商的主要特点表现在以下方面：

（1）扩大销售渠道。传统的农产品销售通常受制于地理位置和交通条件，而农村电商平台可以通过互联网打破这些限制，帮助当地农民将农产品卖到全国各地，扩大销售渠道。

（2）降低销售成本。农村电商平台可以降低中间环节成本和物流成本，提高农产品上市速度，同时避免了中间商的干预，使农产品的价格更加稳定和合理。

（3）提高品牌认知度。通过农村电商平台进行销售，农产品可以获得更多的曝光机会和宣传平台，提高消费者品牌认知度，并且可以建立起品牌和消费者之间的信任关系，提高消费者忠诚度。

农村电商的发展可以帮助解决农村地区“卖难”问题，促进农产品流通和农民增收，同时也可以推动农村经济的发展。随着互联网技术的不断发展和普及，农村电商也在不断壮大和完善，成为推动农村现代化建设的重要力量。未来，随着农民素质和技能水平的提高，以及政策环境的不断优化，农村电商有望继续发挥重要作用，推动农村经济的快速发展。

二、常见的农村电商平台

1. 拼多多

拼多多不仅是一个热门的移动电商平台，也是一个相对成熟的农产品电商平台。近年来，拼多多通过一系列营销活动，将来自全国各地的优质农产品推广给消费者，极大地拓展了农产品销售渠道，让消费者能够更加方便地购买到正宗的农产品。在物流配送方面，拼多多利用线下物流站点和快递配送等方式，为农民提供稳定、快速的物流配送服务，缩短了农产品上市时间，提高了销售效率。拼多多在农村电商领域发挥着重要的示范作用，得到了地方政府的大力支持，也为农村电商的发展提供了良好的外部环境和政策保障。

2. 乐村淘

乐村淘是于 2014 年正式上线的农村电商平台。其主要目标是为农民和消费者提供线上线下一体化的购物、销售和服务平台。乐村淘采用“互联网 + 农业”的模式，将数字化手段与传统农业生产相结合，实现了从生产到消费的全链路覆盖。

为保障优质的农产品货源，乐村淘与全国各地优质农产品生产企业建立战略合作关系，并建立起完善的质量追溯体系和监管机制，使消费者可以购买到优质农产品。在物流配送方面，乐村淘依托阿里巴巴的物流网络和智能技术，实现了农产品订单快速处理和准确配送，缩短了农产品上市时间。为满足消费者多元化的需求，乐村淘不仅涵盖传统的农产品销售，还扩展到家居用品、日用百货等多个品类。未来，随着中国农村地区数字化水平的持续提升和政策环境的不断优化，乐村淘有望成为中国重要的农村电商平台之一，并进一步推动农村经济的发展。

3. 惠农网

惠农网（见图 8–24）是国内领先的专业 B2B 电商平台。惠农网主要服务于农产品种植、加工、销售等环节的生产企业、批发市场、电商平台和终端客户，实现了从农产品生产到消费的全链路覆盖。

惠农网汇聚了全国各地的优质农产品供应商，涵盖蔬菜、水果、肉类、水产品等多个品类，同时还与大量的农资供应商和农机设备供应商合作，形成了一个庞大而丰富的供应链体系。惠农网拥有智能化的交易平台，通过数字化技术实现了线上交易、订单管理、物流配送等全方位的服务，提高了整个交易流程的效率和透明度，降低了交易成本。在金融服务方面，惠农网联合多家金融机构，为企业提供多元化的金融服务，如采购资金融通、保证金代收代付、账期支付等，有效解决了企业融资难、融资贵的问题。惠农网还为客户提供了专业优质的售后服务，全方位为客户解决采购、物流等方面的问题。同时，惠农网通过供应商管理、质量监控等方式保障客户权益，解除了其后顾之忧。

图 8–24　惠农网

新兴电子商务应用的出现为消费者提供了更加便捷、快速和多样化的购物体验，同时也为企业提供了更多的发展机遇。然而，新兴电子商务应用也存在一些问题，如虚假宣传、侵犯用户隐私、网络诈骗等。这些问题威胁着消费者的合法权益和数据安全，也给社会治理带来了挑战。因此，在新兴电子商务应用的发展过程中，应该重视以下几点：

一是提高消费者的法律意识和安全意识，使其增强网络安全防范能力和维权意识。学习网络知识和法律法规，掌握正确使用新兴电子商务平台的方法，保护自己的合法权益和数据安全。

二是培养消费者的道德素质和公民意识，使其在使用新兴电子商务平台时做到遵纪守法、诚实守信。

三是培养消费者的创新意识和科技素养，使其在使用新兴电子商务平台时发挥自己的创造力和竞争力。

本地农村电商发展状况调查

1. 任务背景

小王学习了农村电商之后心潮澎湃，他想为家乡的农村电商发展出一份力。为了做到有的放矢，他决定先采用问卷调查的方式了解一下目前家乡的农村电商发展状况。

2. 任务要求

请你帮小王设计一份调查问卷，内容需要包括本地农村电商的发展状况，目前遇到的问题和挑战等。调查问卷的问题尽量采用封闭式问题，不少于 20 题。

3. 任务实施

（1）查阅资料，收集关于农村电商发展的相关文献、政策文件、行业报告等资料。

（2）分小组讨论、设计调查问卷的题目内容和形式。

（3）选择合适的平台发布调查问卷。

（4）课后实地开展问卷调查，并对调查结果进行分析。